欧美经典
死亡小说精选

AN ANTHOLOGY OF
EUROPEAN AND AMERICAN
CLASSICAL MORTUARY STORIES

[法] 维克多·雨果
[俄] 列夫·托尔斯泰 等著
刘文荣 选编

文汇出版社

图书在版编目(CIP)数据

欧美经典死亡小说精选 / 刘文荣选编. —上海：文汇出版社,2013.7
ISBN 978-7-5496-0929-1

Ⅰ.①欧… Ⅱ.①刘… Ⅲ.①小说集-世界 Ⅳ.①I14

中国版本图书馆 CIP 数据核字(2013)第 127364 号

欧美经典死亡小说精选

选　　编 / 刘文荣

策　　划 / 陈今夫
责任编辑 / 陈今夫
封面装帧 / 张　懿

出版发行 / 文汇出版社
　　　　　上海市威海路 755 号
　　　　　（邮政编码 200041）
经　　销 / 全国新华书店
排　　版 / 南京展望文化发展有限公司
印刷装订 / 江苏省启东市人民印刷有限公司
版　　次 / 2013 年 7 月第 1 版
印　　次 / 2013 年 7 月第 1 次印刷
开　　本 / 890×1240　1/32
字　　数 / 290 千
印　　张 / 12.25

ISBN 978-7-5496-0929-1
定　　价 / 35.00 元

前　　言

死说不定在什么地方等着我们，那就让我们到处等它吧。

——米歇尔·德·蒙田

要是一个人学会了思想，不管他思考的对象是什么，他总是在想自己的死。

——列夫·托尔斯泰

毫无疑问，死亡是文学的永恒主题之一，就如爱情一样。所以，既然有爱情小说，当然也有死亡小说。所谓"死亡小说"，简而言之，就是以主人公之死作为主题的小说。

不过，和爱情不一样，死亡不是生活的一部分，而是生活的终结。小说家既不能亲历死亡，也不能从其他人那里获知有关死亡的体验，所能做的，至多是对临死之人加以观察，并想象一个人临死之际可能会有何种体验。换言之，所谓"死亡小说"，其描述的并不是死亡本身，而是小说家想象中的"临死体验"。

那么，描述这种"临死体验"的意义何在？或者说，死亡小说中的死亡，具有何种直接或间接展示小说主题的功能？我认为，就欧美经典死亡小说而言，主要有三种：一是以死亡控诉现实的残酷；二是以死亡救赎灵魂的堕落；三是以死亡象征人生的虚空。而且，这三种不同功能的死亡还和历史上的三种文学思潮，即浪漫主义、现实主义和现代主义，有着内在联系。

下面分而述之：

一、死亡作为控诉

这种死亡，也许是小说中最常见的。主人公之死，令人同情，令人悲愤。为什么？因为主人公并非自然死亡，而是被逼死的。那么，是谁逼死他（或她）的？某种环境因素、某种社会势力、某种习俗，或某种偏见，等等——反正，主要是外部的、精神的原因，导致了主人公的非自然死亡。而基于死亡固有的震撼力，加上小说家的渲染，这种主人公之死无疑是对现实的一种最有力的控诉。

在欧美，死亡的这种"用法"其实和18世纪末、19世纪初的浪漫主义思潮有关。众所周知，浪漫主义，就是理想主义，就是自由主义，就是个人主义，就是情感主义，或者说，就是这四种"主义"加在一起。既然是理想主义，就势必和传统相对立；既然是自由主义，就势必和习俗相对立；既然是个人主义，就势必和社会相对立；既然是情感主义，就势必和理性相对立。而在现实生活中，强势的往往是传统、是习俗、是社会、是理性。所以，为张扬其理想、其自由、其个人、其情感，浪漫派作家势必要以各种方式控诉现实——其中就包括以主人公之死控诉现实的残酷无情。

具体说来，真正以死亡控诉现实的小说，最初就是在浪漫主义思潮中产生的。我们知道，18世纪后期的德国"狂飙运动"是欧美浪漫主义运动的先声，而"狂飙运动"的代表作，就是歌德的小说《少年维特之烦恼》——一部以主人公自杀而轰动一时、甚至在欧洲各国引发"维特热"的小说。《少年维特之烦恼》虽不能说是典型的死亡小说,但主人公维特的死无疑是小说的核心情节——其他情节几乎都为此而设。所以,说此后以死亡控诉现实的浪漫派小说均由此而起,也不为过。譬如,在法国,有名的如夏多布里昂的《阿达拉》和乔治·桑的《印典娜》;在俄国,有名的如卡拉姆津的《苦命的丽莎》和屠格涅夫①的《不幸的姑娘》,都可以说是"维特式"小说,即:以主人公的不幸与死亡,令读者同情而悲愤,继而联想到现实对人性的摧残。

不过,典型的浪漫主义死亡小说,当属本书所选的两部中篇小说,即维克多·雨果的《死囚末日记》和乔瓦尼·维尔加的《莺之死》。这两部小说,一部是日记体的,一部是书信体的。且不说日记体和书信体几成浪漫派小说的"专利",就说这两部小说的死亡主题,也一眼即可看出其浪漫主义特性:两者都是理想主义的、自由主义的、个人主义的和情感主义的,只是侧重点有所不同——前者侧重于理想主义,后者侧重于情感主义。

《死囚末日记》的主人公是个中年死囚犯,他在临刑前六个星期里所写的日记,构成了小说的全部,而他所要表达的,不仅是对死亡的极度恐惧,更是对人们随随便便就判他死刑的极度恐惧——由此,引出了一个在当时仍属理想主义的论题,即:真正人道的法律,应该废除死刑(即:就是以法律的名义,也不可杀人)。

《莺之死》的主人公是个年仅19岁的修女,她在一年间写给女友的48封信,构成了小说的大部。透过这些信,读者可感受到一个少女的困惑和痛苦:她恋爱了,而修女是不应该恋爱的,这一点她又深信不疑。那么,她离开修道院还俗,不就行了?但是,送

---

① 屠格涅夫的长篇小说是现实主义的,但他的中篇小说却大多是浪漫主义的。

她进修道院的,恰恰是她最爱的人——她父亲。她若离开修道院,父亲肯定会伤心不已,这又是她万万不愿意的。然而,她对爱情的向往,又极度强烈……就这样,她被逼上了死路:先是精神崩溃,似乎疯了;不久,便惨死在修道院的禁闭室里。这是谁之罪?一个少女的情感,该不该受习俗、受理性的压制?尽管这种压制似乎并不来自外界,而来自少女的内心,但少女内心的这种自我压制,又来自何处?归根结底,仍来自习俗、来自传统。而这样的习俗、这样的传统,是罪恶的!——这就是小说以少女之死所揭示的主题,一个典型的浪漫主义主题。

二、死亡作为救赎

如果说,浪漫主义作家完全是以同情的态度描写主人公的,那么现实主义作家就不完全这样了。19世纪30年代前后出现的现实主义思潮,既是对浪漫主义的继承,又是对浪漫主义的反拨。简单地说就是,无论是浪漫主义,还是现实主义,都关注个人与社会的关系;不同的是,浪漫主义强调个人与社会的对立,而且通常强调个人优于社会,因而是"理想的";现实主义则强调社会对个人的影响,而且通常强调社会的坏影响,因而是"批判的"。基于这种区别,两者对自己笔下的主人公的态度也就不一样了。浪漫主义作家和其主人公之间没有距离,完全站在一起——甚至,主人公就代表作家自己;现实主义作家则不然,往往和其主人公之间保持一定距离,也就是说,他并不和主人公"沆瀣一气",而是站在一定距离外,审视并描述主人公的思想感情、行为举止——所以,现实主义作家常说自己是"客观的"、"评审的"、"批判的"。

这和死亡有何相干呢？是这样的：同样写主人公之死，浪漫主义作家往往是悲愤交加的，同时也要求读者予以同情；现实主义作家则不然，他们往往是冷静反省的，同时也希望读者有所感悟。换言之，浪漫主义的主人公之死，无论对主人公自己来说，还是对读者来说，都很可怕，而现实主义的主人公之死，至少对读者来说，并不怎么可怕——甚至要使人觉得，死亡对于主人公来说是一种救赎。为什么？因为在现实主义作家笔下，主人公之"生"往往很可怕——既然"生"如此可怕，"死"就不怎么可怕了；或者说，结束可怕之"生"的"死"，是对"生"的一种纠错、一种救赎。

其实，这在欧美并不是什么新思想，而是古已有之的基督教观念。基督教"原罪说"，即认为人是生来有"罪"的；这个"罪"，就是源自肉体的人欲，所以，肉体之死，即意味着欲之清除、生之救赎。现实主义作家只不过把这种"罪"具体化罢了。他们描述各种各样的社会之罪，而作为社会之罪的载体——他们笔下的主人公，最后也往往从死亡中获得救赎，或者说，以死结束其"有罪的"一生。

当然，不能把现实主义作家简单地视为基督教作家，因为他们描述的"罪"，通常是社会之罪，而非基督教"原罪"。尽管社会之罪的根源仍是"原罪"，但他们并没有因此而否定全部人欲——这是他们和基督教作家的区别所在。所以，他们笔下的主人公之死也往往具有双重含义：既是赎罪，又是控诉。譬如，《红与黑》中的于连之死、《包法利夫人》中的爱玛之死，以及《安娜·卡列尼娜》中的安娜之死，莫不如此。究其原因，前者无疑和19世纪的基督教复兴有关，后者显然是浪漫派的影响仍在。

不过，像《红与黑》《包法利夫人》和《安娜·卡列尼娜》这样的长篇小说，尽管写到主人公之死，而且是用来"点主题"的，但毕竟，其中大部分篇幅是写"生"，而非"死"；所以，从总体上说，它们不是真正的"死亡小说"。

那么，这一时期真正的、经典的死亡小说是哪一部呢？毫无疑问，是托尔斯泰的中篇小说《伊凡·伊里奇之死》。因为在这部作品中，死亡不仅贯穿始终，而且完全是以救赎者的面目出现的。小说一开始，主人公伊凡·伊里奇已经死了，亲友们前来吊唁；随后，通过倒叙，讲述伊凡·伊里奇病死经过，其间，又陆续将其一生——表面光鲜、实质空虚的一生——倒叙出来。这样，到主人公咽下最后一口气，小说结束，正好和小说开头相呼应。在此过程中，道德劝诫的、教义式的言论反复出现——这些，配合着主人公的临终顿悟，充分显示了托尔斯泰晚年的宗教信条，即：在灵与肉的对立中，必须彻底否定肉的一面，才能使灵的一面得到拯救。因为他相信，生命是上帝所赐，其本身只是为死亡所作的一种准备；唯有死亡，才能将人的灵魂从肉体中拯救出来，去接受上帝的审判。那么，上帝又为何要赐人以肉体呢？那只能用考验来加以解释了。总之，这部小说的中心主题是这样一个悖论：生活的真谛，只有在受到死亡的启示之际才会显示出来；而当人领悟到生活的真谛之际，生活却已经结束了。

有趣的是，到了20世纪，有一位美国作家受托尔斯泰的启发，也写了一篇有名的死亡小说。那就是海明威的短篇小说《乞力马扎罗的雪》，其内在结构和《伊凡·伊里奇之死》非常相似：同样是临死的主人公，同样是主人公一生的回顾，同样是主人公对死亡的领悟。

和托尔斯泰一样，海明威在《乞力马扎罗的雪》中也是既写实、又象征地描写了疾病与死亡。他笔下的主人公哈里，和伊凡·

伊里奇一样，也是既有肉体疾病，又有道德缺陷；而且，海明威和托尔斯泰一样，也有一种把肉体疾病归咎于道德缺陷的倾向。而实际上，疾病与道德并无必然联系，细菌或者癌细胞是不偏不倚的：它们既杀死恶人，也杀死善人。

对此，我们只能说，无论是托尔斯泰的《伊凡·伊里奇之死》，还是海明威的《乞力马扎罗的雪》，都具有某种寓言性质，都旨在于制造某种悲剧气氛。区别是：伊凡·伊里奇的悲剧，由于他在临死前最后一刻领悟到死亡是"上帝的救赎"而得到缓解，哈里的悲剧，则永远是悲剧，其营造的自然意象，即作为死亡和永恒象征的"乞力马扎罗的雪"，只是在原有的悲剧之上又增添了一层悲剧色彩，因为这样的"救赎"，较之于伊凡·伊里奇的救赎更为主观、更具个人性质，因而也更具现代意味。

三、死亡作为象征

我们知道，象征是20世纪欧美现代作家普遍采用的手法，甚至可以说，象征是20世纪欧美文学的一大标志。既然如此，死亡也不例外，也常常作为象征出现在小说中。

需要说明的是，这里所说的"死亡作为象征"，并不是平常所说的"死亡的象征"。所谓"死亡的象征"，是指用其他事物来象征死亡（譬如：前文所说的"乞力马扎罗的雪"，即"死亡的象征"）；而"死亡作为象征"，是指用死亡来象征其他事物，也就是说，作为象征的死亡，其意义不在死亡自身，而是喻指生存的某种状态、某种性质——或者，对生存的某种感受。

那么，在欧美现代小说中，死亡通常象征什么呢？大体说来，在通俗小说中，死亡往往是神秘和恐怖的象征（如果有象征的话，因为通俗小说大多不采用象征手法）；而在严肃小说、尤其是经典小说中，死亡虽也神秘，却并不恐怖，其象征意义通常是人生的虚空——也就是，主人公的肉体之死，往往是其精神之死的象征。此外，死亡也常被用来象征时光的消逝、青春的消逝、爱情的消逝，等等。

当然，这些都是最常见的。实际上，有不少现代小说中的死亡具有独特的象征意义，需根据具体情况予以具体分析。譬如，本书所选舍伍德·安德森的《林中之死》，其中的主人公之死就很独特，既是写实的，又是象征的。从写实的角度讲，小说写一个年老的农妇死在树林里——这在现实生活中是经常发生的，不足为怪，然而，从象征的角度讲，这个老妇人之死就不仅仅是一个老妇人之死——这可以从作者对其死后情景的渲染中看出，如：惨白的月光、林中的空地，还有冰雪、老妇人被冻硬的尸体，但"看上去是那么洁白，那样可爱"；还有，她的几只狗令人惊奇地围着她的尸体团团转……所有这些，都旨在提醒读者，这里另有深意——即：老妇人之"死"，其实是老妇人之"生"的象征。也就是说，生与死，对她来说是一样的：她活着，就如死了；她死了，就如活着。这就是作者赋予主人公之死的象征意义。请想一想，一个人，死活都一样，这是怎样的人生？而有这种人生的人，何止她一个？可谓千千万万！

如果说，像这样的象征还比较简单的话，那么有些现代死亡小说中的象征可说复杂得令人眩晕。譬如，本书所选托马斯·曼的《死于威尼斯》，一部公认的中篇杰作，就是一个典型例子。小说中的人物很少，真正重要的只有两个：主人公阿申巴赫，和一个名叫塔齐奥的英俊少年。小说中没有"故事"，因为这两个人物根本就互不认识,连一句话也没有说过,哪来"故事"?那么,洋洋数万字的中篇小说,写些什么呢?就写主人公阿申巴赫——一个深陷精神危机的中年作家——独自在威尼斯度假。其实,他也就是住在一个海滨旅馆里,几乎没有去过其他任何地方。那么,他在那里干吗呢?什么也没干,除了吃饭、睡觉,就是"欣赏"一个也在那里度假的美少年——只要那个少年一出现,他就跟踪他,而他所做的,也就是远远地看着他。后来,威尼斯流行瘟疫,他也不愿离开,冒死"欣赏"他所钟爱的美少年。这样,有一天,他坐在一把椅子上,远远地看着那个美少年在海滩上玩耍,看着看着,他闭上眼睛,死了。小说到此结束。

像这样的小说,很明显,其描述的一切都是象征性的——确实,这部小说充满了复杂的象征,可说构成了一张象征网络:人物与环境(主人公与威尼斯)、人物与人物(主人公与美少年)、环境与环境(威尼斯与瘟疫),无不具有象征意义。不过,既然小说名为《死于威尼斯》,最重要的象征无疑就是死亡——即:主人公之死象征什么?象征主人公的精神之死。那么,是主人公的什么"精神"?同性恋?但小说中并没有同性恋情节,只有一点暗示,而这种暗示本身也是象征。象征什么?是不是象征对(无性的)"纯美"的迷恋?如果是,那么威尼斯象征什么?是不是象征既优雅、又淫荡的(有性的)"古典美"?如果是,那么在威尼斯流行的瘟疫又象征什么?……总之,这部小说就如一个象征的迷宫,既令人眩晕,又令人神往。

以上所说,就是欧美死亡小说的三种主要形态:或控诉现实,或救赎灵魂,或象征人生。那么,死亡小说有何审美价值呢?

毫无疑问,死亡本身绝无审美价值。道理很简单:死亡是无法体验的,即便是"临死体验",也不可能——试想:一个人若真有过"临死体验",那就是说,他已经死了;否则,不管他有怎样的体验,都不是真正的"临死体验"。既然无法体验,又怎么审美呢？因为审美就是一种体验。

然而,在小说中(在其他艺术形式中也一样),死亡却是有审美价值的。道理同样简单:

小说中的死亡不是真的死亡,而是小说家想象中的死亡[①]。既然是"想象的",也就是"艺术的";既然是"艺术的",也就是"审美的"。

总的说来,死亡小说的审美价值类似于古典悲剧(其实,古典悲剧往往就是"死亡剧"),其契机也是使人通过"恐惧与怜悯"而获得心灵的"净化",并由此产生一种奇特的愉悦感。不过,具体说来,上述三种死亡小说的审美价值,是有所不同的。简单地说就是:浪漫主义的死亡小说本质上是抒情的,强烈的感染力是其审美价值之所在;现实主义的死亡小说本质上是内省的,深度的启示性是其审美价值之所在;现代主义的死亡小说本质上是讽喻的,机敏的象征手法是其审美价值之所在。

当然,再说一遍,这是简单的说法。如果你觉得太简单了,我也只能说:等你读完这本书之后一定会有自己的想法,比这更复杂的想法;因为,我的这篇"前言"已经写得够长了。

刘文荣

2013年4月于上海

[①] 不仅是小说家,其实所有人的"死亡观念"都出自想象,不像其他观念,是以经验为基础的。由此言之,人的"死亡观念"本身就是一个出自想象的艺术符号,而不是真观念。

目 录

前言........ 1

死囚末日记........[法]维克多·雨果 1

莺之死........[意大利]乔瓦尼·维尔加 88

伊凡·伊里奇之死........[俄]列夫·托尔斯泰 178

乞力马扎罗的雪........[美]欧内斯特·海明威 238

林中之死........[美]舍伍德·安德森 273

死于威尼斯........[德]托马斯·曼 289

死囚末日记

[法] 维克多·雨果

维克多·雨果（Victor Hugo 1802—1885），法国诗人、小说家、剧作家，一生写有大量作品，其小说作品主要有长篇小说《巴黎圣母院》《悲惨世界》和《九三年》等。

本篇是雨果的早期重要作品，发表于1829年。小说一发表就遭到当时主流批评界的猛烈抨击。原因有二：一是小说的主题思想不为当时的正统人士所接受，二是小说的写作手法不为当时的权威人士所看好——用今天的话来说，就是：思想超前，手法新颖。

何谓思想超前？那就是反对死刑，因为在当时，即使在法国，死刑不仅是家常便饭，而且被多数人认为是天经地义的。也就是说，以法律的名义杀人是否合乎人道、是否合乎基督教第一戒律——"不许杀人"，这个问题当时只有少数人在思考，而雨果就是其中之一。

何谓手法新颖？那就是小说的浪漫主义风格，因为在当时，法国批评界遵循的仍是传统的古典主义原则。按这一原则，刚刚出现的浪漫主义因不符合古典主义规范而屡遭排斥，甚至被认为是"胡闹"。

那么，小说的浪漫主义风格表现在哪里？这从小说的篇章结构中即可看出。这个约5万字左右的中篇小说，由49个长短不一的片断组成（长的有两三千字，短的只有几行），而所有这些片断，都是主人公"我"在狱中和刑场上写的日记；小说法文原名 *Le Dernier jour d'un condamné* 直译为《一个死刑犯的最后一天》，其实这个死刑犯写了6个星期的日记，涉及的地点主要是法庭、监狱、刑场，写到的人物不外乎律师、狱警、神甫；而通篇讲述的是"我"的内心活动：他被判死刑入狱后，怀着强烈的求生欲望，一直企盼着减刑，然而随着死期的临近，他的希望成了泡影……这就是小说的全部内容。

显然，这样一篇以主人公内心独白为叙事框架，其中又穿插着回忆、联想乃至幻觉的小说，简直就像20世纪的"意识流"小说了，而当时是19世纪30年代，法国文学界仍是古典主义的天下。所以，当时的批评界将其视为"异端"，也是情理之中的。

那么，时至今日，这篇小说又有何意义？其实，小说的真正意义并不在法律方面，而在心理方面。法律问题，即死刑是否合理，是有可能解决的（法国早已废止了死刑），而心理问题，即死亡的恐惧，却是永远解决不了的。正因为如此，这篇原本出于法律目的而无意间涉及一个超时代心理问题的小说，或者说，这篇以动人心魄的笔调显示了一个死囚的恐惧心理的"死亡小说"，无论在什么时代，无论对什么人，都具有不可回避的现实意义——因为，从象征的意义上说，凡是活着的人，都是被判了死刑的"死囚"，只是不知道何时执行罢了。

一

于彼塞特监狱

判处死刑!

我孤零零地心里老想着这件事情,每一想起便觉得胆战心惊,这千斤重负一直把我压得伸不起腰来。我怀着这样的心情到现在已经有五个星期了!

从前——因为我觉得经过的是几年,而不是几个星期——我也像别人一样是一个人。每一天、每一小时、每一分钟都有它的意义。我的思想正是在青春灿烂的时候,充满了许多幻想,它喜欢把这些幻想一个接一个地纷纷展现在我眼前,在这一匹粗糙而单薄的生命绢布上绣上无穷无尽的回旋缠绕的花纹。有年轻的姑娘们、华丽的主教礼服、胜利的战斗、灯烛辉煌、喧嚷嘈杂的戏院,接着又是一些年轻的姑娘和黑夜里在那浓密的栗树阴下幽静的散步。在我的想象里,始终是佳节良辰的情景。我可以随心所欲地思想,我是自由的。

现在,我成了囚犯,身上带着锁链被关在一间牢房里,而我的心灵则被禁锢在一个思想里。一个凶险可怕的、无法平息的、带着血腥味的思想!我心里想到的、考虑着的、而且完全可以肯定的,只有一件事:被判死刑!

无论我做什么事情,这个阴森恐怖的思想总像恶魔似的带着嫉妒的目光单独出现在我身边,驱散一切闲逸的心情,面对着凄凄惨惨的我。当我想掉过头去,或者想闭上眼睛的时候,它便用它冰冷的双手来摇动我。我想用什么方式躲避它,它也用什么方式出现,像一首歌的讨厌的叠句一样,掺进所有别人对我所说的话里,把我紧紧地制伏在监狱的魔爪下。当我醒着的时候，它来纠缠折磨我；当我忧心忡忡睡着的时候，它来窥伺我，像一把刀似的又出现在我的梦中。

我刚才被它追逼得猛然惊醒过来；我自言自语地说道："啊，这不过是一个梦罢了！"哎！我还没有来得及睁开我困倦的两眼，来观察一下那显示在我周围恐怖的现实环境里、显示在牢房的潮湿的石板地上、显示在暗淡的灯光里、显示在质料粗劣的囚衣上和卫兵——他的子弹盒隔着牢房的栏杆闪闪发光——阴郁的面孔上的凶险不祥的幻影时，我觉得好像有一种声音已经在我的耳边轻轻说道："判处死刑！"

二

一个美丽的八月的早晨。

我的案件已经审理了三天了，在这三天中，我的名字和罪行在每一天的早晨都招来一大批旁听的人，他们走进来拥挤地坐在法庭的凳子上，真好像围着一具尸体的许多乌鸦似的，在这三天中，法官、证人、律师和检察官们宛如幻影一样川流不息地出现在我的眼前，有时候显得奇形怪状，有时候又显得凶暴残忍，但始终是非常阴沉可怕的。我在头两个晚上，因为忧虑和恐惧而不能入睡，到了第三个晚上，因为厌倦和疲劳便睡着了。半夜的时候，我让那些陪审官去商讨我的案情。我又被带回牢房里的那一堆稻草上，我倒身下去，立刻便忘掉一切，呼呼入睡了。这是好些日子以来我第一次休息的几个小时。

当狱警来叫我的时候，我还是睡得很熟很熟。这一次，他穿着铁钉鞋的笨重的脚步声、他那串钥匙叮叮当当的响声以及拉动门栓时嘶哑的磨擦声都不足以把我惊醒了，直到他那粗糙的手来拉我的胳臂,并用凶暴的声音靠近我的耳边喊我时,才把我从昏迷中叫醒过来。 "喂,起来了!"——我睁开眼睛,惊惊惶惶地从床上坐起来。 这时候,我从那牢房里又高又狭的窗户望过去,在隔壁那一条走廊的天花板上(这是我所能见到的唯一的一点天色),看到一道昏黄色的反光,我那看惯了监狱阴暗的眼睛,一下便认出这是太阳的光辉。 我喜爱阳光。

"今天的天气真晴朗。"我对狱警说。

他停了一会儿没有回答,好像在考虑是否值得破费一句话来答复似的,然后,他鼓着劲很粗鲁地说道:"也许吧。"

我呆在那里没有动,我的精神还在半睡未醒的状态中,嘴上露出微笑,眼睛注视着那反射在天花板上的柔和的金色光线。

"真是好天气啊。"我又说道。

"是的,"狱警回答道,"他们在等你呢。"

这简短的几个字宛如那挡着昆虫飞行的网线一样,猛烈地又把我抛进到现实环境里。 我好像在一道闪光中忽然又看到那阴森森的法庭、围成马蹄形坐着的身穿血污衣服的法官、三行面貌愚蠢的证人、站在我凳子两端的两个法警、律师们在忙乱着、人群在阴暗的深处拥挤、那十二个陪审官(他们在我睡着的时候并没有去休息)眈眈的目光向我定睛凝视。

我站了起来,牙齿咔咔地发响,两手无力。 我刚一举步,便像一个负重过多的力夫似的摇晃了一下。 然而,我还是跟着那个狱警去了。

那两个法警在牢房的门口等着我。 他们又给我戴上手铐。 手铐上有一个很复杂的小锁,他们很细心地把它锁好。 我让他们爱怎么办便怎么办:这不过是捆了又绑、锁上加锁罢了。

我们走过一座内院。 早上新鲜的空气使我的脑子又清醒了。 我抬起头来。天空一片蔚蓝,暖和的阳光从那些高高的烟囱射过去,在监狱阴暗的高墙上照出几道曲折的光影。今天的确是好天气。

我们走上一道螺旋形的阶梯,接着一连穿过三道走廊,最后,一扇很矮小的门打开了。于是迎面袭来一股夹杂着嚷嚷之声的热气;这是拥挤在法庭里的人们的呼吸。我走进去了。

我一出现便引起一阵喧哗的人声和拿动兵器的响声。凳子猛烈地被挪动着。板壁被挤得吱吱发响。当我在那被兵士们挡在两边的人群中穿过长长的大厅时,我觉得,我好像是一个中心,在我的身上集中了牵动那些目瞪口呆的面孔的引线。

此刻,我发现我没有戴手铐,但我想不起来他们在什么地方,或者在什么时候把它解去的。

这时候,法庭上鸦雀无声。我走到我的座位上。当人群中骚乱嘈杂的声音停止的时候,我心里错乱的思想也同时停止了。于是,本来我只是模模糊糊分辨不清的,现在忽然间明白过来:我的决定关头已经到了,我之所以被带到这儿来,就是为的听取判决。

我当时一点也不害怕,产生我这个心境的原因何在,谁能够解释,就请他解释吧。窗户全都开着,市区里的空气和喧闹的声音毫无阻拦地从外面传进来;法庭上的光线非常明亮,好像是要举行婚礼似的,爽朗的阳光到处投射着窗户的光影,有时候伸长在地板上,有时候又扩展到桌子上,有时候又被墙角把影子遮断了;每一道从窗户上发亮的方格里射进来的光线,在空气中都形成一个巨大的金色尘埃的棱镜。

坐在法庭最里边的法官们都带着十分满意的神气,也许是因为案子马上就要结束而感到高兴吧。庭长的面孔被一扇玻璃窗的反光柔和地照着,显出几分安详温和的样子,一位年轻的助理法官一面玩着他的领花,一面和特许坐在他后面的那个戴玫瑰色帽子的漂亮女人愉快地谈着。

只有那些陪审官才显得面色苍白，精神委靡。不过，这显然是因为通宵未眠而感到疲倦的缘故。有几个在打呵欠。从他们的外表上一点也看不出他们就是刚才决定过死刑的人，根据这些"善良的"有产阶级的人的面容来判断，我只猜想到他们渴望睡眠。

在我的对面有一扇窗户大大地敞开着。我听见河边上卖花的女人的笑声；在窗台上有一株美丽的黄颜色的花草，它通身被阳光照着，在窗台石的缝口里漏进来的微风中轻轻地摇摆着。

在这样多美妙柔和的感触中怎么会产生一种凶险不祥的思想呢？我浸浴在阳光和空气里，除了自由以外，不可能想到其他的东西，这希望就好像我周围的日光一样，在我的心里闪耀，我满怀信心地等待宣判，就好比一个人等着释放和活路一样。

这时候，我的辩护律师来了。大家都在等他。他刚才大开胃口地吃了一顿丰盛的早点。他走到他的座位上之后，便侧过身子微笑着对我说道："我希望。"

"不是吗？"我也微笑着很轻松地回答道。

"是的，"他继续说道，"他们怎样判决的，我现在还不知道，不过，他们将毫无疑问地免除你的预谋罪，因此，顶多是判处终身苦役罢了。"

"你说什么，先生？"我生气地反驳道，"我宁可死一百次！"

"是的，死！"——我不知道是什么内心的声音重复地向我说着，我说这句话会有什么危险呢？从前，人们不是只有在冬天凄风冷雨的夜晚、在阴森森的法庭上点着火把到半夜的时候才宣判死刑吗？但现在是八月，在早晨八点钟，当着这样美好的天气和贤良的陪审官，这是不可能的事！我的眼睛又转过去注视那朵阳光下的美丽的黄花。

那个庭长只等律师一到便突然叫我站起来。兵士们都端起武器,整个法庭上的人都好像通了一股电流似的同时站起来了。一个平平庸庸、无足轻重、坐在法官席下首那张桌子上的人(我猜想他是书记官),起立宣读陪审官当我不在的时候所作的判决。我周身四肢淌着冷汗,我倚在墙上以免摔倒下去。

"律师,你对这个处刑有什么话要说吗?"庭长问道。

我觉得我自己有很多的话要说,可是一句也说不出来。我的舌头好像粘在上颚上了。

律师站起来了。

我明白,他是想使法庭减轻我的判刑,企图用另外一种刑罚,就是我方才看见他希望这种刑罚时便已经感到大不满意的那种刑罚来代替法庭宣判的处刑。

这时候,我愤怒的心情非常强烈,需要透过我千头万绪的紧张思想显露出来。我想大声重复我向他说过的话:"宁可死一百次!"但是,我呼吸急促,只能猛然一下抓着他的臂膀,用颤抖的声音喊道:"没有!"

检察长反驳了律师的意见;我带着一种糊糊涂涂的满意心情听着他的话。然后,法官们退席走出去了,接着又走回来,于是庭长便向我宣读判决。

"判处死刑!"大伙儿说道。当我被带走的时候,那些人像一座大厦倒塌下来似的闹哄哄地紧跟在我的后面。我如醉如痴地走着。心中涌起了千头万绪的思虑。一直到宣判死刑以前,我感觉到我和其他的人一样在呼吸、心跳和生活着,可是现在,我很清楚地觉察到在他们与我之间好像隔着一道墙垣。在我看来,一切都和从前迥然两样了。这些宽大明亮的窗户、美好的阳光、晴朗的天空和那美丽的花朵,都带着裹尸布似的惨白的颜色。在我沿途经过的地方,我发现那些挤来攮去的男人、女人和小孩，一个个都像鬼魂似的。

在阶梯下面，有一辆肮脏乌黑的囚车等着我。当我上车的时候，我把周围的情景草草地看了一看。

"一个判处死刑的犯人！"那些向囚车跑来的人喊叫着。从一片好像把我和世界上的事物隔离开的烟雾里望过去，我看见两个年轻的姑娘瞪着大眼睛跟在我的后面。

"好，"那个年纪小的拍手说道，"六个星期后就要执行了！"

三

判处死刑！

唉，为什么不呢？我不知道在哪一本书上看到过这样一句话，在那本书里也只有这一句话才说得对，它说："所有的人都是判处死刑的，只是无限期地缓予执行罢了。"这和我现在的处境有什么不同呢？

自从宣布我的判决那一个时刻起，有多少本来想长命百岁的人死了啊！有多少打算在那么一天到格福刑场来看我人头落地的年轻、自由、健康的人先我而死了啊！也许眼前这一群在广阔的天地里自由自在地呼吸、来往、走进、走出的人当中，还是有许多人比我早死啊！

再说，生命对于我到底有什么值得留恋惋惜的呢？监狱里阴暗的光线和黑面包，从犯人用的那一个木桶里盛取的一碗清汤，像我这样一个很有教养的人，却受到狱警和牢役的凌辱和虐待，看不见一个人拿我当作一个值得彼此交谈的人，无时无刻不在战战兢兢地想到自己所做的事情和别人将会对我采取的行动；实际上，刽子手所能剥夺我的也不过就是这些东西罢了。

唉！尽管这样，还是令人害怕啊！

四

那辆黑色的囚车把我载到了这丑恶的彼塞特监狱。

从远处看去，这座建筑物也颇为雄伟。它展现在一座小山前面的地平线上，远远看去，它还保留着几分从前的豪华气派——王宫的样子。可是当你走近的时候，就会看出来这个宫殿却是一座破房子。破破烂烂的尖形屋顶使人见而生厌。我不知道是什么卑劣贫贱的东西玷污了这些富丽堂皇的外表，那些墙壁上斑斑点点的，简直像患了癫病似的。窗户上连玻璃也没有，可是却交叉地钉着很多粗大的铁栏杆；在这些铁栏杆的这里或那里，紧紧地靠着一个囚犯或者一个疯人的苍白面容。

这就是在近的地方所见到的生活情景。

五

刚一到达，狱警们钢铁似的手掌就抓住了我。他们加倍小心地防备我，吃饭的时候，不给我刀子，也不给我叉子，给我穿上一件帆布口袋似的紧身衣服来束缚着我的胳臂，他们对我的生命要负责任。我可以不服判决提起上诉。因此，他们将有六七个星期的时间要对这件繁重的事情担负责任，并且要保持我平安无恙地到达格福刑场。

开头几天，他们用来待我的那种温情使我感到害怕。一个狱警谦恭礼让的态度使人觉得是断头台似的。幸亏过了几天以后，他们的旧习惯又发作了，他们对我又和对其他的囚犯一样粗暴，不再有那些反常的礼貌表示，使我常常感到刽子手就站在眼前一样。改善的地方不仅仅是这一点。我年纪轻,性情驯良,再加上监狱里的神甫对我的照顾,特别是我用拉丁文向看门人所说的那几句他听不懂的话,这种种因素使我得以和其他犯人每星期在一起散一次步,并且脱掉了那件使我感到麻木的紧身衣。他们经过再三犹豫考虑之后,也给了我一盏油灯和纸、笔、墨水。

在每个星期天做了弥撒之后,在休息时他们就放我到空地上去走走。在那里,我和其他的犯人们闲谈:这是很必要的。这些可怜的人都是很好的。他们向我述说他们的手段和本领,听起来真是令人害怕,但是我知道他们是以此来自作镇静的。他们教我说强盗们用的隐语,用他们的话来说,就是教我说"切口"。

这些隐语完全是从普通话里引申出来的一种语言,好像树木上生长的一种难看的木疖,好像人身上生长的一块肉瘤。它有时候具有意想不到的动人的力量,例如:道路上有一滩血,他们便说"大路上有一堆糖果";被绞死了,便说"讨寡妇做老婆",好像绞刑架上的绳子便是所有被绞死的人的寡妇似的。强盗的脑袋有两个名称:当它计划、考虑和出主意犯案的时候,叫作"巴黎大学";当它被刽子手砍掉的时候,就叫做"劈柴"。这种隐语有时候又具有民间闹剧的风趣,例如:把收破烂的人用的背筐叫做"柳条编的开士米背心",把舌头叫做"撒谎的家伙"。总之,随时随地都可以听到一些不知道从哪儿来的奇奇怪怪的下流难听的话,例如:把刽子手叫做"老板",死人的骸骨叫"松球",刑场叫"揭示处"。这些话简直跟蜘蛛和癞蛤蟆一样使人讨厌。当你听到他们讲这种话时,就好像觉得有一个人拿着灰尘仆仆的脏东西,拿着破衣烂布在你面前摇晃似的。

不过,至少这些人是同情我的,现在也只有他们才对我表示同情。那些狱警、看守和管钥匙的牢役——我并不怨恨他们——当着我的面便又说又笑地谈论我，好像谈论一件事物似的。

六

我对自己说："我既然有了写字的工具，为什么不写呢？不过，又写什么呢？四面被光秃秃、冷冰冰的石墙包围着，没有走动的自由，没有可看的景物，唯一的消遣就是每天无意识地观看那个门上的小洞投射在对面那堵阴暗的墙上的四方形淡白色的光影慢慢地移动；同时，正如我刚才所说的，我唯有的只是思考，一个犯罪的和受刑的人对杀人和死亡的思考！我，在这个世界上再没有什么事情可做的人，又有什么可说的呢？在我这干枯和空虚的脑子里又找得到什么东西值得写下来呢？"

为什么不写呢？如果说我周围的情景都是单调和枯燥的，难道在我本身上不就是一场风暴、一场斗争、一场悲剧吗？难道这个纠缠着我的牢固的思想，不是随着刑期的到来，时时刻刻都以一种新的、越来越丑恶可怕的样子呈现在我的眼前吗？我为什么不尝试一下给我自己叙述我在现时所处的绝境中所经历的从未见过的剧烈景象呢？可以肯定，材料是很丰富的，不管我的生命多么短促，但从这个时候起到最后一刹那为止，在他将要遭遇到的忧虑、恐怖和痛苦中，他应该使用这支笔来用完这瓶墨水。何况唯一能够减轻我痛苦的方法，就是对这些忧虑加以观察，而当我描写它们的时候还可以分散我难过的心情。

再说，我这样写下来的东西也许不是没有用处的。我一小时又一小时地、一分钟又一分钟地、一阵痛苦又一阵痛苦地写出来的苦难的日记。如果我有力量一直把它写到我的"肉体"不允许我再继续写下去的时候，这记载我感触的日记，将来当然是个未完成的东西，但是也尽可能地把它写得完整，它的本身不是也会产生一种巨大的和深刻的教育意义吗？ 难道在这悲痛的思想过程中，在这不断加深的痛苦中，在一个死囚的这种精神分析中，就没有那些判处他人刑罚的人可以获取的几点教训吗？ 也许在将来当他们要把一个有思想的头颅，一个人的头颅，扔到他们称之为司法的天平里的时候，这一篇东西或者可以使他们的手不至于那么轻松随便吧？ 这些可恶的人，也许他们根本没想到过那急急忙忙写在死刑判决书上的词句中所包含的缓慢持续的痛苦吧？ 他们有没有在这动人心弦的思想前边犹豫一下，想想在他们所毁灭的那个人的身上有一个思想，一个期望生活下去的思想，一个丝毫不准备死亡的心灵？ 没有。 他们在这件事情上只看到一把三角形的大刀笔直地砍下来，便认为那个死囚生前死后都是一无所有的。

　　这些篇页将使他们觉醒过来。 也许有一天把它们印出来的时候，它们还可以吸引他们的心思去体察一下人的精神上所受到的痛苦，因为这些痛苦正是他们所想象不到的。 他们很得意地以为他们杀人是使一个人的身体感觉不到什么痛苦的事。 哼！ 问题恰恰就在这里！ 肉体上的痛苦比起精神上的痛苦来算得了什么！ 恐怖和可怜，这就是人们所制定的法律！ 这些回忆，一个可怜的人临终时所吐露的内心的话，将来也许有一天会在这方面有所帮助……

　　除非我死了以后这些纸片被风吹散到监狱的空地上去被泥土污损了，或者把它们像星点一样零零散散地糊在一个狱警的破碎的玻璃窗上让雨水把它们淋坏。

<h1 style="text-align:center">七</h1>

　　尽管我在这儿写下来的东西将来有一天能够对别人有用，尽管

它能够阻止那准备判决的法官,尽管它能够挽救那些可怜的人,无辜的或者有罪的,使他们不受我所受过的临死时的痛苦,为什么呢? 有什么用呢? 有什么必要呢? 等我的脑袋将来被砍掉了的时候,他们去砍旁人的脑袋与我有什么相干呢? 难道我真的能够想到这些荒谬的事情吗? 在我上了断头台以后才把它毁掉! 我问问你,这对我有什么好处?

怎么! 那阳光、春天、开满了花朵的田野、早晨醒来的鸟儿、云、树木、大自然、自由、生命:这一切都不再是我的了!

啊! 应当挽救的是我自己啊! 难道这真的不可能了吗? 难道明天,也许就是今天,就一定要死吗? 难道事情就是这样了吗? 天呐! 真想把我的头在监狱的石墙上碰个粉碎,这是多么可怕的念头啊!

八

我们来计算一下我还能活多少日子。

宣判以后,有三天的期限准备上诉。

上诉状在最高法院的检察官办公室里要积压一个星期,然后,就把他们称之为"案卷"的东西送到司法大臣那里去。

在司法大臣那里还要搁上半个月,他简直还不知道"案卷"是在他那里,然而,据说他审阅以后,便把它们移送到大理院去。

在大理院还要经过分类、编号和登记等手续;因为要斩决的犯人很多,所以每一个犯人只有等轮到他的时候才能去受刑。

有两个星期的时间用来检查对你的裁判是不是有不公正的地方。

最后,大理院照例在一个星期四那天开庭;它把二十件上诉的呈文一起驳回,再把它们送回司法大臣那里去。 司法大臣再送给总检察官,总检察官再送给刽子手。 这一共是三天的时间。

第四天早晨,那位总检察官的助理一边系着他的领带,一边自言自语地说道:"这桩案子应当结束了。"如果书记官的助理没有朋友约他去吃早点,耽误了他去办理这件事情的话,那么,执行的命令便起好草稿,修改过,誊写清楚,发送出去了。 于是在第二天清早天一亮的时候,便听到格福刑场上有钉木桩的声音,听到十字街头有些声音嘶哑的人在拼命喊叫。

总共是六个星期。 那个小姑娘说对了。

我来到这阴暗的彼塞特监狱里至少有五个星期了,也许有六个星期,我不敢计算,我觉得大前天就好像是星期四。

九

我刚刚写好了我的遗嘱。

有什么用呢? 法庭判我负担诉讼费,而我所有的一切财产也许仅仅够这一笔费用。 那斩首的机器未免太昂贵了。

我留下了一个母亲、一个妻子和一个孩子。

一个三岁的小女儿,她长得很乖,粉红色的脸儿,娇嫩的身体,一双黑颜色的大眼睛,长长的栗色头发。

我最后一次看到她的时候,她才两岁零一个月。

在我死了以后,便留下了这样的三个妇女:母亲没有儿子,妻子没有丈夫,女儿没有父亲,三个不同类型的孤独之人,三个为法律造成的孤寡的女人。

我承认我罪有应得,可是这三个无辜的女人又犯了什么罪呢? 这个可以不管,人们羞辱她们,摧残她们。 这就是公理。

使我于心不安的,不是我那可怜的年老的母亲,她已经六十四岁了,她受到这一次打击便会死去的。即使她还能够多活一些日子,那么,她在临死以前只要能够勉强过活,就没有什么可说的了。

我的妻子也不使我担忧,她的身体本来不好,精神也衰弱。她不久也会死的。

除非她变成了疯子。人们说疯狂可以使人活下去;但至少她的精神不至于受痛苦了,神经一麻痹,便如同死了一样。

可是我的女儿,我可怜的小玛丽,她这时候在嬉笑,在玩耍、唱歌,什么也不知道;就是她使我心里难过啊!

十

以下是我牢房里的情景。

它有八尺见方大,四面是石墙,笔直地砌在比外面的走廊高一级的石板地上。

在进门的右手有一个壁龛,这就是当作铺位用的地方。狱警们在上面放一把稻草,就叫犯人在那儿休息和睡觉,不分冬夏都穿着一条帆布裤子和一件土布上衣。

在我的头顶上,有一块乌黑色的"哥特式"(大家都这样叫它的)顶盖便当作天顶,在这顶盖上悬吊着密密的蜘蛛网,好像许多破布似的。

除此以外,没有窗户,甚至连通风的气洞也没有。有一扇包着铁皮的门。

我搞错了;在门的中央靠上边一点有一个钉着十字铁杆的、九寸见方大的洞口,狱警们在夜里可以把它关起来。

外面有一条相当长的走廊,它依靠那些高高开在石墙高处的狭小的通风洞来透光和通空气,并且用泥墙把它分成一个一个的小间,当中有一排低矮的穿门彼此相通,和我的牢房一样,每一个小间便当作一个牢房的前室。 正是在这些牢房里关着那些由典狱长判处纪律惩戒的囚犯。 头三间牢房是留作关死刑犯用的,因为它们离狱警的房间最近,看守起来总是比较方便。

这些牢房是十五世纪温捷斯特红衣主教修建的彼塞特古宫堡所残留下来的房屋,也就是这一位主教,下令把圣女贞德烧死的。 这是我有一天听见那些到监狱里来看我的"爱看热闹的人"所说的,他们远远地看着我,好像看动物园里的野兽一样。

我还忘记叙述在我的牢房门口无论白天或黑夜都有一个站岗的卫兵,每当我的眼睛往上看一看那四方形的天窗时,没有一次不碰到他那定睛凝视的目光。

此外,大家可以料想得到在这个石头牢笼里有空气,也有光亮。

十一

既然天还没有亮,在夜里又能做什么呢? 我想起了一个主意。我起来拿着灯去照一照我牢房里的四道石墙。 墙上涂满了字句、图画、奇奇怪怪的形象、乱成一片互相涂抹的一些人名。 好像每一个犯人都想最低限度要在这里留下一点儿痕迹似的。 有用铅笔写的、粉笔写的、木炭写的,有黑的、白的、灰的各色文字,有好些是深深刻在石墙上的,在这里,或者在那里,都看到一些生了锈的,好像是用血写的字迹。 真的,如果我的心情比较宁静的话,那么,我将对眼前这一页一页展现在监狱墙壁的每一块石头上的奇异的书籍感到很大的兴趣。 我将乐于把这些散乱在石墙上的零碎片断的意思重新组织为一个完整的思想；根据每一个名字再把每个人寻找出来，把意义和生命赋予这些残缺不全的铭刻、支离割裂的词句和删削涂改的文字，它们现在有身无首，正好像那些书写它们的人一样。

在我的床头上，有两颗赤红色的心用一支箭串联着，上面写道："热爱生命。"这个可怜的人的一生并不长久。

旁边有一顶三尖帽，帽子下面有一个草草率率画着的小人头，还写着这几个字："皇帝万岁！ 一八二四年。"

还有几颗赤红色的心，并刻着下面这一行文字，一行监狱里所特有的文字："我敬爱玛蒂尔·丹文。 杰克。"

在对面的墙上，我看见"巴巴万纳"这个名字，在那用大楷体写的"巴"字上还精心地点缀着阿拉伯式的回旋花纹。

有一首黄色歌曲。

在石墙上还深深地刻着一顶自由党的帽子和下面这几个字："波里"——"共和国"。 他是拉赫歇尔的四个小军官之一。 可怜的年轻人啊！ 他们所谓的"政治需要"是多么可怕呀！ 为了一个思想，为了一个梦想，为了一个抽象的东西，便得到这可怕的、人们称它为斩首机的现实的东西！ 可是我，真正犯了罪的可恶的我，负有血债的我，却还在哀叹呢！

我不能再继续找下去了。 我刚才看见墙角上用粉笔画着一个可怕的图像——一个断头台的图像，也许在目前正是为我而设置的——我的油灯几乎从手中掉下去。

十二

我急忙转过身去坐在我那堆稻草上，把头埋藏在两个膝盖中间。我幼稚的恐惧心情不久便消散了,一种古怪的好奇之心又促使我继续去看那些写在墙上的字句。

我在巴巴万纳这个名字的旁边拉掉一张结在墙角上的积满了尘埃的大蜘蛛网。在这个蜘蛛网下面,在那些仅仅在墙上留下一点痕迹的名字当中,有四五个人名还清晰可认:"多坦,一八一五";"布兰,一八一八";"约翰·马丁,一八二一";"卡士坦,一八二三"。我念完这些名字便想起一些令人悲伤的回忆:多坦是那个把他的弟弟砍成四块的人,他夜里到巴黎去把他弟弟的头扔到一个喷水池里,把身子扔到阴沟里;布兰杀死了他的妻子;约翰·马丁乘他父亲去打开一扇窗户的时候,用手枪打了那个老头子一枪;卡士坦这个医生用毒药谋害了他的朋友,而且在医治他所造成的这个病人时,他给他吃的不是药,而是毒品;在这些人的名字的旁边便是巴巴万纳,那个用刀砍孩子们的头、把他们都砍死了的可怕的疯子!

"这些人,"我不禁打了一个寒战,自言自语地说道,"这些人已经在我之前做过这间牢房的主人了。这些有血债的杀人犯就在我所站的这一块石板上思考过他们最后的心事;就在这间狭窄的小屋子里,他们好像野兽一样沿着这几道石墙来回踱过。他们彼此相隔不久地一个接一个来到这儿,这间牢房好像没有空闲过。他们遗留下来的这个地方还是热的,而他们把它留下来,就是为了传给我。现在将轮到我到克拉马公墓去和他们会面了。公墓里的草长得多么茂盛啊!"

我既不是幻想家,也不是迷信者。大概是这些思想使我心里感到激烈的波动,但是当我迷惘沉思的时候,我忽然觉得这些悲惨的人的名字好像都是用火写在黑暗的墙上似的,我的耳朵里越来越激烈地响起了一阵嗡嗡的声音,眼前是一片赤红色的微光,我觉得牢房里好像站满了奇形怪状的人，他们用左手拿着他们的头，因为头上没有头发，所以便抓着嘴巴。除了那个枪杀父亲的人之外，大家都举起拳头给我看。

我吓得把眼睛闭起来，可是闭上眼睛却看得更加分明。

如果不是一个突然的感觉及时把我惊醒过来，那么，不论我所看到的这些景象是一个梦，还是一个幻影，或者是真实的，都将使我疯狂起来。我几乎仰身跌倒的时候，突然感到从我的赤脚上跑过去一个脚爪毛茸茸的、肚子冷冰冰的东西；这就是那个蜘蛛，因为我触动了它的网，它正在逃跑。

它使我惊醒过来。唉，这些光怪陆离的景象是多么可怕啊！不，这是一阵烟幕，是我空虚混乱的头脑里的幻想，是麦克白式的妄念①！死了的人早已死了，尤其是这些人，更是死定了。他们已经结结实实地埋葬在坟墓里了。坟墓不是一个人们可以逃得出来的监狱。我为什么要这样害怕呢？

坟墓的门是不会从里面打开的。

十三

我在最近这几天发现了一桩异乎寻常的事情。

天刚发亮，监狱里便闹闹嚷嚷的。我听见那些笨重的门一开一关的响声、门栓和铁锁开动时的嘎嘎声、狱警腰带上的钥匙互相碰

---

① 麦克白是莎士比亚的名剧《麦克白》的主角，系苏格兰国王邓肯的大将，由于听信女巫的预言，说他要作"未来的君王"，便设计刺死了邓肯，篡窃了苏格兰的王位，稍后又把邓肯的另一大将班戈也害死了。麦克白知道靠阴谋得来的王位并不稳固，再加上女巫又曾预言班戈的子孙"将要成为君王"，所以，疑惧交加，心神不安，以为死了的人"会从坟墓中起来"（第三幕，第四场），结果使自己经常处在疑神疑鬼、恐惧不安的状态中，把虚妄的幻象当作人间的真实。

撞的叮当声、楼梯上急速奔跑的震动声、长长的走廊两端彼呼此答的话语声。 我隔壁牢房里的人，几个苦役犯，好像比平常更高兴。整个彼塞特监狱，好像在笑、在唱、在奔跑、在舞蹈。

我，在这喧闹声中唯一沉默无言的人，在这骚动混乱中唯一安静不动的人，吃惊地、注意地听着。

有一个狱警走过去。

我鼓着勇气叫他，问他是不是监狱里在开庆祝会。

"你说开庆祝会就算是开庆祝会吧！"他回答道，"他们今天要给那些在明天出发到土伦去服苦役的犯人钉枷上锁。 你想不想看？ 这将使你感到很有趣的。"

不管那是多么可怕的一幕情景，但对一个被囚禁的孤独的人来说，能看到一点东西还是很幸运的。 我答应去看看。

那狱警照例很小心地检查我一遍，然后把我带进一间空荡荡的小牢房里。 这儿有一扇钉着栏杆的窗户，它的高度正好适合把臂肘放在上面，从窗户望出去，可以很真实地看到天空的景色。

"好了，"他向我说道，"你在这里又能看又能听。 在这间包厢里只有你一个人，好像国王一样。"

他说完便走出去了，并且随手就关门上栓把我锁在里面。

窗户开向一个相当大的庭院，在庭院的四周修建着一座七层楼的大房子，好像一道墙似的把院子包围起来。 再没有比这座有四道门面的建筑物更简陋、更凄凉、更难看的东西了，它的上面开着一排一排的钉有铁杆的窗户，窗户的上上下下都靠着很多苍白瘦削的面孔，一个压着一个，宛如墙上所砌的石头一样，所有这些面孔都好像是镶在那铁栏杆做的窗格子里似的。 这些人就是囚犯，就是这一次仪式的观众，他们等待着自己登台上演的日子。 我们可以说，他们是被罚到炼狱的窗孔上去观看地狱情景的鬼魂。

大伙儿都静悄悄地注视着那个空院子。他们等待着。在这些消瘦愁苦的面孔当中，有时候看到几双敏锐灵活的眼睛像火花似的闪闪发光。

那包围着这个方形院子的几座监狱彼此是不相连接的。在这个大建筑物的四幢房屋当中，面向东方的一幢在半中间被分开了，它和旁边那幢房屋之间只有一道铁栅栏门。这一道铁栅门开向第二个院子，它比第一个院子小，可是和第一个院子一样，四面被墙和暗黑色的尖形屋子包围着。

在那个大院子里，沿着墙边设有很多石凳。院子的中央立着一根挂灯笼用的弯曲的铁杆。

正午十二点钟响了。那扇修建在一个隐蔽之处的大门突然打开了。一辆大车哗啦哗啦地发出一阵铁器的响声，由身穿蓝色制服、戴红色肩章、腰围黄色皮带的肮脏难看的兵士护送着慢吞吞地进到院子里来。车上载的就是被罚去作苦工的犯人和一些铁链条。

就在这个时候，好像车子的响声把整个监狱都惊动了似的，那些在窗户里一直是安静不动的观众们突然高兴得叫起来了，唱起来了，喧闹和咒骂起来了，并且时不时地还发出一阵尖锐刺耳的笑声。也许有人以为是看到了一批戴着面具的魔鬼。每一个人的脸上都现出一种奇形怪状的样子，把拳头从铁栏杆里伸出来，大伙儿都高声吼叫，每一个人的眼睛都射出闪灼的光芒；在这一片灰烬中看到出现了这样多的火花，真使我感到非常恐怖。

这时候，看守们（根据整洁的衣服和惊骇的样子可以辨别出来在他们当中有几个是从巴黎来看热闹的人）安安静静地开始工作了。有一个看守走上车去把几根铁链和押送犯人用的枷锁、一捆帆布裤子扔给他的同僚。于是，他们便分头工作，有几个走到院子的一边去把他们的隐语称之为"绳子"的长长的铁链放在地上，另外有几个便把"行头"（衬衣和裤子）摆在石板道上，这时候，有几个比较熟练的人便在看守长（一位矮胖胖的小老头）的监督之下去一个一个地检查那些大铁锁，他们在石板上试验这些铁锁时溅出了火花。 所有这一切都引起了监狱里的囚犯们的嘲笑，此时此刻，只有苦役犯们狂烈的笑声才能把他们的声音压制住，这些苦役犯便是我们所看到的被关在那个面向小院子的古牢铁窗里的人，这些工作便是为他们而做的。

当准备工作都做完了的时候，有一个身穿银丝线绣花衣服的人（大家称他为"督察长先生"）给典狱长下了一道命令，一会儿工夫后，便看见从两三道矮小的门里同时向院子里呼啸呐喊地涌出一群一群的穿着破烂衣服、相貌难看的人。 他们就是被判处苦役的犯人。

当他们进来的时候，窗户里的人更加欢闹起来了。 在他们当中，有几个是监狱里大名鼎鼎的人物，他们受到了大伙儿的鼓掌欢呼，这几个人带着貌似谦虚、实则十分骄傲的神气接受那一阵欢呼。 大多数犯人都戴着他们亲手用牢里的稻草编制的草帽，帽子的样式都是很奇怪的，以便在他们将要经过的城市里吸引人们注意地看一看他们的脑袋。 这些戴草帽的人特别受到囚犯们的喝彩。 其中有一个人，一个年方十七、面如少女的小伙子，简直使大伙儿乐得疯狂起来了。 他从一间牢房里走出来，在这间牢房里，他已经被秘密地关了一个星期了，他从头到脚披着他用牢房里那一捆稻草编织的草衣服，像蛇一般敏捷地翻着跟斗滚进院子里来。 他是一个因盗窃案而被判刑的江湖艺人。 这时候响起了一片雷动的掌声和呼叫声。 苦役犯们也报之以掌声。 已被判处苦役的犯人和候补苦役犯之间的这种快乐的交流真是一件使人害怕的事情。 社会——狱吏们和那些惊惶的看热闹的人所代表的社会，在这种场合之下简直无能为力，罪犯们当面嘲弄它，把这一次可怕的惩罚当成了他们的联欢会。

当他们陆续到来的时候，便从两行管理苦役犯的卫兵当中被赶进那个用栅栏围着的小院子里去听候医生的检查。在检查的时候，他们都用身体不好、眼睛有毛病，或者腿是瘸的、手是残废的等等借口来最后挣扎一下，企图免掉这一趟苦差。可是，他们差不多都被认为是适合服苦役的；于是，每一个人在几分钟之内便忘掉了他所说的终生残疾，无忧无虑地听天由命了。

那个小院子的栅栏又打开了。有一个卫兵按照字母的次序点名，于是，他们一个跟一个地走出去，走到大院子的一边去排在一个由于名字的第一个字母偶然相同而结合的同伴的旁边。这样，他们彼此便陷于孤立的境地，各人带着各人的锁链和一个不相识的人并排站着，如果某一个犯人有一个朋友的话，那条锁链也将把他们两人分开。这是最难过的事情啊！

大概走出来三十个犯人以后，狱警们又把那道栅栏门关起来。有一个看守用棍子指挥犯人们排成队伍，在每一个人的面前放一件衬衣、一件上衣和一条粗布裤子，然后做一个手势，大伙儿便开始脱衣服了。好像是事先约好似的，一桩意想不到的灾祸突然把这场羞辱人的事情变成了痛苦的刑罚。

今天的天气到现在为止一直是相当好的，即使那十月的北风使空气变得很寒冷，但它时不时地还是在这儿，或者在那儿，吹开天上的浓雾，破出一隙天空让太阳光射下来。可是，当犯人们刚刚脱掉了他们破烂的囚衣，赤身裸体地站着让狱吏们疑神疑鬼地查看，让那些在他们四周走来走去的陌生人用好奇的目光品评他们臂力的时候，天上乌云四合，忽然下起一阵寒冷的秋雨，势如洪流似的倾泻在那四方形的院子里，倾泻在犯人们没有戴帽子的脑袋上和一丝不挂的身子上，倾泻在他们放在地上的破衣服上。

眨眼之间，院子里的人除了狱吏和犯人以外，全都一走而空。那些从巴黎来看热闹的人都到门檐下面去躲起来了。

这时候大雨如注。在院子里只看到水淋淋的赤身裸体的犯人们还站在那被水淹没了的石板道上。他们吵吵闹闹的声音变成了一片默默的沉寂。他们冷得直打哆嗦，牙齿格格地发响，他们瘦削的腿和瘦骨嶙嶙的膝盖不断地战栗颤抖。看见那水湿的衬衫和雨滴滴的上衣、裤子紧贴在他们冻得发青的身子上，真是可怜。赤身裸体也许还比较舒服。

只有一个老头子还保持着几分快活的样子。他一面用水湿的衬衣揩他的脸，一面高声喊道："在节目单里没有淋雨这个项目呀。"他说完便用拳头指着天空，哈哈大笑起来。

他们穿好旅行的服装以后，便二十个人，或者三十个人排成一队一队地被带到院子的另一边去，在那里有几条摆在地上的"绳子"等候着他们。这些"绳子"是又粗又长的铁链，每隔两尺远，便在旁边接上另外一根比较短的链子，在短铁链的一端系着一个四方形的大铁锁，要打开这个铁锁时，便拨开一个角上的旋钮，要把它锁上时，便旋紧对角上的那一根螺丝钉，在押送的旅途中，便把这个大铁锁锁在犯人们的颈项上。这些"绳子"在地上拉伸的时候，真好像一条鱼的大脊骨似的。

看守叫犯人们坐在烂泥地里和漫着水的石板上，以便给他们试戴枷锁，接着，有两个带着小铁砧的监狱里的铁匠拿着他们的枷锁也不用火烧热，便一锤一锤地敲打起来。这一刹那间真是可怕，连那些胆量最大的人也吓得脸色惨白。每当铁锤打在那紧靠着他们背部的铁砧上时，便使犯人的下巴震动起来，只要稍微向后打错一点儿就可能像打碎一个核桃壳似的打破那个人的脑袋。

钉上枷锁以后,犯人们便现出愁眉苦脸的样子了。 这时候只听到铁链挪动的声音,以及犯人们时不时的叫喊声、狱吏们的棍子打在那些顽强不驯的人的身上时发出的沉重响声。 他们当中有些人在哭泣,年纪大一点的犯人都咬紧嘴唇,战栗不止。 我怀着恐惧的心情在一旁注视着这些身戴枷锁的悲惨可怜的人的面容。

这样,在医生检查以后,便由狱吏们来检查,狱吏们检查以后,就钉枷上锁。 这一场戏一共是三幕。

天空中又现出一线阳光。 也许有人以为是太阳用火来烧这些人的脑袋了。 犯人们好像受了惊动似的一下子都站起来了。 那五条铁链锁着的人手牵手地连起来,立刻便绕着那根挂灯笼用的铁杆围成了一个大圆圈。 他们转着圈子奔跑,使人看得眼花缭乱。 他们唱着一首监狱里的歌——用隐语编的歌曲,它的音调有时候哀婉动人,有时候愉快奔放,时不时地还听到在那神秘的歌词中夹杂着尖锐的叫声和气喘喘的、断断续续的笑声,最后便转成一片愤怒的吼声,那几根铁链子很有节奏的碰撞声真好像是给那首比他们的吵闹声还要粗暴难听的歌儿的伴奏曲一样。 如果我要寻找一个魔鬼舞的图样的话,那么,现在所看到的这场舞会不好不坏恰恰符合我的需要。

有人把一个大木桶送到院子里来了。 管理苦役犯的卫兵们便一阵棍棒打断了犯人的歌舞,把他们带到大木桶那儿去。 在木桶里,我看到热气腾腾的混浊的不知是什么的汤,汤里漂浮着不知是什么的野菜。 他们吃起来了。

他们吃饱以后,便把剩下来的残汤和黑面包都扔到地上去,跟着又开始唱歌和跳舞了。 大概是在这钉枷上锁的日子和当天夜晚允许他们有这种自由。

我带着那样激动、那样全神贯注的好奇心观看着这离奇古怪的景象，竟至把我自己也忘记了。在我的内心里激起了一种深厚的同情心，他们的笑声使我哭起来了。

正当我陷入迷惘沉思的时候，忽然看到那圆圈里喧哗吵闹的人静止下来。所有的眼睛都转过来看着我的窗户。"那个死刑犯！那个死刑犯！"他们用手指着我叫道。这时候，他们高兴欢乐之声更加激烈起来了。

我吓呆了。

我不明白他们何以会认识我，也不明白他们何以会发现我。

"你好！你好！"他们带着冷酷的笑容向我喊道。在那些比较年轻的人当中，有一个面色铁青、判处终身苦役的人现出很羡慕的样子看着我说道："他真幸运！他将被'宰掉'！伙伴，永别了！"

我无法描写我内心的感触。我实际上的确是他们的伙伴。格福刑场和土伦是两姊妹。我的地位甚至比他们还要低下：他们这样做还是给我的面子呢。我战栗起来了。

是的，我是他们的伙伴！稍迟几天，我还可能成为他们观赏的对象呢。

我全身瘫痪无力，动也不动地站在窗口。可是当我看见那五条铁链锁着的人现出凶狠可怕的热情闹闹嚷嚷地向我跑来的时候，当我听见他们的铁链声、嘈杂声、脚步声在墙下乱哄哄地闹成一片的时候，我觉得这一群魔鬼在攀登我这间倒霉的牢房，我叫喊一声，将身子猛地向门上扑过去，想把门冲破，可是没有办法逃跑。门的外面上了门栓。我用力撞门，大声喊叫。这时候，我觉得那些犯人的可怕的声音更加逼近了。我好像看见他们奇形怪状的头已经在窗橡上出现了，我又痛苦地叫了一声，晕倒了。

十四

当我醒过来的时候，已经是夜晚了。 我睡在一张简陋的床上。吊在天花板上的那盏微光闪闪的油灯使我看见，在我这张床的两边还排列着很多床铺。 于是我明白，他们把我送进医院里了。

我有一会儿工夫是很清醒的，但是我心里既没有去想，也没有去回忆一下其他的事情，我只知道领略睡在床上的舒服。 在别的时候，这医院和监狱里的床当然会使我感到厌恶而远远地躲开它，可是我已经不是这样的人了。 床毯是灰色的，摸起来觉得很粗糙，被子很薄，并且又破了几个洞，我隔着褥子也感觉到下面的草垫子和这没有关系！ 我的四肢可以在这粗糙的床毯里尽情地懒洋洋地伸开；不管我盖的这床被子是多么薄，我也觉得我已经习惯的骨髓里的可怕的寒气渐渐地在消散。 我又睡着了。

一阵激烈的闹声把我惊醒过来，天已经微微发亮了。 这声音是从外面传进来的，我的床靠近窗户，我在床上坐起来，看一看究竟是怎么一回事。

这一扇窗户开向彼塞特的那个大院子。 院子里站满了人，有两排老练的士兵费了很大的气力才在人群中保持住那穿过院子的一条小道可以通行。 在这两行士兵当中，有五辆载满了人的长方形的车子慢慢地走着，碰到路上的每一块石头都要颠簸一下，这些人就是正在出发的苦役犯。

这五辆车都是没有顶篷的。 一辆车载一条铁链锁着的人。 犯人们在车上背向背地分坐在两边，中间用那条共同使用的铁链把他们隔开，这条铁链顺着车长放着，在它的一端站着一个手持实弹步枪的看守。 我听见犯人们的铁链哐啷哐啷地响着，车子每颠簸一下，便看见他们的头在震动，他们悬空的腿在摇摆。

一阵绵绵细雨使天气寒冷起来，并且把他们已经变成黑色的灰色帆布裤子紧紧地粘在他们的膝盖上。他们长长的胡子和短短的头发上流着雨水，他们的脸色发青，只见他们全身发抖，因为天气寒冷和满腔愤怒的缘故，他们的牙齿发出格格的响声。此外，在车子上便动也不能动一下了。一经锁在这条铁链上，一个人便只不过是这极其丑恶的、人们称之为"绳子"的整体中的一部分，这个整体动作起来，好像是单独的一个人似的。应当把人的智慧抛弃掉，因为监狱的枷锁已经把它处了死刑，至于这个牲口似的人，无论他大小便或吃饭都应当有一定的时间。他们就这样，大多数半裸身体，光着头，两腿悬空，动也不动地坐在那几辆车上，开始了他们二十五天的旅程，不论在七月火热的太阳下，或者在十一月的冷雨中，他们都穿着那一套衣服。也许有人说，人们希望上天也来分担他们的刽子手的职务呢。

我不知道那些人和车上的犯人气势汹汹地说些什么：一边在叫骂，一边在吆喝，双方都在互相诅咒；可是队长一声号令，便看见棍子像雨点一般在车子里打起来，打在犯人们的肩膀上和脑袋上，于是，大伙儿便又恢复了人们称之为"秩序"的那样一种外表的安宁。但是，犯人的眼睛里充满了复仇的火焰，拳头在膝盖上痉挛发抖。

那五辆车子在骑马的武装卫兵和步行的狱警们押送之下一辆接一辆地在彼塞特高大的穹门下边消失了，另外还有一辆车子跟在后面，在这辆车上乱七八糟地放着铁锅、铜碗和准备替换用的铁链。有几个在酒店里误了时间的狱警飞奔出去追赶他们的队伍。人群也散了。这一幕景象宛如幻灯画似的消灭了。从枫丹柏露大道上传来的沉重的车轮声、马蹄声，以及鞭打声、铁链磨擦声、人们诅咒犯人在旅途中遭遇不幸的闹嚷声都渐渐地在空中变得微弱了。

可是对犯人们来说，这只不过是开始！

那个律师向我说的什么话呢？ 苦役！ 啊！ 是的，宁可死一千次！ 宁可上断头台也不愿意坐牢，宁可死亡也不愿意到那苦难的地方；宁可把我的颈项放在吉约丹①的刀下面，也不愿意去戴那苦役犯的枷锁！ 苦役，老天啊！

十五

可惜我没有生病。 第二天就要出院。 我又要被关到牢房里去。

没有生病！ 事实上，我年纪轻、身体好、气力壮。 我的血在血管里舒畅地流着，我的四肢都听从我心意的指挥，我的身心健康，天生一副享受长寿的体格，是的，这一切都是真的，可是现在我有一种病，一种致命的病，一种由人的手所制造出来的病。

自从我出院以后，我的心里便产生了一种激愤的思想，使我心神狂乱的思想，那就是，如果他们让我躺在病房里的话，我很有可能逃跑掉。 那些医生和修女们好像是很关心我的。 看我死得这样年轻，又是这样一个死法！ 也许有人以为，他们很同情我，他们在我的床前侍候我侍候得多么殷勤呀。 呸！ 他们不过是好奇而已！何况这些医治疾病的人可以医好你的伤风感冒，但是不能够解脱一个人的死刑。 然而，这件事情在他们做起来是非常容易的！ 打开一道门就行了！ 这样做，对他们有什么妨害呢？

现在再也没有机会了！ 我的上诉状迟早要被驳回来的，因为一切都是按照法律的规定办理的，证人已经对证过了，律师也辩护过了，法官也审判过了。 我对它不存什么希望了，除非……不，简直

---

① 发明"斩首机"的人。

是发疯！ 没有希望了！ 上诉状就是把你吊在深渊上空的一条绳子，我们听到它时时刻刻地发出嘎嘎的响声，直到它断了为止。 它和需要六个星期的时间才砍下来的斩首机上的刀是一样的。

假使我能够得到赦免呢？ 得到赦免！ 由谁赦免呢？ 为什么赦免呢？ 怎么样赦免呢？ 赦免我是不可能的。 就像他们说的，要做一个榜样！

我面前只有三步路可走： 彼塞特监狱，巴黎审判厅管押所，格福刑场。

十六

在医院中度过的那短短的几个小时里，我靠近一扇窗户坐着晒太阳——太阳又出来了——或者至少可以说，我接受着由窗格子里向我射进来的阳光。

我坐在那儿，用两只手抱着我沉重的头，它是那样的重，以致超过了我两手所能负担的重量，我把两个胳膊肘放在膝盖上，两只脚放在椅子的踏脚上，因为我全身精疲力竭，所以弯着身子，缩成一团，好像四肢都没有骨头，身上也没有筋肉似的。

监狱里窒息的气味比往常更加闷人难受，我的耳朵里现在还缭绕着苦役犯们铁链的响声，我对彼塞特真是感到十分厌倦了。 我觉得，那慈悲的上帝应当可怜可怜我，他最低限度应当让一只小鸟飞到对面的屋檐边上给我唱唱歌。

我不知道是仁慈的上帝，还是魔鬼，答应了我的要求，差不多就在这个时候，我听见从窗户下面传来了一阵歌声，不是鸟儿的声音，而是比它美妙得多的声音： 一个十五岁的小姑娘的清脆、嘹亮、柔和的歌声。 我猛地抬起头来，专心地听着她唱的歌。 歌的

音调缓慢柔和,好像那悲伤的鹧鸪鸟的声音一样,歌词如下:

　　在麦尔街啊,
　　三个凶狠的巡逻兵
　　　　倒霉啊,
　　猛扑过来,
　　　　唉呀,倒霉哟,
　　把我抓啊,
　　　　唉呀,倒霉哟。

我无法形容我失望的心情有多么痛苦。她继续唱道:

　　猛扑过来把我抓啊,
　　　　倒霉哟。
　　他们给我戴上了手铐,
　　　　唉呀,倒霉哟,
　　那侦探头子走来了,
　　　　唉呀,倒霉哟。
　　在路上,我碰到
　　　　嗳呀嗨呀嚆
　　一个绿林好汉啊,
　　　　嗳呀嗨呀嚆。

　　绿林中的好汉啊,
　　　　嗳呀嚆,
　　"快去告诉我老婆,

嗳呀嗨呀嗬，
说，我被关进了铁窗屋啊，
　　唉呀，倒霉哟。"
我老婆心中冒了火，
　　嗳呀嗨呀嗬，
问我："你到底干些啥？"
　　唉呀，倒霉哟。

她问我："你到底干些啥？"
　　倒霉哟。
"我使一棵橡树流汗水啊，
　　嗳呀嗨呀嗬，
我把他的金银拿，
　　嗳呀嗨呀嗬，
他的金银和时表啊，
　　嗳呀嗨呀嗬，
还有他的鞋扣儿，
　　嗳呀嗨呀嗬。"

还有他的鞋扣儿啊，
　　嗨呀嗬。
我老婆前往凡尔赛，
　　嗳呀嗨呀嗬，
在国王的驾前啊，
　　嗳呀嗨呀嗬，
她把状纸向他呈，

唉呀嗨呀嚛，
　祈求皇上把我饶啊，
　　　唉呀嗨呀嚛。

　祈求皇上把我饶啊，
　　　嗨呀嚛。
嗨！　如果我命得保全，
　　　唉呀嗨呀嚛，
我要扎个丝结儿，
　　　唉呀嗨呀嚛，
再用一双板底鞋，
　　　唉呀嗨呀嚛，
把我老婆来装扮啊，
　　　唉呀嗨呀嚛。
再用一双板底鞋啊，
　　　嗨呀嚛。
可是那皇上心恼怒，
　　　唉呀，倒霉哟，
他说："凭我的王冠把案断，
　　　唉呀，倒霉哟，
我要把他挂在空中，
　　　唉呀，倒霉哟，
叫他在那里把舞跳。"啊，
　　　唉呀，倒霉哟。

　我没有，也不可能再听下去了。这首哀怨之歌的半隐半现的含意，那强盗和巡逻兵之间的争斗,他在路上所遇到的、并且叫他到他的妻子那儿去的那个强盗,那骇人听闻的消息:"我使一棵橡树流汗水,我被关进了铁窗屋。"(我杀了一个人并且被捕了)那带着请愿书跑到凡尔赛去的女人,那怒气冲冲地威胁着要把这个罪犯"挂在空中,叫他在那里把舞跳"的皇上,这一切都由那使人百听不厌的最柔和的声音按照最柔和的歌调唱出来!……我听起来真感到悲伤,感到寒心,感到绝望。由那红润的小嘴来唱这些邪恶吓人的歌词,的确是一件使人厌恶的事情。我们可以说,这好比一朵玫瑰花被沾上了蜗牛的粘液。

我不知道怎样表达我内心的感触,我一方面既感到难过,一方面也感到安慰。那强盗的黑话,监狱的隐语,那粗野而奇异的语言竟和一个少女的声音结合起来,一个女孩子的声音变成了妇人的声音,这变化是多么婉转!所有这些粗糙的歌词却由一个很有节拍和韵律的清脆的声音唱出来!

啊!监狱是多么龌龊的东西!它有一种毒素可以玷污一切事物。无论什么东西在监狱里都要受到污损,甚至于一个十五岁的姑娘所唱的歌儿也不能例外。你在监狱里发现了一只小鸟,一看它的翅膀,上面沾了污泥;你在监狱里摘了一朵美丽的鲜花,把它拿来一闻,它发出恶劣的臭味。

十七

唉!如果我能逃走,我将多么兴奋地跑过那些田野啊!

不,不应当奔跑。奔跑将会引起别人的注意和怀疑。相反地,应当抬起头来,唱着歌慢慢地走过去。要设法得到一件有红色图案的旧蓝布外衣。因为附近一带种菜的人都穿这种衣服,所以用它来化装最好。

我知道在阿尔古附近的池塘旁边有一片大树林,当我在中学念书的时候,每逢星期四都要和同学们到这里来钓青蛙。在那里,我可以隐藏起来,等到天黑。

夜晚降临时,我再继续跑。我到温斯勒去。不,那里有一条河,我过不去。到阿尔巴戎去。最好还是乘从圣日耳曼到亚佛尔搭船到英国去。我到了隆儒莫。一个武装宪警走过来问我要护照……我一切都完了!

唉!可怜的幻想者,首先把那监禁你的三尺厚的围墙打破吧!死!死!

此刻,我想起我童年时候还到这彼塞特来看那口大水井和那些疯子呢!

十八

当我写这些东西的时候,我的灯暗下去了。天亮了,教堂的钟已打过六点。

这是什么意思呢?那个管门的看守刚才到我的牢房里来,他向我脱帽行礼,请我原谅他打扰了我,并且尽量放低他粗鲁的声音轻轻问我早餐时想吃些什么东西?……

我打了一个寒战!——难道就是今天吗?

十九

就是今天!

典狱长亲自来看我。他问我他怎样才可以使我感到满意,或者对我有所帮助？他希望我不要怨恨他和他的僚属，并且很关怀地询问我的健康情况和我怎样度过了昨天夜晚，当他离开我的时候，还称呼我"先生"！

就是今天了！

二十

这个典狱长认为我不至于抱怨他和他的部下。他的看法是有道理的。我怨恨他们是不对的，他们尽到了他们的职责，他们用心地看守了我；并且在我一来一去的时候对我都很有礼貌。难道我还不应该满意吗？

这一位好典狱长具有和善的笑容、甜蜜的言词、谄媚而咄咄逼人的目光、肥大的手掌，他就是监狱的化身，他就是变化成人的彼塞特。我周围的一切都是监狱；我发现它具有各种各样的形象，正如有铁栅和门栓的形象一样，它又有人的形象。这堵墙就是石头的监狱，这扇门就是木制的监狱，而这些狱吏和看守们便是有骨头有肌肉的监狱。监狱是一种可怕的、完整而不可分割的、一半是房屋、一半是人的东西。我是它的牺牲品，它把我遮盖起来，用它所有的桎梏一层层地束缚着我。它把我关在它坚硬的石墙里，用铁锁把我锁起来，并且用它的狱吏和看守们的眼睛来监视我。

啊！可怜的人啊！我将得到什么样的下场呢？他们将怎样处置我呢？

二十一

我现在很安静。一切都完了，彻底完了。我消除了由于典狱长来看我而引起的惶恐不安的心情。我承认，这是因为我从前还怀着希望，而现在呢，谢谢老天，我什么也不希望了。

以下是刚才发生的事情：

正当敲六点半钟的时候——不，这时候是七点差一刻——我牢房的门又打开了。一位穿棕色礼服的白发老头走进来了。他把他的礼服解开。我看见了他的教士袍子和宽领子。原来是一个神甫。

这一位神甫不是本监狱里的神甫。这是凶多吉少的预兆。

他现出慈祥的笑容和我面对面地坐下来，然后摆一摆头，两眼朝上望着天空，也就是说，他望着我牢房里的穹顶。我明白他的意思了。

"我的孩子，"他向我说道，"你预备好了吗？"

我用很微弱的声音回答道：

"我没有预备，但是我随时都可以从命。"

这时候，我两眼发花，周身四肢冒出一阵冷汗，我感到我两边的太阳穴发胀，耳朵里响起了一片嗡嗡的声音。

当我像睡着了似的在椅子上摇摇晃晃的时候，那善良的老头一直不停地讲着。最低限度，我感觉到他是在讲话，因为我好像记得看见他的嘴唇在动，手在比划，眼睛在发光。

门又打开了。那门栓的响声使我们两人都大吃一惊：惊醒了我昏迷的神智，打断了他的谈话。一位穿黑色衣服的什么先生之类的人物在典狱长陪同下走进来，向我恭恭敬敬地行了一个礼。这个人的脸上带着丧事仪仗队的执事们所有的那种矫揉造作的忧郁神气。他手里拿着一卷公文纸。

"先生，"他露出很和气的笑容向我说道，"我是巴黎皇家大理院的执行官。我很荣幸地替总检察官先生给你送来一件公文。"

方才那一阵惊骇已经消逝；我的神智又清醒过来了。

"是总检察官先生急着要我的脑袋吗？"我回答他说，"他给我送来一件公文，真使我感到很荣幸。我希望，我的死可以使他得到很大的愉快，否则，如果我想到他那样热烈地要我死，而我的死，他又毫不在乎，那我是很难过的。"

我说完这几句话后，便用很坚定的声调说道："先生，念吧！"

他开始对我念那冗长的公文，他念到每一行的结尾都好像唱歌似的，而在每一句话的中间，总要迟疑一下。他所念的就是对我的上诉状的批驳。

"判决将于今日在格福刑场执行，"他念完以后，仍然盯着那张贴有印花的公文，补充说道，"我们准于七点半钟出发到巴黎审判厅管押所。我亲爱的先生，请你跟我去，好吗？"

我有好一阵工夫都没有听他的话了。典狱长和神甫在谈着；而这位执行官则注视着他手里的公文，我注意地看了看那半掩半开的门……啊，糟了！走廊里有四个手持步枪的兵！

执行官又问我一次，这一次他问我的时候，眼睛是看着我的。

"随你的便！你说什么时候，就什么时候。"我回答道。

他向我行了个礼，说道："我将很荣幸地在半个小时之后来找你。"

于是，他们都走出去了，把我一个人留在牢房里。

我的天啊！给我一个逃走的办法吧！无论什么办法都可以！我应当逃走！我必须逃走！立刻就逃！从门里，从窗户上，从屋梁上逃出去！即使我的皮肉会被那房上的梁柱刮破，我也要逃走！

呵，简直发疯！简直见鬼！简直倒霉！需要好几个月的时间，用很多良好的工具，才能把这一堵墙凿开，可是现在，我既没有一颗钉子,也没有一个小时的时间呀!

二十二

于巴黎审判厅管押所

正如传票上所说的,我被"解送"到这儿来了。

这一次解送的经过是值得叙述一下的。

当执行官再次出现在我的牢房门口时,正在打七点半钟。"先生,"他对我说道,"我等着你。"唉呀! 和他在一起的还有不少人呢!

我站起来走了一步,觉得头昏脑胀,两腿无力,不能再走第二步了。 可是我立刻镇静起来,以相当稳定的步子往前走去。 在走出这阴暗的牢房前,我最后把它看了一眼——我留恋我的牢房。 我让它空空地打开着,这将使一间牢房显得样子很奇怪。

不过,这种情况是不会长久的。 管钥匙的看守说,刑事法庭此刻正在宣判一个罪犯,他们等着他今天晚上就到这儿来。

在走廊转弯的地方,神甫赶上了我们。 他刚刚吃完早点。

在走出监狱时,典狱长很亲切地和我握手,并且加派了四个老练的兵来护送我。

在医院的大门前面,有一个半死不活的老头对我说:"再见!"

我们走到院子里了。 我深深地吸了一口气,这对我是有益处的。

我们在露天地上没有走多久。 有一辆套着驿马的车子,就是送我到这儿来的那一辆马车,停在第一个院子里,这是一种长方形的二轮马车,中间横隔着一道密如毛线衣似的铁丝网把它分成两部分。 每一边有一个门：一个在车子的前面，一个在车子的后面。整个车子都是那样脏，那样黑，那样灰尘仆仆，以至拿一辆穷苦人家运棺材的丧车和它比较，也好像是国王行加冕礼时坐用的马车一样。

在走进这有两个车轮的坟墓以前，我用绝望的目光（在这种目光注视之下，我觉得连墙壁也应当倒下去）向院子里看了一看，在这个种着很多树木的小广场似的庭院里，观众们比看押送苦役犯时还要拥挤。 已经聚集着一大群人了！

如同铁链锁着的苦役犯们出发那一天一样，天上下着一阵秋雨，在我写这篇东西的时候，这寒冷的蒙蒙细雨还在下，它大概要下一个整天，也许在我死了以后还要下。

道路被雨水冲坏了，院子里积满了污泥和水。 我看见那一大群人站在烂泥浆里，心里感到十分高兴。

我们走上车去，那个执行官和一个法警坐在车子的前面那一部分，我、神甫和另外一个法警坐在后面一部分。 车子的周围有四个骑马的法警。 这样，不算车夫在内，一共是八个人押一个人。

当我上车的时候，有一个灰色眼睛的老太太说："我宁可看这个，也不喜欢看那些铁链锁着的人。"

我明白她的意思。 这样一个场面，人们只要举眼一看，便可一览无余，看个分明。 同时，看起来也一样好看，也比较方便。 没有什么东西会分散你的注意力。 一共只有一个人，单单在这个人的身上便可以同时看到所有那些苦役犯的一切苦难。 不过，这个场面没有那样零散，这是提炼过的酒，喝起来味道更醇。

马车出发了。 它从大门的穹窿下面经过时，发出一阵隆隆的响声，接着便走上大街，彼塞特监狱的沉重的大门在车子走过以后，又关了起来。 我迷迷糊糊地感觉到车子载着我前进，宛如一个昏睡不醒的人明知别人在埋葬他,可是既不能动弹,也不能叫喊。我隐隐约约地听见那悬挂在马脖子上的几排铜铃很有节奏的响声,听见那铁做的车轮在石板道上发出的轧轧之声,以及变换辙道时震动车厢的声音、车子周围的法警们的马奔跑的蹄声、车夫的鞭打声。我觉得,这些声音好像一股旋风似的刮着我奔跑。

我的眼睛从对面那个小洞的铁丝格子里看过去,不知不觉地注视到刻在彼塞特大门上面的那几个笔划粗大的字:养老院。

"怎么,"我自言自语地说道,"看来还有些人在这儿养老呢。"

这时候,我好像一个半睡半醒的人一样,翻来覆去地在我悲痛麻木的心灵中回想这件事情。突然,马车从这一条街走上了大路,改换了我在这个小洞中所看见的景物。在巴黎上空的浓雾中隐约可见的天蓝色的圣母院的钟楼出现在小洞里了。我的心境也立刻改变了。我好像这辆马车一样,变成了一具机器。看到了圣母院的钟楼便忘掉了彼塞特监狱。"站在插着一面旗子的钟楼上的人会看得很清楚。"我懵懵懂懂地笑着对自己说道。

我想,就在这个时候那神甫又开始向我讲话了。我让他罗哩罗嗦地讲他的,我耳朵里原来就有车轮声、马蹄声、车夫的鞭子声,因此他的话不过是给我多增加一种声音罢了。

我默不作声地听着他那一番单调无味的话,它好像潺潺的泉水声,使我的心思感到懒洋洋的,又好像大路边上弯弯曲曲的小榆树,换来换去总是那么一套。突然,坐在前面的那个执行官的急促的声音猛地把我惊了一下。

"喂!"他带着十分愉快的声调说道,"院长先生,你知道有什么新闻吗?"

他说话的时候，是转身向着神甫说的。

神甫对我不停地讲着，同时，车子的响声也震得他两耳欲聋，因此没有回答。

"喂！ 喂！"那执行官为了要压倒车轮的响声便提高嗓子说道，"可恶的车子！"

可恶！ 的确。

他继续说道：

"大概因为车子颠簸的关系，所以听不见。 我本来想说什么呢？ 院长先生，你能提醒我一下我刚才想说的话吗？ ……啊！ 你知道今天轰动巴黎的新闻吗？"

我战栗起来，好像他说的是我一样。

"不知道，"神甫终于听见了他的话，回答道，"我今天早晨没有时间看报。 要到晚上才知道。 当我整天都是这样忙的时候，我便告诉门房替我把报纸保存好，等我回去再看。"

"啊！"执行官又说道，"你不会不知道这件事情的。 这是巴黎的新闻！ 今天早晨的新闻！"

我发言道："我相信，我是知道这件新闻的。"

执行官瞪着眼睛看了我一下。

"你知道？ 真的吗？ 那么，你的看法是怎样呢？"

"你真爱打听！"我说道。

"先生，为什么？"执行官反问我道，"每一个人都有他的政治见解。 如果我说你没有你个人的看法，那未免太不尊重你了。 至于我，我是完全赞成恢复国民自卫军的。 我从前是我那个连队里的军士，说实在话，当军士真惬意。"

我打断他的话说道："我以为不是这件事。"

"那么，是关于哪一方面的呢？ 你说你知道……"

43

"我说的是另外一件新闻,今天全巴黎的人都在谈论。"

这个蠢东西还没有听懂我的意思;他的好奇心激动起来了。

"另外一件新闻? 你从什么鬼地方听到这些新闻的? 是什么新闻? 亲爱的先生,请你告诉我吧。 院长先生,你知道不知道? 你的消息比我还灵通吗? 我请求你告诉我,到底是怎样一回事情呢? 你要知道,我是喜欢打听新闻的,我把这些新闻告诉厅长先生,将使他感到很高兴。"

他接着又说了一大堆废话,来回地转过去看看神甫,又转过来看看我。 但是我只耸耸肩膀,没有回答。

"怎么啦!"他向我说道,"你在想什么?"

"我想,我今天晚上再也不能够想什么了。"我回答道。

"啊,是这样一回事!"他说道,"好了,好了,你太悲伤了。 从前,卡士坦先生在行刑那天,还一直在说着话。"

沉默一会儿后,他又说道:"我还解送过巴巴万纳先生,他头戴獭皮小帽,口吸雪茄烟。 至于拉合舍尔的那些年轻人,他们彼此之间才谈话。 不过,他们总在说话呀。"

他又停了一下,继续说道:"那些疯子! 那些慷慨激昂的人! 他们的神气简直好像看不起整个世界似的。 可是你,我发现你真是一个思虑过多的年轻人。"

"年轻人!"我向他说道,"我比你还老,每过一刻钟便使我老一岁。"

他转过身来,现出呆头呆脑的吃惊样子把我看了好几分钟,然后很不自然地冷笑起来。

"啊,比我还老,你真存心开玩笑! 我也许可以做你的祖父呢。"

"我没有开玩笑的意思。"我郑重地回答道。

他打开他的鼻烟盒。

"算了,亲爱的先生,别生气!吸一口鼻烟吧,别怨恨我!"

"不要害怕,我对你的怨恨没有多久了。"

这时候,他向我递来的鼻烟盒碰在那一道把我们分开的铁丝网上。车子的颠簸使烟盒在铁丝网上猛地碰了一下,于是连烟带盒通通掉到那个法警的脚下去了。

"可恶的铁丝网!"执行官叫骂道。

他转过来向着我。

"好!我不是倒霉吗?我的鼻烟完全损失了!"

"我的损失比你的还要大。"我微笑着回答道。

他试着去拾他的鼻烟,同时嘴里又叽里咕噜地说道:"比我的损失还大!这句话说起来倒容易。这一下,一直到巴黎都没有鼻烟吸了!真糟糕!"

这时候,那位神甫对他说了几句安慰的话,我不知道是不是我在想别的事,可是我觉得,神甫所说的就是他起初对我讲的那一番劝诫的话的继续。于是执行官和神甫慢慢地谈起来了,我让他们两个人去谈他们的,我开始考虑我自己的事情。

快要到市郊的时候,我当然还在专心考虑,但我觉得巴黎产生了一种比往常更喧哗的闹嚷声。

车子在税卡前面停了一会儿。税务局的职员走来把马车检查了一下。如果车上装的是运到屠宰场去的一只羊,或者一头牛,那么,大概要给他们一笔钱才能放行,但车上装的是一个人,这是不纳税的。他们放我们过去了。

马车走过了林阴大道便飞快地走进了市郊的圣玛索和城区里的弯弯曲曲的小街,这些街道蜿蜒交错好像蚂蚁洞里曲折复杂的路道一样。在这些狭窄的石板路上,车轮旋转得那样响,那样快,以至使我完全听不到外面的声音。当我两眼从那个小方洞望出去时，我发现如浪潮一般拥挤的行人好像都停下来看我们这辆马车，成群的小孩子跟在车子后面跑着。我时不时地好像在十字路口看到一个身穿破烂衣服的男人或老太婆，有时候又看到两个人在一起，拿着一卷印刷品，而那些过路的人好像高声喊叫似的张着嘴，在那儿争夺这些印刷品。

我们到达管押所的院子里时，审判厅的钟正在打八点半。看到那宽大的石阶、黑暗的教堂和阴森的牢门洞时，我的心都冷了。当车子停下来的时候，我想，我的心也快要停止跳动了。

我又鼓起勇气；那一道门快如闪电似的打开了。我从这流动的监狱里跳下来，大踏步地在大厅的穹窿下从两排士兵中间走过去。在我走过的地方，已经站着一大群人了。

二十三

当我在审判厅的旁听席中间走过时，心里觉得很自由，很舒服，但是当他们引着我经过那些只有判刑的人和被判刑的人才能进去的矮小的门、秘密的阶梯、隐蔽的过道和长长的密不通风的走廊时，我所有的勇气都消失了。

那个执行官始终伴随着我。神甫已经离开我了，他要两个小时以后才回来：他有他自己的事情。

他们领着我走进了管押所所长的办公室。于是，执行官便把我交给这一位所长。他们是互相交换的。所长请他等一会儿，并告诉他说，他有一头"猎获物"要交给他，以便在车子回去时立刻把它送到彼塞特去。毫无疑问，他们所说的不是今天判处死刑的那个人，也就是今天晚上要睡在我没有睡坏的那一捆稻草上的囚犯。

"好极了，"执行官对所长说，"我等一等，我们两张传票同时办理，赶得真巧。"

在等待的时候，他们把我安置在所长办公室旁边的一间小屋子里。他们留我一个人在那儿，紧紧地把门栓住。

我不知道我心里在想什么事情，也不知道我在那儿呆了多久，忽然，一阵突如其来的狂暴的笑声传到了我的耳里，把我从迷惘中惊醒过来。

我战战兢兢地抬起头来。屋子里已经不只我一个人了。我发现有一个人和我在一起，此人年约五十五岁，中等身材，满脸皱纹，弯腰驼背，头发苍白，四肢粗短，长一双灰色的斜视眼，面带苦笑，满身肮脏，穿一件破衣服，赤裸着半个身子，一看便使人感到厌恶。

我想，大概是门打开的时候把他放进来的，然后，门又重新关上，我根本不知道。倘若"死亡"能够这样来，有多么好啊！

我们——那个人和我——互相凝视了好几秒钟。他拉长他那喘气似的笑声，而我则一半感到惊惶，一半感到恐怖。

"你是什么人？"我终于问他道。

"你问得真妙！"他回答道，"我是一个忽里阿失。"

"忽里阿失！这是什么意思？"

这个问题使他更加高兴起来了。

"这就是说，"他在狂笑声中大声说道，"六个星期以后，'老板'将把我的'巴黎大学'放在筐子里玩，如同他在六个小时以后就要把你这块'劈柴'拿来玩一样。哈哈！哈哈！现在你好像明白了。"

这时候，我脸色惨白，毛发悚立。他就是今天判处死刑的那个人,也就是彼塞特的狱吏和看守等待的死囚,我的继承者。

他继续说道:"你打算怎么样? 现在听我讲一讲我的历史吧。我是一个本领高强的绿林好汉的儿子,不幸的是,有一天'查罗'①劳心费力地替他拔掉了领带,托上帝的保佑,这事情是发生在实行绞刑的时候。 我六岁时便没有父亲,也没有母亲,夏天,我在大路旁边的灰沙里打滚,以便讨得马车里的人从车门里扔一个铜子给我,冬天,我赤着两脚在泥泞的路上走着,哈着热气来暖和我的冻得红红的手指,人们隔着裤子就看得见我的腿。 我九岁就开始使用我的两把'钩子'②,我有时候掏空一个'福衣禄'③,有时候又'缝制一件大衣'④。 我十岁就当'马尔鲁'⑤。 后来,我结识了一些人,十七岁便成为一条'好汉'⑥。 我'假造了一个镞子,闯进一家商号'⑦。 我被抓住了。 我已经到了法定年龄。 于是,他们把我送到'小军舰上去划船'⑧。 海上的生活很苦,睡的是木板,喝的是清水,吃的是黑面包,脚上还拖着一个累赘的毫无用处的铁球,又要挨棍棒打,又要挨太阳晒。 这样一来,大家的头发都被剪掉了。 我,我可是长着美丽的栗色头发呀! 这没有什么关系! 我服满了我的刑期。 一干就是十五年啦! 我已经三十二岁了。 想不到在一天早晨,他们给我一张路条和六十六个法郎,这笔钱是我在十五年的苦役中,一年工作十二个月,一个月工作三十天,一天工作十六小时积起来的。 然而,我希望我有了这六十六个

---
① 刽子手。
② 手。
③ 荷包。
④ 偷了一件披风。
⑤ 扒手。
⑥ 强盗。
⑦ 假造了一把钥匙,打开了一家商店的门。
⑧ 被罚去做摇船的苦役。

法郎就可以做一个好人,我外面穿着褴褛的衣服,但内心的情感却比一个身穿'道袍'①的人还要高尚。 可是我的护照真他妈的糟糕! 它是黄颜色的,上面写着'释放的苦役犯'。 我无论走到哪里都要把它拿出来给人看,并且在别人强迫我呆下来的地方,每隔一个星期就要把它交给镇长查验。 一个被罚去划船的囚犯! 这是多么光彩的介绍啊! 我使得人人害怕,孩子们见着我就躲开,大家见着我都把门关起来。 谁也不愿意给我活干。 我把我的六十六个法郎都吃光了。 但是,我总得想办法活下去。 我把我的臂膀给别人看,表明它们干起活来是顶有劲的,可是大家把门关起来不理我。 我干一天活只要十五个铜子,十个铜子,五个铜子。 可是没有人要。 怎么办呢? 有一天,我肚子饿了。 我一拐肘便打破了一家面包铺的橱窗,我抓到一个面包,可是面包铺的老板也把我抓到了;我没有吃到面包,可是却被判去划一辈子的船,并且在肩膀上还烙了三个字——如果你要看的话,我就给你看——他们把这样的人叫作'惯犯'。 于是,我便成了'回槽的老马'②。 我又被送到土伦;这一次是和那些'戴绿帽子的人'③一起送去的。 我必须逃跑。 如果要逃的话,只要割断两根铁链和穿过三道围墙就行了,我那时候有一个铁钉。 我逃掉了。 他们放警炮,因为我们这些犯人也和罗马的红衣主教一样,是穿着红衣服的,所以在我们走的时候他们要放礼炮。 他们的火药只打中了几只麻雀。 我这一次没有黄色护照了,可是也没有一个钱。 我遇见了一些伙伴;他们有些是服满了刑期的,有些是挣断了铁链逃跑的。 他们的头儿劝我入伙,大家在大路上干白刀子进红刀子出的买卖。 我答应了。 于是,我为

---

① 修道院教士的袍子。
② 再度入狱的人。
③ 终身服苦役的囚犯。

了生活便开始杀人。我们有时候抢长途马车,有时候抢驿站车,有时候抢骑马的牛贩子。我们把钱抢了,丢下牲口和车子任它跑掉。我们把杀死的人埋在大树下面,埋的时候很当心,不要把死人的脚露出来,埋好后,我们就在坟坑上跳舞,使泥土不像刚刚翻动过的样子。我们白天从一个树林逃到另外一个树林,晚上在荆棘丛中露宿过夜。我过着这样的生活也渐渐衰老了,可是我最低限度是很自由的。任何事情都有一个结局,我们干的这种事情也一样。突然在一天夜里,那些'卖绳索的商人'①抓住我们的衣领。我的'发朗德'②们都跑掉了,可是我这个年纪最大的人却被那些头戴丝带帽的猫儿的爪子抓着了。他们把我带到这儿来。我已经爬过了梯子上所有的梯级,只剩下一级还没有爬到。对我来说,今后无论是偷一条手巾或者杀一个人,都是一样的,我还可享受一次'惯犯'的罪名。以后就要过'镰刀手'③那一道关了。我的经历是很短的;唉,我却开始衰老了,干什么事情都不行了。我的父亲娶了那个'寡妇'④,而我呢,要退隐到'忏悔山'修道院⑤去——好,完了,伙伴。"

我呆呆地听着。他又笑了起来,比开始的时候笑得还响,并且想来拉我的手。我吓得往后倒退。

"朋友,"他向我说道,"你显得很不勇敢,在那条母哈巴狗面前不要做出天真幼稚的样子⑥。你知道,在'揭示处'⑦有一段时

---

① 带枪的士兵。
② 同伴。
③ 刽子手。
④ 被绞死了。
⑤ 要上断头台。
⑥ 在"死"面前不要显得怯懦。
⑦ 格福刑场。

间是很难过的,不过,那一下子就完了! 我愿意到那儿去表演给你看。 老天为证! 如果他们肯今天把我拿去和你一起砍掉的话,我情愿不上诉。 那个神甫可以同时为我们两个人祈祷;我并不在乎得到你留下来的衣物。 你看,我是一个顶呱呱的汉子。 嗯! 你说,你愿意结交我这个朋友吗?"

他又向我走近一步。

"先生,"我用手把他推开,回答道,"谢谢你。"

他听到我的话又哈哈大笑起来。

"唉呀呀,先生,'阁下'①原来是一个爵爷似的人物呀! 这家伙是一个侯爵!"

我打断了他的话,说道:"我的朋友,我需要考虑我自己的事情,请让我安静一点儿吧。"

我庄严郑重的话立刻使他沉思起来。 他摆一摆他那光秃秃的有几根灰色头发的脑袋,并且用指甲去搔搔他那袒露在衬衣外面的长满了汗毛的胸脯。

"我明白了,"他嘴里悄悄地说道,"一定是那头'野猪'②在捣鬼! ……"

沉默了几分钟后,他显得有点儿胆怯似的对我说道:"你是一个高傲的人,好极了;不过,你身上那件漂亮的衣服对你也没有什么大的用处了! '老板'会把它拿去的。 你把它送给我吧,我把它卖了来买一点烟丝。"

我把我的衣服脱下来给他。 他乐得像小孩似的拍起手来。 等了一会儿,他看见我穿一件衬衣冷得发抖,便说道:"先生,你冷

---

① 您。
② 神甫。

起来了,把这件衣服穿上吧,天在下雨,你要被雨水淋湿的;再说,在刑车上也应当穿得像样一点。"

他一边说,一边就把他那件宽大的灰毛呢上衣脱下来给我穿上。 我随他怎么做。

这时候,我倚靠着墙;我不知道如何表达这个人给我的印象。他拿着我给他的那件衣服仔细地看了又看,时而高兴得叫起来:"衣服的口袋都是新的! 领子也没有穿坏! 我至少可以卖十五个法郎。 真运气! 足够买六个星期抽的烟了!"

门又打开了。 他们来带走我们两个人:把我带到死囚们等候行刑的屋子;把他带到彼塞特监狱。 他笑嘻嘻地站在押送他的那一小队士兵当中,对他们说道:"喂! 喂! 你们不要搞错啦,那位先生和我交换了衣服,别把我当成他了。 唉呀,那我可不行,因为我现在有了买烟的钱了!"

二十四

那个老家伙把我那件衣服抢去了,因为不是我送给他的,他把这件破衣服,他那件褴褛的上衣,留给我。 我穿上这件衣服像个什么样子呢?

我并不是毫不在乎,也不是出于仁慈之心才让他把我的衣服拿去的。 不,只是因为他的气力比我的大。 如果我拒绝的话,他也许要用他粗大的拳头打我。

真的,什么仁慈不仁慈! 我满肚子都是怨气。 这个老贼,我真想用我的手把他卡死! 用脚把他踏得粉碎!

我心里忧愤交加。 我想,我那容纳怨恨的心已经破裂了。 死亡能够使一个人的心术变坏。

二十五

他们把我带进一间四壁空空的小牢房里,不言而喻,这间牢房的窗户上有很多栏杆,门上有好几道门栓。

我向他们要了一张桌子,一把椅子,和写字所需用的东西。他们都给我拿来了。

然后,我又向他们要一张床。狱警瞪起眼睛看着我,他那惊讶的目光好像在说:"有什么用呢?"

然而,他们还是在牢房的角落里给我安了一张帆布床。但与此同时,有一个法警也走进他们称之谓"我的房间"里来了。难道他们怕我用床上的褥子自缢吗?

二十六

现在是十点钟。

唉,我可怜的女儿!再过六个钟点我就要死了!我将成为一种污秽不洁的东西摆在课室里的冷冰冰的桌子上;一方面拿头去塑造模型,另一方面拿身躯去解剖,然后把残剩下来的东西都装在一个棺材里,送到克拉马公墓去。

以上就是他们将来处理你的爸爸的情形。在他们当中,没有一个人恨我,他们都怜悯我,而且每一个人都可以挽救我。可是,他们马上就要杀我了,玛丽,你懂得这是怎样一回事吗?他们为了郑重起见会举行一个仪式,然后不动声色地把我杀了!唉,上帝呀!

可怜的孩子啊!你的爸爸非常爱你,他常常亲吻你那芳香白皙的颈项,用手捧着你那丰满美丽的脸儿,抚摩你那丝一般的鬈发,把你抱在膝上逗着玩；晚上，合着你的两只小手，向上帝祈祷！

现在，有谁来吻你和抱你呢？有谁来疼爱你呢？除了你，所有像你这样年纪的孩子都有爸爸。我的孩子，你怎样才能够把新年的欢乐、新年的礼物、美丽的小玩具、吃糖果、和爸爸亲吻这些习惯了的东西忘掉呢？不幸的孤儿啊，你怎样改变你的饮食习惯呢？

唉！假如那些陪审官看见我那可爱的小玛丽就好了，他们或者会明白，不应当杀掉一个三岁孩子的父亲。

她将来长大的时候——如果她能够长大的话——会有怎样的遭遇呢？她的爸爸将成为巴黎市民谈笑的资料之一。她将因为我和我的名字而感到羞愧，她将由于我，由于一心疼爱她的我而成为一个卑贱的人，受到别人的轻视和鄙弃。唉，我心爱的小玛丽啊！难道你真的会因为我而感到惭愧和厌恶吗？

痛心呀！我犯了多么大的罪恶，我使社会也犯了多么大的罪恶啊！

唉，难道真的在天黑以前我就要死吗？难道这个即将死亡的人真的是我吗？我所听到的外面那一片乱哄哄的闹声，以及那些欢天喜地在河边上奔跑的人群、在营房里整装待发的法警、穿黑袍子的神甫，还有那个有两只血腥的手的人，这一切都是为了我才出现的！那行将死去的人就是我！我，就是在这间屋子里观看、活动、呼吸的我，就是坐在这张桌子前面的我，这张桌子和其他的桌子是一样的，它也可以安放在另外一个地方，但是我，终归是我所触摸到的和感觉到的我，请看我这件衣服还在起皱纹呢！

二十七

如果我知道它是怎样构造的，知道一个人在它上面是怎么个死法，那就好了！可是我不知道，这太可怕了。

那个东西的名称真是吓人，我不明白，我到现在何以还能够在纸上写出和在口里讲出这个名称。

那十个字母所凑成的字，那十个字母的形状，实在是为了引起一种恐怖的思想而造出来的。那倒霉的医生，那个发明这个东西的医生，命中注定有这样一个名字①。

我想象中的这个丑恶的字的形象是模糊不定的，同时也是极其凶恶的。它的每一个音节便好像那个机器的一部分。这个恶魔似的木架子，我不断地把它在我的心里拼凑起来又拆散，拆散了又拼凑起来。

我不敢问一问前面所说的那个东西是什么样子，不过既不知道它是怎样构造的，也不知道怎样来使用，那就可怕了。它好像有一个活动板，刽子手就把你放在那块木板上……啊！如果再讲下去，我的脑袋还没有掉下来，也许头发已变白了！

二十八

我曾经隐隐约约地看见过它一次。

有一天，大概在上午十一点钟的时候，我坐着马车经过格福刑场。忽然，车子停下来了。

---

① "斩首机"一词的法文原文为"Guillotine"，这个词共有十个字母，这里所说的"十个字母所组成的字"就是指"斩首机"而言。"斩首机"系于一七九一年由法国立法会议委托医生路易制造的，于一七九二年的三月开始使用，但最初倡议制造一种机器来斩首的，是吉约丹(Joseph-Ignace Guillotin，1738—1814)。吉约丹原来是一个医生，于一七八八年当选为议员；一七八九年，他向立法会议提出法案，要求制造一种机器来作为执行斩刑的工具，以便一下子就斩掉犯人的首级，缩短受刑时的痛苦。所以，一七九二年"斩首机"制造出来后，即由他的姓"Guillotin"引申出"Guillotine"一词，作为这种机器的名称。

刑场上有很多的人。我把头伸到车门那里,看见一大群人拥塞在广场上和河边上,还有好些男人、女人和小孩站在栏杆上。从这些人的头上望过去,我看见有三个人在安装一种红色木头的高架子。

准定在当天要处决一个犯人,所以他们把那个机器架设起来。

我还没有把它看清楚,就把头掉开了。在马车旁边有一个女人对一个小孩说:

"喂,你瞧!刀子下来的时候很不灵活,他们还要用一个蜡烛头来把刀槽润滑一下呢。"

恐怕他们今天也正在做这些事情。刚刚打过十一点钟,刽子手一定在润滑刀槽了。

唉!不幸的是,这一次我不能把头掉开了。

二十九

噢,赦免我吧!赦免我吧!我也许可以获得赦免的。国王对我并无怨恨。请一个人去把我的律师找来!快去把律师找来呀!我愿意服苦役。服五年苦役,怎么都行,或者服二十年,或者打着烙印服一辈子的苦役。总之,要饶了我的命!

做一个苦役犯,还可以行动,还可以走来走去,还可以看见太阳。

三十

神甫又回来了。

他长着白色的头发和温厚的面容,相貌是很端庄可敬的,事实上，他是一个高尚和仁慈的人。 今天早晨，我看见他把他口袋里的钱通通都发给囚犯们了。 但是，为什么他的话既不动人，也不像是他心中有所感触而说出来的呢？ 为什么他的话没一句能打动我的灵感和良心呢？

今天早晨，我的心情非常混乱。 我简直没听见他对我讲的话。 我觉得他的话对我没有什么用处，因此，我始终表现出满不在乎的样子，他的话好像寒冷的雨水打在光滑的玻璃窗上一样，一下子滑下去了。

可是当他刚才又回到我身边的时候，我一看见他便感到很舒服。 我对自己说，在所有这些人当中，我认为只有他还算得上是一个人。 我渴望他对我说些安慰体贴的话。

我们都坐下了。 他坐在椅子上，我坐在床上。 他对我说道："我的孩子……"这几个字打动了我的心。 他继续说道："我的孩子，你相信上帝吗？"

"是的，神甫。"我回答道。

"你相信神圣的罗马天主教会吗？"

"当然相信。"我说道。

"我的孩子，"他又说道，"看你的样子好像是不相信似的。"

于是，他开始讲起来了。 他讲了很久，讲了很多的话，当他认为已经讲完了的时候，便站起来看着我——这是他开始讲话以后第一次看我——同时问道：

"懂得了吗？"

我声明，我开始就是带着贪婪的心情听着他的，然后更是专心地听着，最后则怀着一片至诚虔敬的心倾听他所讲的话。

我也站了起来。

"先生，"我回答道，"我请求你让我一个人在这里吧。"

他问我:"我什么时候再来呢?"

"我会叫人告诉你的。"

他于是走出去了。他没有生气,只不过把头摇了摇,好像自言自语地在说:"一个不相信宗教的人!"

不,不管我多么堕落,我也不是一个不相信宗教的人,上帝就是我的见证,他可以证明我相信他。可是这个老头子,他对我说了些什么呢? 没有一句话是真情实意的,没有一句话是悲哀动人的,没有一句话是出自内心的,没有一句话是为了深入我的心灵而从他心里说出来的,没有一句话是他自己对我说的。相反,我不明白,他那一套无论在什么情况下、无论对什么人都适用的含含糊糊的话,到底是什么意思。需要深刻的地方他却加以夸张,需要简练的地方他却说得很平淡;他的话好像一篇伤感的布道词,也好像一首神学上的哀挽歌。他在这句话里,或者在那句话里,总要引用一些拉丁文,还有圣奥古斯丁、圣格哥尔什么的,不知道说些什么! 再说,他那副神情好像是在背诵一篇已经背诵过二十次的功课,好像是在复习一个由于熟悉反而遗忘了的论题。他讲话的时候,眼睛没有表情,声音没有高低,两只手也没有动作。

他又怎么能不是这样呢? 这位神甫的头衔是本监狱的教诲师。他的职务是安慰人和劝诫人,他就依靠这个为生。囚犯和受刑的罪人便是他表现口才的对象。他听他们的忏悔,并且帮助他们,因为他的职务所在,所以他必须这样做。他干这种引导犯人走向死亡的工作,干到现在已经年老了。那些使别人心惊胆战的事情,他早已司空见惯:他那头灰白的头发并不会被吓得一根根竖立起来,因为监狱和断头台是他每天必去的地方。他已经习惯了。他大概有一个本子,其中有些篇页上写着对苦役犯说的话,有些篇页上写着对死囚说的话。狱吏在头一天通知他，第二天的某个时候有个犯人需要他去安慰，他便问：那个需要他安慰的是苦役犯呢，还是待斩的死犯？然后，他把本子上写的那些话找出来，先念上一遍，就去了。也就是说，不论是到土伦去的人也好，还是到格福刑场去的人也好，在他看来都是无所谓的，正如在犯人们看来，他也是一个无所谓的人一样。

哎！希望你们到最近的一个教区去随便找一位年轻的助理教士，或者找一个年老的本堂神甫来替换这位神甫吧！希望你们到火炉边去把他找来，他在那里看书，没有料到有人去找他；希望你们告诉他说：

"有一个人就要死了，必须要你去才可以安慰他。当刽子手捆绑他的双手、狱警剃掉他的头发时，需要你在场看着他，需要你带着基督受难像到刑车上去替他把刽子手遮挡住，需要你和他一起坐着刑车在石板道上一颠一簸地到格福刑场去，需要你和他一起从那可怕的残暴嗜血的人群中走过去，需要你在斩首机的下面拥抱他，需要你留在那里，直到他身首异处为止。"

希望你们把他带到这儿来，他心惊肉跳，从头到脚都在发抖；希望你们把我交给他，听从他的安排，他将哭泣起来，我们都将哭泣起来；他将滔滔不绝地对我说一番动人的话，我将得到他的安慰；于是，我心里的话都将倾泻在他的心里，他将得到我的灵魂，我将得到他的上帝。

可是这个忠厚的老头子，在我看来，他算什么？在他看来，我又算什么？只不过是一个倒霉不幸的人，是一个幽魂，和他所见过的许许多多的幽魂是相同的，是加进被处死刑的犯人总数中的一个罢了。

也许我这样拒绝他是不对的，因为他是善良的，我是恶劣的。

哎！这不是我的错。那败坏一切的，是我被判了死刑！

狱警刚才给我送来了一些食物，他们认为我大概要吃一点东西。几样很讲究的菜，有一只鸡（我觉得好像是一只鸡），还有其他的东西。好吧！我试着吃一点。可是第一口就完全从口里吐了出来，我觉得它是那么苦，多么臭！

三十一

刚才走进来一位先生，头上戴着他的帽子，把我看了一眼之后，便拿出一根尺子来从下而上地测量墙上的石头，时而高声地说："是这个。"时而又高声地说："不是这个。"

我问法警这位先生是什么人。看样子好像是监狱里的一个什么副建筑师。

至于他呢，他也对我起了好奇心。他和那个陪着他到牢房里来的看守悄悄说了几句话之后，便瞪着眼睛把我看了一会儿，显出满不在乎的样子摆摆头，接着又开始测量，大声说话。

他测量完毕后，便走到我的身边，用他洪亮的声音对我说道：

"我的朋友，这一所监狱在六个月以后将有很大的改善。"

他的手势和表情好像在补充他的话说道："可惜你享受不到了。"

他几乎笑起来了。我看他这个时候好像要说些甜蜜的话来嘲弄我，就如人们在新婚之夜作弄一个年轻的新娘一样。

我的法警，一个戴有臂章的老军士，替我回答道："先生，在死囚的牢房里是不宜于高声谈话的。"

那个建筑师走出去了。

可是我呢，和他测量过的石头一样，呆呆地留在牢房里。

三十二

后来,我遇见了一桩可笑的事情。

有一个人走来替换我这位善良的老法警——我对这位老法警真是太自私、太忘恩负义了,我甚至没有和他握握手。 来代替他的,是另一个法警: 此人前额凹陷,长一双牛眼睛,生成一副笨拙的样子。

此外,我没有注意他面部的表情。 我坐在桌子的前面,背朝着门,用手揉着我的前额想使头脑清醒一下——我的心思混乱极了。

我觉得有人在我的肩膀上轻轻拍了一下。 我转过头来一看,拍我肩膀的人就是新来的法警,在这间牢房里,只有我和他两个人。

他对我说话的语气大概是这样的:"犯人,你有一颗好心吗?"

"没有。"我回答道。

我粗暴的回答好像使他不知道怎样好了。 但他犹豫一会儿后,又说道:"一个人并不是为了要心肠坏而心肠坏的。"

"为什么不是呢?"我反问道,"如果你没有别的话要对我说,那就别打扰我了。 你究竟想说什么呢?"

"我的犯人,请你原谅,"他回答道,"我只有两句话,你听我说吧。 如果你能为一个可怜的人做一件好事,而且你做这件事情的时候,对你也没有丝毫的损失,你难道就不愿意做么?"

我耸耸肩膀,回答说:"你是不是从沙亭登疯人院来的呀? 你选择一个奇异的瓶子,想从它里面得到幸福。 我,能使别人幸福?"

他做出很神秘的样子——这种样子和他愚蠢的面貌是极不相称

的——把声音放得低低的,对我说道:"是的,犯人,使一个人幸福,使一个人发财致富。这一切都可以由你帮我做到。你听我说吧。我是一个穷法警,工作重,薪水少。我骑的马是我自己的,它使我快要破产了。因此,我就赌彩票,以便平衡一下我的开支。不过,买彩票必须要有一个诀窍,而一直到现在我就是买不到中奖的号码。我到处去找有把握的号码,却总是落空。我买七十六号,它就出七十七号。我在彩票上白白花了很多钱,一次也没有中过……请耐心一点,我马上就要讲完了……现在却有一个好机会。对不起,犯人,你今天大概就要完蛋了。大家都说,用这个方法杀死的人,预先知道中奖的彩票。请答应我,在明天晚上告诉我三个号码,三个中奖的号码,这对你有什么损害呢?嗯?……请放心,我不害怕死人的鬼魂……我的住址是:波班古营房 A 字楼第二十六号房间,就在走廊的尽头。你可认得出我来吗?你就在今天晚上来也可以,如果这样对你更方便的话。"

要不是我的心中涌现了一个强烈的希望,我真不屑于回答他这个蠢东西。但一个人在我所处的这样一种绝望的境地中,有时候会相信用一根头发可以挣断一条铁链。

"你听着,"一个即将死亡的人能够假装成什么样子,我就假装成什么样子对他说道,"我确实可以使你比国王还要富裕,可以使你赚到上百万的钱……不过,有一个条件。"

他睁着两只目光迟钝的眼睛问道:"什么条件?什么条件?我的犯人,只要你高兴,我什么都答应。"

"我不仅告诉你三个号码,而且愿意告诉你四个。你必须和我交换衣服。"

"只不过是这样一个条件!"他大声说道,同时他把制服上的头几个铁钮扣解开了。

我从椅子上站起来，注视着他的动作，我的心扑通扑通直跳。在法警的制服前面，我已经看见那几道门都被打开了；我看见了刑场和街市，审判厅已经远远地落到我的背后去了！

他突然现出怀疑的样子，转过身来说道："嗯！这岂不是想从这里逃跑吗？"

我知道一切都完了。但我还是作了一次最后的努力，可是这是多么愚蠢，多么无用啊！

"是的，"我向他说道，"但是你也发财了……"

他打断我的话，说道："不行！不行！啊，我的彩票号码，如果要它们中奖的话，就必须要你死掉。"

我又坐下来，默默无言地坐着，比我产生这个希望以前更加失望了。

三十三

我把眼睛闭起来，用手把它捂住；我竭力想回忆过去，以便忘掉现在。当我这样幻想的时候，我童年和少年时候甜蜜欢乐的记忆一幕幕地出现在我眼前，就如许多百花盛开的小岛浮现在我头脑中，浮现在阴郁混乱、天旋地转的深渊之上。

我觉得我又成了一个孩子，一个天真烂漫、欢乐嬉笑的小学生，和我的兄弟们在那荒芜的花园里玩呀、跑呀、闹呀，在这个花园里——在恩谷陆军医院阴暗的铅皮屋顶俯瞰下的古老女修道院的墙垣里，我度过了我的童年。

此后又过了四年，我又到了那里，那时我仍然是个孩子，不过已经是一个充满幻想和热情的孩子了。在这僻静的花园里，我遇见了一个年轻的姑娘。

这个西班牙小姑娘长着一双大眼睛，长长的头发，棕黄色的皮肤，红红的嘴唇，玫瑰色的脸蛋儿。她名叫蓓芭，十四岁，是西班牙的安达鲁西人。

我们的妈妈叫我们一起跑去玩，可是我们两人却去散步。

她们叫我们去做游戏，可是我们两个年龄相同性别不同的孩子却去聊天。

只不过在一年前，我们还在一起玩，还互相吵架呢。我和小蓓比达①争夺苹果树上最大的苹果；为了一个鸟巢，我还打了她。她哭了。我说："打得好！"我们两人都去告诉我们的妈妈，她们表面上做出责备的样子，其实暗中都在袒护我们。

可是现在呢，她靠在我的胳臂上，我感到既骄傲又激动。我们一边慢慢地走，一边轻声地交谈。她故意把手绢掉在地上，我替她拾起来。我们的手在互相接触时都颤抖起来。她和我谈到在那边看见的鸟儿和星星，谈到树阴后面绯红色的落日，谈到她同宿舍的同学，谈到她的衣服和丝带。我们谈的是天真无邪的话，可是我们俩的脸儿都羞得通红。那小姑娘已经变成少女了。

那天晚上——那是一个夏季的黄昏——我们走到花园深处的栗子树下。经过长时间的沉默（这是我们散步时常有的情形），她突然离开我的胳臂，对我说："我们跑吧！"

我现在还记得，她那时候为她的祖母服丧，穿着一身黑衣服。她脑子里忽然产生了一个天真的念头，又变成了小蓓比达了。她对我说："我们跑吧！"

于是，她那蜂腰似的纤细的身子便从我面前跑过去了；她的两只小脚把她的衣服踢得高高的。我跑去追她，她往前逃跑；她的黑

---

① "蓓比达"是"蓓芭"的昵称。

披风时不时地被风吹起来,使我看见了她那棕黄色的细嫩的背部。

我疯狂起来了。在那倒塌了的古井旁边我把她追住了。我拦腰把她抱住,因为我胜利了,所以有这个权利;我把她抱到草地上叫她坐下,她没有反抗。她气喘喘地只是笑。可是我呢,我始终是一本正经的,注视着她那黑幽幽的睫毛下面的眼珠。

"坐在这儿,"她向我说道,"时间还早呢,我们念一点什么吧。你有一本书吗?"

我身上有一本《斯巴南察尼游记》的第二卷。我随随便便地把书打开,走近她的身边;她把她的肩膀靠在我的肩膀上,于是我们各自低声地开始念这一页书了。她念完后,总要等着我看完了才翻开新的一页。我的心思不如她的敏捷。

"你看完了吗?"她问我。可是我不过刚刚才开始。

这时候,我们的头挨着头,耳鬓厮磨,呼吸也渐渐融合在一起了。突然,我们的嘴……

当我们想继续看书的时候,天上已经布满了星星。

"妈妈,妈妈,"她走进屋子时喊道,"你看我们跑得多累呀!"

至于我呢,我闭着嘴一句话也不说。

"你不说话,"我的母亲对我说道,"你好像不高兴似的。"

其实,我心里已经跟在天堂上一样幸福了。

这是我一生中永远不忘的一个夜晚。

我一辈子也不会忘记!

三十四

刚敲过一下钟,但我不知道是打的几点:我听不清楚敲钟的声音。 我觉得我耳朵里好像是一阵风琴的声音,这嗡嗡之声就是我最后的思想了。

在我沉思往事的这一刹那间,我怀着恐惧的心情又看到了我的罪恶;我希望我能够多多地忏悔一番。 在判刑以前,我忏悔的时间比较多,但在判刑后,我除了想到死,好像不可能再想到其他事情了。 然而,我真想沉痛地忏悔一番。

我把我一生中经过的事情回忆了一阵之后,便想到那不久就要结束我生命的大砍刀。 这时候,我好像看见了一种新奇的东西似的,浑身战栗起来。 我美丽的童年! 我灿烂的青春里的黄金似的一生,其结果却是如此悲惨。 在过去和现在之间有一条血河,河里流着的是另一个人和我自己的血。

如果有一天,人们看到了我的历史,看到我度过的许多甜蜜幸福的年月,他们将不相信这不幸的一年会以犯罪开始,以死刑告终;它的两端好像是不相配的。

事实上,有了坏法律才有坏人;我原来不是一个坏人呀!

哎,几个小时以后我就要死了! 回想一年前的今天,我还是清白和自由的,在秋天里散步;在树阴下面,在花叶丛中,到处走来走去!

三十五

在这同一个时候,在我的身边,在环绕着审判厅和格福刑场周围的房屋里,在全巴黎,有些人在走来走去,在说笑聊天,在阅读报纸,在考虑他们的事情;有些商人在卖东西,有些姑娘在准备她们今天晚上跳舞时穿的服装,有些母亲在逗着她们的孩子玩耍!

三十六

我记得,我小时候有一天去看巴黎圣母院的大钟。

当我走进那悬挂着一千来斤重的大钟和钟锤的石头楼房时,我的头脑都眩晕了,因为我上完了那螺旋形的阴暗的楼梯,走过了那连接两个钟楼的长长的走廊,在我的脚下看到了巴黎的市容。

我战战兢兢地在那有很多缝隙的楼板上往前走去,站得远远地观看那全巴黎老幼皆知的大钟,当我发现钟楼周围倾斜的盖着石板的屋檐和我的脚是在一个平面上时,不免感到有些害怕。我好像鸟儿临空俯瞰似的从钟楼的空格中间看见了圣母院前面的草坪,看见了那些来来往往的行人,他们好像蚂蚁一样大小。

突然,那巨大的钟响起来了,悠长的钟声在空气中震荡着,使高大的钟楼也摇动起来。梁上的木板在颤动。这响亮的钟声差点把我震倒了,我摇摇晃晃几乎跌倒下去,几乎从倾斜的屋檐上滑下去。我吓得匍匐在楼板上,用两只手紧紧地抓着,憋着气,不敢出声,耳朵里只听到宏大的钟声,眼睛只看到钟楼下面的深渊,而在那安静的草坪上,有很多态度悠闲、令人羡慕的人来来去去地走着。

唉!我觉得,我依然还在那个大钟楼里一样,眼前的情景简直令人头昏眼花,惶恐不安,好像有一阵钟声震动着我的脑壳。可是,在我的周围,我再也见不到那种安闲宁静的生活了;其他人依然在那样的生活中来来去去,而我已经和它告别了;我和它之间远远地隔着一道地狱的裂痕。

三十七

市政厅的房子是一幢凶险不祥的建筑。

它和格福刑场平行地耸立在那里,显示着它尖峭的屋顶、奇形怪状的小钟楼、巨大的白色钟面、几层柱头细小的楼房、无数的窗户、被人们的脚步磨旧了的阶梯和左右两边的两道拱门;它年久失修的门面是那样的阴森暗淡,以至在阳光下也显得黑黝黝的。

在处决犯人的日子,它便从它所有的门里放出许多法警,并且用它所有的窗户注视着那个犯人。

在夜里,它那标示行刑时刻的大钟,依然在阴暗的正门上闪闪发光。

三十八

现在是一点零一刻。

以下是我现在的感受:

我的头痛得很厉害。腰部发冷,前额发烧。每当我站起来,或者弯下身的时候,都觉得脑子里好像有一种液体在震荡,冲击着我的脑髓和头盖骨。

我一阵一阵地浑身发抖。有时候,我的手就如触电似的一下子把笔掉了下去。

我好像在一股浓烟里,感觉到两只眼睛火辣辣地发痛。

我的胳臂肘又酸又痛。

再过两小时四十五分,我的一切痛苦都将彻底治愈。

三十九

他们说，那算不了一回事，犯人感觉不到什么痛苦，这样的结局很舒服，这样的死法非常爽快。

唉！ 试问，这六个星期的痛苦和这一整天的惴惴不安是怎么来的？ 试问，在这无法补偿的今天——它好像过得很快，又好像过得很慢——为什么会使人感到如此悲伤？ 这一步步走向断头台的痛苦，难道算不了一回事？

这种痛苦，表面上好像是看不出的。

可是我的血一滴一滴地流尽，我的心在思来想去中枯竭，这难道不是同样使人心惊肉跳、痛苦难受的事吗？

然而，他们却硬说没有什么痛苦；他们确实知道没有痛苦吗？ 谁告诉他们的？ 是不是有人看见过被刽子手砍下的血淋淋的人头，在筐篮里向周围的人喊叫"这一点也不痛"？

被他们用这种方法处死的人，是不是曾来感谢过他们，说"这个发明的确不错；你们就用这个办法好了；这种机器很巧妙"？

说这句话的人，是罗伯斯庇尔吗？ 还是路易十六[①]？

怎么会毫无痛苦！ 怎么会不到一分钟，不到一秒钟，事情就完了——不说别的，他们是否设身处地想象过，那身在斩首机上的人在锋利的大刀落下来砍破皮肉、砍断脊骨和神经时所感到的痛苦？ ……怎么！ 只要半秒钟！ 痛苦便算遮掩过去了……这太可怕了！

---

① 罗伯斯庇尔和路易十六都是被"斩首机"处死的。

四十

真是奇怪,我心里老想到国王。 尽管我摇头不想,也是徒然,因为我耳朵里有一种声音不停地在对我说:

"在这同一个城里,在这同一个时候,在离此不远的另外一座宫殿里有一个人,他在他所有的门前也设有很多卫兵;这个人和你一样,在所有的人当中是独一无二的,但是有这样一点区别,即:他是那样的高贵,正如你是这样的卑贱。 他在整个的一生中,每时每刻都过着光荣、伟大、幸福、陶醉的生活。 他周围的人都爱他,都尊敬他和崇拜他。 最洪亮的声音和他谈起话来也变得很微弱,最骄傲的人也显得很谦恭。 他眼中所看见的,尽是丝绸和黄金。 这个时候,他在和大臣们议论国事,他们都随声附和地赞同他,或者,他在考虑明天打猎的事情,在考虑今天晚上的舞会;当然,这个盛会将遵照他的旨意按时举行,而别人则应当为他的欢乐和享受而工作。 好! 这个人和你一样,也是骨头和肉做成的! ——在此时此刻,如果要拆毁那可怕的断头台,如果要把生命、自由、幸福和家庭都还给你,只要他用一支笔在一张纸的下面写上他的名字的七个字母①就可以了,甚至只要他的马车遇到你的刑车就可以了! ——他是个很善良的人,也许他认为这样做是件再好不过的事。 然而,这一切都是不可能的事啊!"

四十一

好吧! 让我们拿出勇气来面对死亡吧,让我们把这个可怕的意

---

① 指当时的法国国王 Charles X(查理十世),Charles 由七个字母组成。

念拿在手上，面对面地观察一番吧。我们要问一问，死亡究竟是怎样一回事。要知道它对我们意味着什么，我们要翻来覆去把它想一想；要了解这个谜，要预先把坟墓里的情形看一看。

我好像觉着，只要我两眼一闭就可以看见一道道强光和一道道深渊，在这些深渊里，我的灵魂将无止境地向下坠落。我好像觉得天空本身将放射光明，天上的星星将变成暗淡的斑点，它们不再像活人的眼睛所看见的那样，就如黑天鹅绒上的金沙粒；相反，它们将变得像是金色绒布上的小黑点。

或者，它也许是一个可怕的四壁阴暗的深渊啊，我真是不幸，我将在这深渊里不停地坠落下去，沿途看见有些影子在黑暗中晃动。

或者，在此以后，当我醒过来时也许会发现我在一个潮湿的平地上，在黑暗中爬行和打滚，就如一个滚动的人头。我觉得将有一阵大风吹着我前行，我随处都会碰到一些旋转滚动的人头；间或还有一些池沼和小河，其中有一种不知名的温热液体，一切都将是黑暗的。当我的眼睛转向上方时，只能看到一片阴暗的天空，天上厚厚的云层将遮蔽着我的眼睛，在远远的尽头处，将看到一团团弧形的浓烟，它们比黑暗的深渊还要黑暗。在黑暗中，还将看到许多红色的火花在飞舞，它们飞过来时将变成火鸟。这样的景象将永远看不完。

也有这样的可能，那些在格福刑场上死去的人将在某一个冬天的黑夜里聚集在这个刑场上，这个刑场是属于他们的。这群人个个都脸色惨白、血肉模糊，当然，我少不了也是其中之一。这一个晚上没有月亮，大家都低声地谈着。市政厅也将出现，让我们看到它那烂糟糟的门面、残破的屋顶和巨大的钟面，它对我们这些人是毫不留情的。在刑场上有一架地狱的斩首机，有一个魔鬼将用这架斩首机来执行一个刽子手的死刑，行刑的时刻将在早晨四点钟。 这一次将轮到我们来做周围的观众了。

事情大概就是这样的。 不过，如果这些死人要回到刑场时，他们将以什么样的形状出现呢？ 在他们残缺不全的身体中，他们将保存哪一部分呢？ 他们选择什么好呢？ 那变成鬼魂的，究竟是脑袋呢，还是身躯？

哎！ 死亡将怎样处理我们的灵魂呢？ 它将容许灵魂具有什么样的性质呢？ 它将从灵魂中取走什么？ 又将给它什么？ 把它放在什么地方？ 它有时会不会把肉眼借给灵魂，使它能够哭泣，使它能够看一看人间的景象？

啊！ 需要一个神甫！ 真正知道这一切的神甫！ 我需要一个神甫，我要吻一吻耶稣基督的受难像！

我的天啊，在我身边的，依然是原来的那个神甫！

四十二

我请他让我睡一会儿，于是我便倒身睡在床上。

我实在感到头昏脑胀，因此一下就入睡了。 像这样的睡眠，是我最后的一次了。

我做了一个梦。

我梦见是在一个晚上。 我和两三个朋友一起在我的小屋子里，但我想不起来这几个朋友是谁。

我的妻子带着孩子已经在隔壁那间寝室里睡了。

我们，我的朋友和我，低声地谈着，我们所谈的事情使我们自己很害怕。

突然，我好像听见在别的房间里有一种微弱的、奇怪的、模糊的响声。

我的朋友和我一样,也听见了。 我们注意地听:好像有人在悄悄地开锁,在轻轻地锯门栓。

我们感到不寒而栗;我们害怕之极。 我们想,在这更深夜静的时候,到我家里来的也许是强盗。

我们决定去看一看。 我站起来,拿了一支蜡烛。 我的朋友一个跟一个地走在我后面。

我们从隔壁那间寝室里穿过去。 我的妻子和孩子都睡着了。 然后,我们走进客厅,什么也没有看见。 那几张画像依然在红布幔上的金色镜框里,丝毫没有动过。 我觉得,从客厅到饭厅的门好像被人开动过了。

我们走进饭厅,把四周察看了一遍。 我走在最前面。 通向楼梯的门是紧紧关着的,所有的窗户也是关得好好的。 我走到火炉旁边时,发现衣橱打开了,衣橱的门被拉过去靠在墙角上,好像是为了把它遮挡起来似的。

这使我大吃一惊。 我们想,一定有人躲在衣橱门的后面。

我用手去关衣橱的门,可是拉不动。 我感到非常惊异,于是用力去拉,猛然一下把它拉过来了。 这时候,我们发现有一个瘦小的老太婆垂着两手,闭着眼睛,直挺挺地靠在墙角里站着。

这种情景真使人感到有点恐怖,我一想起来便吓得头发直竖。

我问那个老太婆:"你在这儿干什么?"

她没有回答。

我又问她:"你是什么人?"

她不回答,也不动,依然闭着眼睛站在那里。

我的朋友们说:"她一定是和那些进来做坏事的人串通一气的,他们听见我们走来便跑了,她没有逃脱,所以才躲在这儿。"

我又追问她,她还是不做声,闭着眼睛动也不动地站着。

我们当中有一个人把她朝地上一推,她便倒下去了。

她倒下去时,是全身一齐倒的,好似一段木头,好似一个僵死的东西。

我们用脚踢了踢她,然后,有两个人又把她扶起来靠在墙上。她没有一点儿生气。我们凑近她的耳朵叫喊,她还是一句话也不说,好像耳朵是聋的,听不见我们的话似的。

这时候,我们忍耐不住了,在我们恐怖的感觉中,产生了忿怒的心情。我们当中有一个人对我说道:"用蜡烛去烧她的下巴。"

我把燃烧着的烛芯放在她的下巴下面。于是,她微微睁开一只眼睛——一只可怕的、空虚无光的、什么也不看的眼睛。

我把蜡烛拿开,对她说道:"喂!你这老恶妇,到底说不说话?你是谁?"

那只眼睛又自动闭上了。

"这简直不能容忍,"我的朋友们说道,"再烧!再烧!非要她说话不可。"

我又拿蜡烛去烧她的下巴。

她于是慢慢地睁开两只眼睛,把我们一个一个地看了一看,然后,猛地俯下身来,一口冷气把蜡烛吹灭了。就在这个时候,我感觉到在黑暗中有三颗锋利的牙齿紧紧地咬着我的手。

我惊醒过来,吓得浑身发抖,冷汗直流。

那位善良的监狱神甫坐在我的床边,口中念着祈祷文。

"我睡了很久吗?"我问道。

"我的孩子,"他回答道,"你睡了一个小时。有人把你的孩子带来了。她现在就在隔壁的房间里等你。我不愿意让他们把你叫醒。"

"哎呀!"我叫喊道,"我的女儿! 快把我的女儿领过来!"

四十三

她很活泼,脸儿红红的,一双大眼睛,她长得真美丽啊!

她穿着一件很合身的小袍子。

我拉住她的手,把她抱起来坐在我的膝盖上,我亲吻她的头发。

为什么不和她妈妈一起来呢?——她妈妈一定是病了;奶奶也病了。

她带着惊讶的神气看着我,让我抚摸她,拥抱她,拼命地吻她,但她却时而用不安的目光去看看她的保姆。 她的保姆在一旁哭泣。

"玛丽!"我喊道,"我亲爱的玛丽!"

我用力把她紧紧地抱在我哽咽悲恸的怀里。 她轻轻地叫了一声。

"啊,先生,你使我感到很不舒服。"她对我说道。

"先生!"这可怜的孩子,她差不多有一年没有看见我了。 她把我的声音、腔调和相貌全都忘记了;再说,像我长着这一脸的胡子,穿着这一身衣服,脸色这样苍白,谁能够把我认得出来呢? 怎么,我已经从她的记忆里消失了! 而我唯一的希望就是要活在她的记忆里啊。 怎么! 我已经不是父亲了! 法庭竟然判我不能再听到这两个字了! 这两个字——"爸爸!"——是孩子的语言,是那么甜蜜,以至在大人嘴里是说不出来的。

然而,我希望从她的嘴里听到这两个字,只要再听到一次,就行了——人们剥夺我四十年的生命,而我所要求的就是这一点了。

"玛丽，你听我说，"我把她的两只小手握在我的手里，说道，"你连我也不认识了吗？"

她用她秀丽的眼睛注视着我，回答道："当然不认识啦！"

"你好好地看一看，"我又说道，"怎么，你不知道我是谁吗？"

"知道，"她说道，"你是一位先生。"

哎呀！在世界上单单只爱一个人，用整个的心灵爱她，而这个人就在你的面前，看着你，和你谈着话，可是却不认识你！你只想从她那里得到安慰，而她偏偏不知道，你因为要死了，正需要她的安慰。

"玛丽，"我又问道，"你有爸爸吗？"

"有，先生。"孩子回答道。

"他在哪儿呢？"

她的一双大眼睛带着惊疑的目光望着我："啊！你不知道吗？他已经死了！"

她接着便哭起来。我几乎松手使她跌了下去。

"已经死了！"我说道，"玛丽，你知道死是怎么一回事吗？"

"先生，我知道，"她回答道，"他到地下去了，他到天上去了。"

她自己又继续说道："我在每天早晨和晚上都要坐在妈妈的膝上为他向慈悲的上帝祈祷。"

我吻一吻她的前额，说道："玛丽，把你的祷告词念给我听吧。"

"不行，先生，在白天是不念祷告的。你今天晚上到我家里来，我就念给你听。"

这已经足够使人伤心的了。我打断了她的话，说道："玛丽，你的爸爸就是我呀。"

"啊！"她回答道。

我接着又说道："你喜不喜欢我做你的爸爸？"

孩子把头掉开了：

"不，我的爸爸比你要漂亮得多。"

我连连不断地吻她，我的眼泪沾湿了她的面颊。她竭力想从我的怀里挣脱出去，高声说道："你的胡子刺痛我了！"

我于是又把她放在我的膝盖上，两只眼睛注视着她，问道："玛丽，你会认字吗？"

"会的，"她回答道，"我认得很多字，妈妈教我认字。"

"好的，念几个字给我听。"我指着她那只小手里拿着的一个揉皱了的纸团说道。

她抬起她那漂亮的头来，说道："啊！我只会念寓言故事。"

"试一试，来，念吧。"

她把那张纸打开，用手指指着一个字一个字地念道："判……决……判决……"

我从她的手里把那张纸夺过来。她念给我听的，原来是我的死刑判决书。她的保姆用一个铜子便可买到这张纸，可是对我来说，我付出的代价要多得多啊。

我心中的感触非言词所能形容。我凶暴的样子把她吓住了，她几乎哭起来。忽然，她对我说道："把我的纸还给我吧！这是拿来玩的。"

我把她交还给她的保姆："把她带走吧。"

我又昏沉沉地、灰心丧气地坐在我的椅子上。现在，他们大概要来了，我什么也不挂念了；我心中最后的一丝牵挂也断了。我可以任随他们怎样来处置我了。

四十四

这个神甫是善良的,这个法警也是善良的。我相信,当他们听见我叫那个保姆把我的孩子带走时,他们也流了一滴眼泪。

事情已经过去了。现在,我应当坚定起来,应当沉着冷静地想一想那个刽子手,想一想那辆刑车,那些法警,想一想那些站在窗口上的人,聚集在桥上和河边上的人,想一想在那个阴惨的格福刑场上,在那个用它所见证的那些被砍落的人头就可以把它铺盖起来的刑场上,特别为我一个人而设置的东西。

我相信,我还有一个小时可以用来想,以便使我自己习惯于这些事情。

四十五

这些人都将要高声大笑,鼓掌欢呼。这些欢欢喜喜跑去看执行死刑的人,他们是自由的,狱警们也不认识他们,但是在他们当中,在那即将站满整个刑场的一大群人当中,将不止一个人的脑袋迟早也要随着我的脑袋被装进那个红色的筐篮里。现在为了我而来到这刑场上的人,将来也决不止一个会为了他自己而到这里来的。

在格福刑场的某一点上,为这些命中注定的人留着一个致命的地方,一个引人注目的中心,一个陷阱。他们围绕着它旋转,直到跌下去为止。

四十六

我亲爱的小玛丽啊!有人又带她来玩耍了,她从马车的车门里看着那一大群人，可是她早已不再想到这位"先生"了。

也许我还有时间写几页东西来留给她，使她将来有一天可以看到我写的东西，使她在十五年以后为今天而哭泣。

是的，她应当从我这里来了解我的历史，了解我遗留给她的名字为什么是很悲惨的。

四十七

我的身世……

[编者注]我们还没有找到和这一章有关的那些篇页。也许像后面的篇页所说的那样，这个死囚已经没有时间来写了。当他想写他的身世时，已经为时太晚了。①

四十八

在市政厅的一间屋子里

在市政厅！——是的，我现在是在市政厅了。那令人厌恶的路程已经走完了。刑场就在旁边，在窗户下面有许多凶暴的人在笑、在叫、在等待着我。

我试图想坚定和克制自己，但终归徒然，因为我已经力不从心了。当我从那些人的头上望过去，看见那竖立在河边上两盏路灯中

---

① 此处的"编者注"为原文所有，意即：主人公未说出自己的身世，以此暗示主人公的身世其实无关紧要，因为他马上就要被处死了。

间的两根红色柱子和柱头上悬吊着的三角形的钢刀时，我的心便失去了主宰。 我要求最后再申诉一次。 因此，他们便把我安置在这里，并且派人去找检察官。 我等待着他，这样一来，我至少可以拖延一段时间。

经过的情形是这样的：

打三点钟了，他们来告诉我说时间到了。 我立刻战栗起来，在这六个小时、六个星期、六个月以来，我所想到的好像是其他的事情一样。 因此，我觉得这似乎是突如其来的。

他们领着我穿过几道走廊，走过几道阶梯。 他们把我从最下面一层楼的两扇小门当中推进一间阴沉狭窄的穹形屋子里，这间屋子仅仅像落雨天，或者在下雾的时候那样昏暗。 屋子中央放着一把椅子。 他们叫我坐下。 我坐下了。

除了神甫和法警，在门的旁边和四周的墙壁前面还站着几个人，此外，还有另外三个人。

第一个人，身材最高、年纪最大的那一个，长得胖胖的，面孔红红的。 他身穿一件燕尾服，头戴一顶有三个角的已经走了原样的帽子。 就是他。

他就是刽子手；他就是斩首机的仆役。 另外两个人是他的仆役。

刚一坐下，那两个人便像猫儿似的悄悄从我的背后向我走过来。 突然，我觉得有一块冰冷的铁东西钻进我的头发里，接着便听到一把剪刀在我的耳边嚓嚓地响着。

我的头发被他们胡乱地剪掉了，一绺一绺地落在我的两个肩头上。 那个戴着三角帽子的人用他那双肥大的手轻轻地把这些头发拂到地上。

周围的人低声交谈着。

门外乱哄哄的,好像有一片哗啦啦的声音在空气中震荡似的。我起先以为是河水在响,到后来听到哈哈大笑的声音时,才知道是人们在鼓噪。

在窗户的旁边,有个年轻人拿着一支铅笔在一个活页夹上写着,他向一个狱警打听这一步手续叫什么名称。

"为犯人整装。"那个狱警答道。

我明白,这件事情将刊登在明天的报纸上。

忽然,有一个仆役把我的上衣剥下来,另外一个仆役则把我的两只手拉到我的背后去;我感觉到有一条绳子把我的两个手腕一圈又一圈地紧紧地绑起来。与此同时,另外一个人便来解我的领带。我的细麻纱衬衣——我从前穿的衣服现在唯一还留着的一件——好像使他迟疑不决地想了一会儿;接着,他就把衬衣的领子剪下来了。

眼见这可怕的预防工作,同时又感到那发出嚓嚓之声的钢剪子接触到我的颈项,我的臂肘便战栗起来。我不禁憋着呼吸,吼叫了一声,那刽子手的手抖了一下。

"先生,对不起!"他对我说道,"是不是我把你弄痛了?"

这几个刽子手是很和善的人。

门外面的人鼓噪得更厉害了。

那个满脸麻疹的胖子拿一块浸过醋的毛巾来给我闻。

"谢谢,"我尽我全身的力气大声对他说道,"不需要这个,我没有什么。"

这时候,有一个人弯下身去用一根细小的绳子把我的两只脚扎起来,使我走路时只能一小步一小步地走。最后,他把这根绳子和我手上的绳子连在一起。

那个胖子把我的上衣披在我的背上,并且把两只袖子拿过来在我的下巴下面打一个结。这样,他们要做的事情就做完了。

于是，神甫便拿着他的基督受难像走过来。

"走吧，我的孩子。"他对我说道。

那两个仆役架着我的腋窝。我站起来向前走；我的两只脚软绵绵的，腿弯弯的，好像每一只腿上有两个膝盖似的。

这时候，外边那一道门向两边打开了。于是，一道白光、一股冷风、一阵汹涌的喧闹声便同时向黑暗中的我直冲过来。我在这阴暗的小屋里朝雨中望过去，一下子什么都看见了：看见在审判厅的宽大的阶梯上，拥挤地站着千百个呐喊呼啸的人；在门槛的右边，有一排法警骑的马，因为门很低，所以只能看见马的前蹄和胸脯；在正对面，排列着一队整装待命的士兵；在门的左边，有一辆马车；在马车的后面，靠着一把笔直的梯子。这幅难看的图画镶在一个监狱的门框里，真是恰当极了。

为了面对这可怕的时刻，我保持着我的勇气。我迈了三步，便出现在房间的门口。

"就是他！就是他！"那些人叫喊道，"好！他出来了！"

这时候，离我最近的人便鼓起掌来。不管人们是多么地热爱国王，但当他出现时，人们欢腾的情形恐怕也不如现在这样热闹。

这是一辆普通的马车，用一匹很瘦的马拉着；那个车夫和彼塞特附近种菜的人一样，穿着一件蓝布红花的外套。

那个戴三角帽的大胖子第一个走上车去。

"你好，桑松先生！"趴在栏杆上的那些孩子叫喊道。

有一个仆役跟着他走上车去。

"好哇！打扮得妙呀！"孩子们又叫喊起来。

他们两人都坐在前面的座位上。

现在轮到我了。我用稳重的步子走上车去。

"他走得很稳呢！"站在法警旁边的一个女人说道。

这一句残酷的赞赏的话给了我不少勇气。神甫走来坐在我的旁边。他们叫我坐在后面那个座位上，转过身去背对着马。最后这个谨慎的措施使我战栗了一下。

他们这样做，还表现了一点儿人道。

我要看一下我周围的情形。前面是法警，后面也是法警，往后便是一大群人，一大群人，浪潮似的一大群人，广场上人山人海似的站满了。

有一小队骑马的法警在审判厅的栅栏门旁边等着我。

有一位军官下了一道命令，马车和护送的队伍便出发了，就如被人群的呼啸声向前推着走似的。

我们走出了那一道栅栏。当马车转向阿桑勒桥走去时，广场上爆发出一片吼声，从石子路直到屋顶，从桥上和河边上，都传来了回声，使大地也震动起来。

在这里，等待着我的那一小队法警便加入了护送马车的队伍。

"把帽子拿下来！把帽子拿下来！"成千成百的人众口一声地叫道，好像是对国王脱帽行礼似的。

这时候，我也哈哈大笑起来。我对神甫说道："他们拿下帽子，我拿下脑袋。"

马车慢慢地走着。

花市上发出了一股芬芳的幽香；这一天正是集市的日子。那些卖花的女人都离开了她们的花，跑过来看我。

在正前方，离审判厅拐角处的那幢方楼不远处，有几家小酒店；在酒店的底楼里，挤满了看热闹的人，他们都为自己占据了一个好地方而感到高兴。尤其是那些女人，更显得高兴。这一天，大概可以使酒店老板做一天的好生意了。

有些人放着桌子、椅子、木架子、马车来出租。在这些东西上面,都站满了人。卖人血的商贩们拼命叫喊:"谁要到这里来?这里看得清楚!"

我对这些人感到极度愤怒。我真想对他们喊道:"谁要到我这里来!"

马车继续前进。它每走一步,落在车子后面的人便乱哄哄地散了;我昏花的眼睛看见他们又跑到前面去,到我要经过的地方去聚拢起来。

在走上阿桑勒桥的时候,我偶然向右后方看了一眼。我的目光注视着对面的河岸,在那些房屋的上面,我看见了一个孤独的、竖立着很多雕刻物的黑色钟楼;在钟楼顶上,有两个侧面坐着的石头怪物。我不知道我何以会问神甫这是什么钟楼。

"圣雅克·拉勃歇里钟楼。"刽子手回答道。

我不明白那是怎样一回事,虽然满天的浓雾,同时又下着毛毛细雨,好像在天空中布上了一块蜘蛛网似的,但我周围的情景统统逃不过我的眼睛。每一件细小的事情都给我带来痛苦。我内心的感触真是笔墨难以形容。

桥是那样宽阔,人群是那样的拥挤,以至我们费了很大的力气才能够前进。快要走到桥的中间时,我感到恐怖极了。我担心我会晕倒——这是我最后一次想表现得体面一点!这时候,我陷入了昏昏沉沉的境地,以至除了神甫,我什么也不去看,什么也不去听,但也只是模模糊糊地听到神甫的话,因为他的话时而被喧闹的人声打断。

我拿起基督受难像,吻了吻。

"哦,上帝啊,可怜可怜我吧!"我说道。我竭力想沉醉在自己的思想里。

硬邦邦的马车每颠簸一下,都使我摇来晃去。我突然感到非常寒冷。雨水湿透了我的衣服，透过我剪得短短的头发，把头皮也淋湿了。

"我的孩子，你冷得发抖吗？"神甫问我道。

"是的。"我回答道。

唉！不光是因为寒冷才发抖啊。

在桥头的转弯处，有些女人为我惋惜，说我还这样年轻。

我们走到了那性命攸关的河边。这时候，我什么也不想看了，什么也不想听了。所有那些声音，所有那些站在窗口上、门槛上和商店的栏杆上以及爬在路灯支架上的人，那些贪婪的、狠毒的观众，个个都认识我，而对他们，我却一个也不认识，只看到那一大群人，那黑压压地遍地是人的大街……我昏昏沉沉地仿佛失去了知觉。这样多的目光注视着你，真是一件令人难受的事情啊！

我摇摇晃晃地坐在凳子上，甚至连神甫和他的基督受难像我也不去理睬了。

在我周围骚乱闹嚷的声音中，我再也不能从那兴奋的喊叫声中分辨出同情的呼声，从叹息的声音中分辨出欢笑声，从谈话的声音中分辨出吵闹声，所有的声音都好像铜器的回声一样，在我的脑子里震荡着。

我的眼睛呆呆地看着店铺的招牌。

有一次，那奇怪的好奇心使我想转过头去看一看我是在朝着什么地方走去。这是我心灵中最后一次强烈的要求。可是，我身不由主，我的脖子瘫痪无力，好像早已死了一样。

我只在我的左边隐约看见河对面的圣母院的钟楼，从这里看过去，它遮挡着另外一个钟楼。我看见的是那挂着一面旗子的钟楼。在那个钟楼上，有很多的人，我看得清清楚楚。

马车不停地向前走啊，走啊。一间间的店铺过去了。写的、画的、镀金的招牌一个接一个过去了。人们嘻嘻哈哈地在泥泞的路上走着,我听其自然,好像睡着的人在做梦一样。

忽然,那沿途所见的一连串店铺变成了一个广场的转弯处。 这里,人群的喧闹声更加汹涌,更加沸腾。 马车猛地停了下来,我几乎扑倒在车厢里。 神甫把我扶住了。 "别害怕!"他悄悄地说道。 这时候,有人拿来一把梯子,放在马车的后面,并扶我走下马车;我下车后就走了一步,接着想转过身去走第二步,可是我走不动了。 在河边的两盏路灯中间,我看见了一个凶险可怕的东西。

啊! 这就是现实!

我停了下来,好像已经被砍了一刀似的在那里摇晃。

"我最后还要申辩一次!"我有气无力地说道。

他们把我带到这东西的上面来了。

我要求他们让我写遗嘱。 他们把我手上的绳子解开了,可是那条绳子仍挂在我身上,随时都可以把我捆绑起来。 其余的东西,都放到下面去了。

四十九

来了一位法官,或者是一位警官,或者是一位行政官——我不知道他究竟是哪一种官员。 我跪在地上,合着双手求他赦免我。 他凶狠地微笑着,问我要说的话是不是都说了。

"饶了我吧! 饶了我吧!"我又说道,"或者,求你们大发慈悲,再等五分钟吧! 谁知道呢? 也许会赦免我的! 像我这样的年纪,就这样的死了,真是太可怕了! 有些赦免的命令在最后的时刻才到来,这是常有的事。 先生,你们如果不饶恕我,还饶恕谁呢?"

那可恶的刽子手! 他走过去对法官说,应当在一定的时刻行刑,这个时刻就要到了;又说,这是他的职责所在,何况天在下雨,那个机器被雨水淋了会生锈的。

"哦,可怜可怜我吧! 再宽限一分钟,等一等赦免我的命令! 否则,我要自卫! 我要咬人!"

法官和刽子手都走下去了。 剩下我一个人——我一个人和两个法警。

啊! 那可怕的、发出豺狼般号叫的人群啊! ——谁知道我能不能逃脱? 谁知道我能不能得救? 能不能获得赦免……他们为什么不赦免我!

啊! 可恶的人呀! 我觉得有人走上梯子来了……

李平沤 译

莺 之 死

[意大利] 乔瓦尼·维尔加

乔瓦尼·维尔加 (Giovanni Verga 1840—1922),意大利小说家、剧作家,19世纪意大利"真实主义"文学代表,重要作品有中篇小说《一个女罪人》《莺之死》《夏娃》和长篇小说《马拉沃利亚一家》等。

本篇意大利文原名 Storia di una capinera,直译为《一只黑帽雀的身世》,其中的"黑帽雀"意指一个名叫玛丽亚的年轻修女,即本篇的女主人公。玛丽亚的身世很简单:她出生在卡塔尼亚的一个富裕人家,6岁时母亲去世后,父亲出于对她的爱怜,把她送进了修道院。她在修道院里长大,单纯而虔诚。19岁那年,即1854年9月,卡塔尼亚流行瘟疫。为了躲避瘟疫,父亲把她从修道院接出来,并和她的继母以及继母的两个孩子朱蒂塔和吉吉一起,住进了几十里外的伊里切山度假别墅。就在那里,她享受到了生活的乐趣。父亲和继母都待她很好,那里的自然景色更使她陶醉,而最使她怦然心跳的,是邻居家的儿子尼诺,一个年轻的小伙子。她爱上了他;他也喜欢她。然而,她是个修女,这样的爱不仅毫无结果,甚至是有罪的。她为此感到迷乱,感到痛苦。这样到了第二年,即1855年1月,听说瘟疫过去了,他们举家回到卡塔尼亚。她又进了修道院。但她仍思念着尼诺,内心更加迷乱,更加痛苦。而最致命的是,到了2月,她眼睁睁地看着尼诺娶了她的妹妹朱蒂塔(婚礼就在修道院的教堂里举行,她也在场)。于是,她垮了——相思、悔恨、自责、恐惧使她惶惶不可终日。这样到了5月,她一病不起。拖到9月,这个苦命的女孩病入膏肓却又神情惊慌,焦躁不安。于是,人们以为她疯了,便把她关进了疯人牢房。没过几天,她就在那里凄惨地离开了人世,年纪还不到21岁。这就是玛丽亚的身世。

不过,小说并不是客观叙述的,而是采用书信体形式,由主人公自述其身世。整篇小说,除了前面由作者写的一个引子,主要内容就是玛丽亚写给女友玛丽安娜的48封信——前20封信写于1854年9月至1855年1月,是在伊里切山度假别墅写的,讲述她在那里的感受,以及她和尼诺的相爱;后28封信写于1855年1月至9月,是在回修道院后写的,讲述她是如何一步步走向死亡的——最后,作为尾声,是玛丽亚死后由一个名叫菲洛门娜的修女写给玛丽安娜的一封信,对玛丽亚临终时的情形以及她的遗愿作了交代。换句话说,小说的主要内容就是主人公的一场独白——这不仅加重了作品的抒情色彩,同时也突出了小说的死亡主题。

至于导致主人公死亡的原因,其实小说一开始就用一只莺的死点明了:"它死了,原因是它小小的身体里有某种东西并非用小米就能维持,它不是因为饥渴,而是别的原因使它痛苦……害死莺的罪魁就是那两个无辜而残忍的孩子。"那"别的原因",就是"它被囚禁在笼子里",而那两个孩子,又是"无辜而残忍的",因为他们爱那只莺。那么,害死玛丽亚的"罪魁"又是谁呢?其实就是她父亲,而且像那两个孩子一样,她父亲也是"无辜而残忍的",因为他太爱女儿了,生怕失去她,而结果呢,恰恰害死了她! 说来可悲: 有时候,"爱"也会杀人!

我见过一只可怜的莺,它被囚禁在笼子里,胆怯、悲伤、无精打采地躺在鸟笼的角落里,恐惧地窥视着人们。 每当听见别的鸟在碧绿的草地上或蔚蓝的天空中欢乐地歌唱时,它总是用目光尾随着它们,两眼饱含着泪水。 然而这可怜的囚徒并不敢反抗,它也没有勇气冲破囚禁它的牢笼。 它的主人——两个可爱的孩子,很爱它,尽管他们拿它的痛苦寻欢作乐,却总是给它些面包屑或讲些温柔的话来解除它的忧伤。 可怜的小莺也想和命运妥协,它并不坏,不想用自己的痛苦来责备孩子们,它勉强地啄着小米和面包屑,但怎么也咽不下去。 两天之后,它的头耷拉下来,第三天人们就发现它直挺挺地死在笼子里了。

可怜的莺,它死了! 然而它的食罐子却还满着。 它死了,原因是它小小的身体里有某种东西并非用小米就能维持,它不是因为饥渴,而是别的原因使它痛苦。

害死莺的罪魁就是那两个无辜而残忍的孩子。 正是他们的母亲给我讲述了一个不幸姑娘的故事。 这个姑娘的肉体被修道院的围墙禁锢着,心灵被宗教和爱情折磨着。 这是一个屡见不鲜的涉及某些人私生活的故事,一个胆怯而又多愁善感的姑娘恋爱的故事。她痛哭,怕人看见她的眼泪,她祷告,怕人听见她的祷词。 她深深地陷于痛苦之中,不能自拔,终于身亡。 我听完这个故事,立即联想到那只可怜的莺: 被鸟笼禁锢着,不愿歌唱,伤心地啄着小米,耷拉着小脑袋,最后终于死去。

这就是我要把这篇小说题名为《莺之死》的缘由。

亲爱的玛丽安娜：

我答应过给你写信，现在我来履行诺言。来到这里已经二十天了，成天独自一人在田野里玩耍。你知道吗，我成天一人从早到晚坐在那一望无际的栗树林里，倾听鸟儿们的歌唱。我和它们一样欢喜、跳跃、赞美仁慈的上帝。我挤不出时间，哪怕是短短的一分钟也挤不出来，因此尚未写信告诉你，我感到现在更加爱你，因为我离开了你，不像往日在修道院里，我和你每时每刻都在一起。如果你现在也在这里，和我一起采花扑蝶，在烈日炎炎的中午，我们一起在树阴下乘凉，幻想着未来；在幽静的夜晚，我们手挽着手在月光下散步，欣赏昆虫们的合唱。要能这样，我该是多么幸福啊！昆虫们演奏的悦耳乐曲使我感觉到，我是在乡间，我已经获得了自由。然而，每当傍晚我打开窗户的时候，有只鸟儿——我叫不出它的名字，它的悲伤的歌声，又使我眼泪汪汪。玛丽安娜，乡间有多美啊！如果你和我一起在这里，那该有多好呀！在月光下或晨曦中，你会看到起伏的山峦丛林密布，蔚蓝的天空分外明朗，散落在山谷里的葡萄园点缀着一处处的农舍，远处浩渺的海水闪烁着波光。这里的山峰都很高大，而著名的埃特纳火山，就显得更加雄伟壮观。你不知道埃特纳火山从近处观看有多么漂亮啊！从修道院的凉台上远望埃特纳火山，它好像是个孤独的山峰，山顶终年积雪；在这里我能清楚地看见埃特纳的主峰及其周围的群峰，看清它们之间的深谷和山坡上的森林。从主峰上延伸下来的沟壑也在雪白的积雪上刻画出一道道黑纹。

这里一切都很美：空气、阳光、天空、树木、山岗、河谷和大海。我独自一人置身于田野之中，跪在林间的青苔上或坐在草地上，时而自言自语，时而热泪盈眶，时而仰望蓝天，赞颂上帝缔造的这些美景。 我觉得仁慈的上帝更喜欢我的这种赞美，因为我不仅衷心感激他，而且我的心冲破了教堂屋顶的束缚，融化于这浓密的森林和漫无边际的天空与视野之中。 我们是上帝的选民①，因为我们将成为主的新娘②。 仁慈的上帝缔造了这些美好的景物，难道不是供所有的人欣赏的吗？ 为什么他的新娘倒被剥夺了这个权利呢？

感谢上帝，我非常幸福！ 你还记得罗萨莉亚吗？ 她曾试图说服我们相信修道院外面的天地比修道院里面的更加美好。 当时我们还不相信她的话，你记得吗？ 我们还讥笑她呢！这次我如果不离开修道院，决不会相信她的话。 我们以往生活的圈子太狭小了：圣坛、几瓶发蔫的鲜花和小凉台。 从那里看到的是一片屋顶，你若远眺田野、大海和上帝缔造的一切其他的美景，都只好像看小画像一样，显得那么渺小。 我们的小庭院，好像故意要使那高耸的围墙压抑树木生长一样，只有百步见方，就是那里我们也只能在院长嬷嬷的监视下，每天去散步一小时，还不许奔跑和嬉闹……这就是我们活动的场所！

另外，还不许我们思念家庭，我不知道这种做法是否正确。 我是修生③中最不幸的，因为我失去了母亲……但是，我觉得现在我最爱我父亲，胜过爱院长、爱同学和忏悔神父。 我更加疼爱他、信任他，虽说我真正了解他才二十天。 你知道我母亲丢下我的时候，我刚满六岁，就被送进了修道院。 他们告诉我，我会另有一个家庭，有另一个母亲，她会爱我的……对，这些都是事实……但是，今天我对父亲的爱使我懂得，如果我的母亲没死，她对我的爱将胜

---

① 指耶稣挑选出来从事宗教事务的人。
② 耶稣自比新郎，修女即是他的新娘，当修女亦即做耶稣的新娘。
③ 即修道院招收的学员。

过任何其他人。

每当父亲向我问好并拥抱我的时候,我内心里感到他对我的那种爱,你是难于想象的! 修道院里没有人拥抱我们,玛丽安娜,这你是知道的。 戒律禁止拥抱……然而我觉得,看到自己受人爱戴有什么不好呢?

我的继母对我好极了,她只约束朱蒂塔和吉吉,却任凭我无拘无束地到处乱跑。 我的天呀! 如果她对待我像对待她的两个孩子那样,禁止在田野里奔跑,以免跌倒或中暑,那我该有多么不幸啊! 你说是吗? 她可能是对我更加仁慈,更加宽容,她知道我不可能永远享受这些欢乐,以后我还会关进修道院的……

现在我们还是别去想它! 我过得很愉快,很幸福。 我感到奇怪的是,这里所有的人都害怕和诅咒霍乱……让上帝赐福给这场霍乱吧! 多亏了它我才来到了这个乡村! 要是它能多持续些时候该有多好啊!

不,我的想法是不对的! 玛丽安娜,请你宽恕我。 我现在感到愉快,可是有多少人遭到不幸啊! 我幸灾乐祸,我应该受到惩罚! 你不要以为我本性邪恶,我并没有恶意,只不过想和别人一样享受天主赐给我们大家的乐趣:空气、阳光和自由。

你看我怎么无意之中写下了这些懊丧的话! 玛丽安娜,你别介意。 我在最后一段上划了个大叉,你跳过去看好了……作为弥补,现在我给你描述一下我们的住宅。

你没有来过伊里切山,真是一件憾事! 你父母为什么要跑到马斯加鲁齐亚去呢? 那是个寻常的村庄! 那里还是房子挤房子,加上街道、教堂! ……我们见得太多了。 应该上这里来,到乡村来,到山区来! 这里上最近的一家邻居那儿去,要穿过几个葡萄园,跨过几处壕沟,翻过几堵围墙。 这里听不到马车轱辘声,听不到教堂的钟声,也听不到陌生人讲话的声音,这才是地地道道的乡村! 我们住的房子坐落在山坡上,紧靠栗树林,四周种满了葡萄。这幢房子虽小,但光线充足,色调鲜艳,令人神往! 它的每一扇门窗都朝向田野,朝向山岗,朝向树林,朝向天空,而不是被那令人讨厌的、色泽暗淡的围墙所遮挡。 房前有一块平坦的场院,几棵栗树的枝叶像阳伞一样遮盖着房顶,树上的小鸟整天叫个不停。 我住一个小房间,大小只够放一张床,窗户开向栗树林。 我妹妹朱蒂塔住在我旁边的一个大房间里。 我的房间虽小——爸爸开玩笑叫它斗室,我也不会拿它去换那大房间。 我的妹妹衣帽多,她需要个大房间;我只有一件黑色长袍,把它叠起来放在床边的椅子上就行了。晚上,我呆在窗户旁边倾听树叶的沙沙声和那无名小鸟在远处歌唱,我心中充满了梦幻和希望,我感到陶醉。 如果不是夜深人静令人害怕,我会通宵达旦地呆在窗户旁。

场院的另一侧有间草屋,里面住着庄户一家。 这间草屋虽小却十分整洁,算得上是窗明几净! 小孩的摇篮,睡觉的草垫,吃饭的小桌,安放得井井有条。 要是拿我那小房间和这间小草屋调换,我倒满心情愿。 我觉得这家人挤着住在这斗室内,会感到亲密无间,更加幸福,他们之间的情感应该更真挚、更完善。 他们的心胸受到宽阔的大自然的陶冶,一旦置身这斗室之中,挤坐在这寥寥无几的家具之间,他们将感到更加愉快,更加亲近。

玛丽安娜,我都给你写些什么呀! 我怎么写这些东西呢?……你一定会说我是个信奉异端的女人。 亲爱的,原谅我吧! 我的心情很不平静,不知不觉地写下了这些新奇的感受。 离开修道院来到这里的最初几天,我好像是从天上掉下来似的,看什么都不习惯,这里的一切使我感到新奇,使我陷入沉思和幻想之中。 你能想象得出吗? 我就像一个生就的盲人,天主显灵使我重见光明！现在我对眼前的一切都习以为常了，我觉得我的情绪比以前稳定了，灵魂比以前纯洁了。我常常扪心自问，自我反省，不像在修道院那样，对自己的亏心事进行躲躲闪闪的反省，而是通过对愉快和幸福的回顾，感谢赐予我愉快和幸福的上帝。我满眼热泪，凝望着月亮和星空，感到自己离我主更近了。

　　上帝啊！我的这些感受是罪过吗？你反对我离开修道院？反对我抛弃那里的肃静、孤单和沉思？反对我选择这里的乡村、自由和家庭？……如果我们那位仁慈的牧师在这里，他会解答我的疑惑，排除我的疑难，劝导我，安慰我……现在我遇到这些疑问，不明是非，左右为难，只有祈求天主启发我，开导我，帮助我。玛丽安娜，你也为我祈祷上帝吧！

　　现在我颂扬他，感激他，赞美他，我祈求他赐我永远待在这里。如果我应该成为他的仆人，永远放弃这些享受，待在修道院里侍奉他，全心全意地伺候他一人，我祈求他赐给我力量，赐给我感召，让我安于天命。我不配做他的仆人，我是一个罪人……每天傍晚我都看见庄户家坐在炉子前，一边给丈夫熬汤，一边数着念珠向上帝祷告。她怀里搂着大孩子，还用一只脚去踩摇篮，里面躺着她的小孩子。我觉得她祈祷时心情十分坦然，充满了对赐福予她的仁慈的上帝的感激之情，她的祈祷虔诚，天主一定能够听到。我祈祷时满怀不安和惆怅，提出许多与我的身份不相符的但我又无力摆脱的奢望，我的祈祷上帝能听见吗？

　　你看我给你写了这么长一封信！别生我的气，请你回我一封更长的信吧！我想了解你的一切，了解你的父母，了解那些使你高兴和不高兴的事，就像在修道院里休息时我们手挽手窃窃私语时那样。再见吧！我觉得跟你唠叨的不少了，但你还跟在修道院里那样，拉着我的手，面带着笑容，顽皮地听我讲述。给我写信吧！

写上四大张纸（当心，少了四张我不答应！），它会把你要讲的话带给我的。 多给我讲点，讲得长一些。 告诉我，你看到些什么？ 你想些什么？ 你都干些什么？ 你是否觉得厌烦？ 是否玩得高兴？ 是否像我一样感到愉快和幸福？ 你是否想念你的玛丽亚？ 告诉我，你那件新衣服是什么颜色的！ 我知道你已有件新衣服，穿上像个小姐！ 告诉我，你们花园里有漂亮的花儿吗？ 马斯加鲁齐亚有栗树林吗？ 你看见过收葡萄吗？ 讲吧！ 我等着你，可别让我等得太久！

　　玛丽安娜，我的好姐姐，再见吧！ 我吻你一百下，希望你也回报我一百吻。

你的玛丽亚
一八五四年九月三日
于伊里切山

玛丽安娜：

　　这里听到的都是可怕的消息，看到的都是惊恐万状的面孔。 霍乱在卡塔尼亚很猖獗，真可怕，一场大灾难！

　　话又说回来啦，没有这种恐惧和担忧，哪有这里的愉快生活呢！ 这些天来，我父亲不是去打猎，就是陪我去森林里散步，他怕我迷路。 我弟弟吉吉在森林里奔跑，欢跳，嬉闹，爬树，天天都要划破衣服，妈妈（玛丽安娜，用这种亲切的称呼去称继母，真叫我难以出口，我觉得这是对我亡母的背弃……有什么办法呢，只能这样称呼！）一边责备他、拍打他，一边吻他，给他糖果吃，一天到晚忙着给他补衣服、洗衣服。 她只知关心和疼爱自己的孩子，这些孩子真有福气！ 她常常去厨房看佣人做饭，这时总要捎带着责备我什么都不会做，连饭也不会做。 她说得对，我真是什么也不会干。

这么大年纪了，只知道在田野里玩耍，采摘野花，听鸟儿唱歌……我都快二十岁了，你明白吗？我自己都感到不好意思。然而我爸爸却不忍心责备我，他疼爱我，总是说："这孩子可怜，你们让她享受几天自由吧！"

每当我想起安息在卡塔尼亚墓地里的母亲时，泪水就夺眶而出。来到这里以后，我更常常思念她，因为我觉得在我父亲现在的家里，自己是个外人。这能怨谁呢？这一切都因为他们很少见到我，很少和我生活在一起。虽然继母责备我什么都不会干，她说得对，也是为了我好，谁叫我什么都不会呢！我妹妹性格不大开朗，不像我那样疯疯癫癫的。她爱我，我占用的那个小房间，过去就是她的衣帽间，这次放了我的床铺，她的衣物只好堆在自己的房间里，她没有抱怨我给她带来的不便。吉吉仍旧是那样，可爱、活泼、贪玩，这你是知道的。当他衣服撕破时，妈妈责备我不会补衣服，他总是跑过来搂着我脖子，报之以吻，以示安慰。我不会缝补有什么过错呢？修道院里谁教过我呢？按理说应该由我来补，朱蒂塔是个小姐，整天忙着整理衣服和发髻。她那些衣服和扎头的丝带都很漂亮，非常适合她，像定做的一样。她应该在这些方面多花些时间。她这个年纪不考虑这些考虑什么呢？前天她试新衣服，真是漂亮，我请求她允许我拥抱她一下，她未答应。她做得对，我会弄皱她的衣服的。玛丽安娜，我真傻，那衣服怎能像我这件黑麻布长袍，从来不怕弄皱！

啊！家庭生活真是天伦之乐！每天晚上父亲闩门时，我感到一种说不出的高兴，觉得家庭生活的纽带把我们紧紧地连在一起了。然而在修道院里，我们这些囚徒感到的是什么呢？是令人窒息的忧伤。你还记得吗？每当听到门房提着一串钥匙把门一一锁上时，我联想到监牢里的犯人，心里感到阵阵难受。我忏悔过，我补赎过，但仍旧摆脱不了这种想法。 清晨小鸟飞来争食我散在窗台上喂鸟的面包屑，唧唧喳喳的声音将我惊醒，我的第一个感觉就是：我生活在家庭里，与父亲、弟弟和朱蒂塔待在一起（他们见到我总要向我问好并拥抱我），我觉得很幸福。 在这里我不用做诵经、静默等功课，也不需要保持肃静。 我跳下床，打开窗户，让空气、阳光、树叶的欢乐声和鸟儿的歌声一齐拥进我的房间。 白天，我只要高兴，就可以各处去玩耍。 这里没有修道院常见的严肃面孔，没有修女，没有阴暗的走廊……玛丽安娜，让我对着你耳朵悄悄告诉你我的一桩大罪孽吧！ 我多么想让他们给我做条咖啡色裙子啊！ ……不要装衬架，绝对不要衬架，穿上它我可以奔跑，可以攀墙。 也不要黑色的，黑色的衣服像我这件黑长袍一样，会使我时时想到卡塔尼亚的霍乱过去以后，我还要回到修道院去！ ……

还是别想修道院吧！ 我丧失了理智，我玩疯了！ ……玛丽安娜，请你宽恕我，我是开玩笑。 噢，我忘了告诉你，我养了只小鸟，一只美丽、活泼、快乐的小麻雀。 它喜欢我，会跟我讲话，飞到手上来啄食；它跟我逗乐，啄我的手指，弄乱我的头发。 它的来历确实有点悲惨：有一天父亲用手帕裹着它递给我，手帕上满是血迹。 可怜的小鸟也许它第一次学飞，就被猎人打伤了翅膀！ 伤口幸好不重。 可恶的猎人真狠心！ 看到它流的血，听见它凄惨的叫声（可怜的鸟儿在诉说那难忍的痛苦），我落下了同情的眼泪，伤心得都要谴责亲爱的爸爸了。 他们都笑我，连吉吉都笑我。 我给它清洗伤口，不曾希望它能活下来。 然而你看，它现在活蹦乱跳的！ 有时它感到伤口疼，便偎依在我的怀里，唧唧啾啾地叫着伸出那只翅膀，好像在向我述说它遭遇的不幸。 我安慰它，吻它，抚摸它，喂它小米和面包屑，它这才欢喜地飞到窗台上，转过身，面向着我，扇动着翅膀，张着嘴巴，伸着脖子，喊喊喳喳地叫着。

前天，一只可恶的猫把我吓死了。我的心肝——你知道我叫这小鸟心肝吗？——正在桌上玩耍，叽叽喳喳做着各种令人发笑的动作，把桌上的纸弄得乱七八糟，然后大胆地、狡猾地望着我，好像故意要惹我生气。说时迟那时快，只见一只黑猫窜上桌子，伸出爪子要去抓它！我吓得叫了起来，小心肝也尖声叫着迅速钻到了我的怀里。我自己都不知道，我那双颤抖的手怎么把它搂到我怀里的。听到我的叫声，全家人都跑来了。继母责备我为一件小事惊扰了她，说我已经不是小孩子了，还说猫吃小鸟是它的本分。朱蒂塔只是笑，吉吉唆使那只猫上我怀里来抢小鸟。我感觉到小鸟在我怀中不住地颤抖，它的心在怦怦地跳。我宁死也不能放开它！自那以后我总记得要关好房门，因为房间里有我的小鸟。那只可恶的猫，我真恨死它了！

我非常喜欢庄户的那只狗，虽然它不是纯种狗，却很高大，浑身黑毛。最初几天它总朝我狂吠，我见到它就害怕。而现在它对我可亲热啦，向我摇尾巴，舔我的手，蹭我的腿，用那聪明的眼睛向我诉说它的爱。它算得上我的保镖，陪我散步与我形影不离，一会儿跑到前面去探路，一会儿又跑回来迎接我。我只要一招呼它，它就知道该陪我散步去了（我一天要散步多次）。你大概也想听听它的叫声，看看它跳起来欢迎你吧！它的叫声和表情是多么亲切啊！

我跟你讲了我的狗，讲了我的小鸟，讲了那只恶猫，还没有跟你说说我在这里的邻居。我们在这里也有邻居，他们经常来探望我们，晚上陪我们一起玩，黄昏的时候与我们一起散步。他们住在山谷下面，离我们不远，我从窗户里就能看见他们的房子。他们姓瓦棱蒂尼，你认识他们吗？爸爸、妈妈都说他们是好人。他们家有个女儿，叫安内塔，和我同岁，我们已经交了朋友。当然不是我和你那样的朋友，你别吃醋！我爱你远胜过爱她，我也希望你爱我胜过爱其他朋友。

你什么时候给我写信？你让我等你的回信足足等了十四天！你看我立刻给你回信，而且写得很多。如果你让我再等十四天，还说什么你像我爱你那样爱我，像我吻你一百次那样回报我一百吻，那我就要爱我的新朋友胜过爱你了。你考虑一下后果吧！

附言：我忘了告诉你，瓦棱蒂尼家里除安内塔以外，还有一个儿子，一个年轻的小伙子。他经常和他妹妹一起来，名叫安东尼奥，然而大家都称他尼诺。

九月十七日

玛丽安娜，你怎么不上这里来和我们一起散步，一起玩耍呢？我多么想时时刻刻拥抱你并告诉你"你看这有多漂亮！你看那有多好看"。我要让你看看我是多么幸福。真的，我感到无比的幸福！你要是能来这里有多好啊！……

昨天傍晚，我们和瓦棱蒂尼一家去栗树林里散步。那片树林非常漂亮，玛丽安娜，你要是看见也会这样说的！芬芳的树阴透进几缕晚霞，树梢在飘荡，鸟儿在歌唱，映衬着这寂静的森林。变化万千的树枝遮盖着纵横交错的小径（如果这会使你产生什么不快的话，那就是有点害怕）。干枯的树叶在脚下沙沙作响，间或有被惊吓的小鸟仓皇飞离，把它身边的树叶剧烈震荡。"哨兵"——就是那只狗，高兴地跑上前去，冲着逃离的小鸟一阵狂叫。安内塔、吉吉和朱蒂塔相互搀扶着边走边唱，尼诺先生背着猎枪紧跟在他们身后。其余的人离我们很远，不时大声召唤几声，要我们不要跑得太快，因为坡陡难行。尼诺先生也有一条狗，是一条白毛带黑斑的猎犬，名叫阿里，和"哨兵"已建立了友谊。朱蒂塔和安内塔每走一步，她们穿的长裙都要被树枝挂着；我可不，我跑呀！跳呀！从来不会绊着，树枝也不会挂破我的黑色长袍。尼诺先生走近我劝我小心点，不要跌跤。他还替我担心呢！这个小少爷！……如果不是害臊，我敢和他赛跑！朱蒂塔每走一步都喊累。玛丽安娜，这些女人算什么呀？走不上十步就要男人搀扶，每遇到一处矮树丛就要拉掉一片衣服！还是我的黑长袍好！尼诺先生多次把胳膊伸给我，好像我需要他搀扶似的，我才不呢！他是故意惹我生气！否则他为什么不把胳膊伸给我妹妹？她抱怨山陡，她需要搀扶，我才不需要呢！

我们爬上山顶，这里的景色多么壮观啊！这里已没有树林，视线不受任何阻挡地可以望到天际。太阳从西边徐徐落下，月亮从东方冉冉升起，天空两边是两种截然不同的景象。埃特纳火山的雪峰被残阳映照得火红，蔚蓝色天空中几朵薄云被月光照得洁白似玉。山上茁壮的草木散发出芳香，四周笼罩着令人敬畏的宁静。远处大海在月光下闪烁着波光，岸旁的卡塔尼亚好似一个发亮的白斑，略呈蓝色的山脉那边宽广的平川被一条蜿蜒的亮带——西麦托河分为两半，山梁上的田园、葡萄园和村庄沉静在晚祷的钟声之中，呈梯田状一级一级地通往我们脚下。埃特纳火山的主峰刺向天空，光芒四射，它的沟谷却已接受不到阳光，消失在黑暗之中，它的森林在低声细语，微微颤动，充满了活力。玛丽安娜，我有一阵子真想哭，真想和我身旁的每一个人握手，我的脑子乱极了，不知说什么才能表达我的心情……真的，我也闹不清当时我为什么没有走过去握尼诺先生的手，他那时就在我的身边！……我又发疯了！

当时大家都没讲话，我想大家的心情和我一样。尼诺先生，你知道他是个快活的人，当时也默不做声地站在那里……

然后，我们呼喊着、嬉笑着奔下山去。惊恐的鸟儿弃巢而逃

（当它们从枝叶中突然飞起时，也吓得我们心惊胆战）。尽管大人们拼命喊叫，不让我们奔跑，我们照旧奔跑着藏猫儿。阿里和哨兵欢蹦乱跳地和我们一起游戏。黑暗的树林中，时而有一缕缕月光透过树叶射进来，照亮白色的树干和地上各式各样的干树叶子。尼诺先生像孩子一样和我们一起狂奔乱跑。我有两三次超过了他，我真感到骄傲。嘿，超过了一个男人！……因为天已黑了，他看不清我面部的表情，我也不觉得害羞了……我把他们，包括他在内，远远抛在了后面……我气喘吁吁地停了下来，胸闷得喘不过气，然而心里很高兴。我一个人待在黑暗中也不觉得害怕，因为我听得见他们讲话的声音，听得见狗叫的声音……尼诺先生不是还背着猎枪吗？

走出树林，看到了家里的灯火，顿时感到另一种愉快。你知道吗？在乡村寂静的夜晚，远远望见那明亮的窗户，看到那指引你方向并召唤你前往的亲切的灯光，你立刻就会想到家，想到宁静愉快的家庭生活。

你知道吗？经过八天相处，我们和瓦棱蒂尼一家成了亲密的朋友。他们是好人，我们好像是相识几十年的世交。安内塔是个可爱的姑娘，从不讥笑我穿的黑色长袍和我身上特有的修生习气。我和她从早到晚待在一起，一起散步，一起谈笑，一起玩耍，一起吃午饭，有时甚至一起吃晚饭。告诉你，我已学会打牌了！你千万不要告诉别人！我还打不好，老是输。尼诺先生心好，老站在我身旁指点我，和我商量着出牌，他自己宁可不玩。我向你保证，回修道院后一定把纸牌这玩艺儿全部忘光。

天哪，又是修道院！……它好像一块阴云笼罩着我这愉快的心灵！玛丽安娜，我们还是别去想它，只要现在我们愉快和幸福，管它以后上帝要我们干什么！

我们远离霍乱，躲在这安全的地方，安静、愉快地生活着。然而，现在有多少人在哭泣，在受难！他们多么不幸，多么悲伤！有多少人被它夺去了生命！每隔四五天传到这里的消息，都很凄惨。上帝啊！可怜可怜这些受难的人吧！

这里也充满了恐惧，你知道吗？这里的农民说这是魔鬼下的毒，毒死了那些人，云云，云云。他们跟我一样愚昧无知！我害怕的时候，好像也会看见各种幻影。他们通宵在山谷里点上一堆一堆的火，放上哨，还不停地放枪，像是吓唬豺狼和妖孽。这确实可悲，然而，夜深人静加上农民们如此折腾，也确实令人害怕。

一分钟以前我还高高兴兴地给你讲述我们的游戏，这会儿我也感到忧伤了。你告诉我说，你也玩得很开心，你也有一帮好朋友，我相信你说的话，但是我敢打赌，你那一帮朋友一定不如我们这一帮儿好。你告诉我说，你不回修道院去了……你真有福气！倘若你不回去而我还要回去的话，那我该怎么办呢？……只要现在过得愉快，何必自寻烦恼，以后的事，让上帝去考虑吧！……我的小鸟伤势痊愈了。它长大了，变得顽皮了，它活泼、勇敢、爱叫，它的嗓门可大啦！如果你放任它，我想它现在敢和猫较量。可怜的哨兵挨了庄户一顿打，跑来向我诉说它的不幸。我抚摸它，喂它，它现在待在我房门口寸步不离。

该写的我好像都写了。快些给我回信，写封长信吧！告诉我，你爱我，也爱我的女友安内塔，她可爱你呢！

再见吧，再见！

九月二十七日

玛丽安娜，你知道吗？我造了大孽！……天哪，我怎么告诉你呢？你别着急！……我对着你耳朵悄悄告诉你……就让你一人知道……你别盯着我看，拥抱我吧，听我跟你说……

我跳舞了！……你明白吗？我跳过舞了！你听我说，别发火！……在场的没有别人，只有爸爸、朱蒂塔、吉吉、妈妈、安内塔，瓦棱蒂尼夫妇，还有尼诺先生……我就是和他跳的，……你听我讲，我可以为自己辩解……不是我要跳的……不能怪我……是他们要我跳的……那天晚上瓦棱蒂尼先生带来了他的簧风琴，安内塔和朱蒂塔先后伴奏，其他人跳舞。安内塔、朱蒂塔，还有吉吉都跳了。为了开辟舞场，把我妹妹的床铺都拆了。尼诺先生和朱蒂塔跳过舞后，过来邀请我。我感到自己脸上火辣辣的，真想溜走。我惭愧地说不会跳舞，拒绝了他。我发誓，我一再拒绝他了。大家都笑我，鼓掌欢迎我跳舞；爸爸走过来拉着我的手，笑容可掬地抚摸着我，并对我说，跳一次舞没什么。我一再解释说不会跳，修道院里没教过。但这些话都没用，尼诺先生说他可以教我。一下舞场，我觉得头晕目眩，耳朵嗡嗡作响，两腿直打哆嗦。他带着我跳，拖着我跳，我不知道他要我干什么。玛丽安娜，那罪真够受的……他一手拉着我的手，另一只手搂着我的腰，我顿时觉得浑身打颤，他热烘烘的手好像在燃烧，点燃了我周身的血液。我的心怦怦直跳，我感觉得出他的心也在跳！可能大家都看着我发笑，你也会觉得可笑，现在想起来我自己也觉得可笑。像我这样年纪的姑娘，谁没跳过舞？第一次跳舞时难道不都和我一样？……说真的，后来那悦耳的舞曲，大家脸上愉快的表情，他对着我耳朵说的那些鼓励我的话，使我渐渐平静下来。我不觉得害臊了……玛丽安娜，你别责怪我！我渐渐觉得这样很快活……

玛丽安娜，原谅我吧！我不跳舞了！我也希望他们不要再来打扰我。他们讥笑我的衣服，讥笑我的动作，讥笑得够了……尼诺先生他……不，他没有，我相信他请我跳舞不是想让我出丑，他的心意是想让我高兴……我这个教会学校的可怜的修生，头晕眼花，不会迈步,老踩他的脚,他倒对我很和蔼……他跳得很好,你要是看见他和朱蒂塔一起跳舞,就会相信这一点,朱蒂塔也会跳。

后来大家欣赏音乐,安内塔和朱蒂塔演唱了几首咏叹调。大家一定要我唱支歌!……你知道,除了《赞美圣母诗》①之外,我会唱什么歌呢?可他们说,他们就喜欢听《赞美圣母诗》!其实他们是想出我洋相。我父亲带头要我唱。你知道,唱诗班里,百叶窗遮掩了阳光,大家头戴面纱,挤在一起,在昏暗中歌唱。而这里是在大庭广众之下独唱!……尼诺先生也在场!……没法子,只好唱。我记不得歌词,只好哼调门!我唱得上气不接下气,声音直发抖,大家都很谅解我,没有笑我,还给我鼓掌。《赞美圣母诗》的音乐好像很好听……我看见尼诺先生,他平常是个爱讲俏皮话的快活人,那时也很激动,瞪大眼睛望着我!……

我所做的、所想的,我的快乐,我的过错,我都告诉你了,但愿你能告诉我你的罗曼史。我决不敢把这些告诉我们那位仁慈的牧师……但是,如果不告诉你,不向你吐露这些真情,我就会感到压抑。我需要跟你详细谈谈,回顾一切细节,并且把它们记录下来,然后再好好思考,搞搞清楚……有时我觉得这些想法在脑子里沸腾,觉得头脑发晕、发胀,好像喝醉了酒似的。我习惯了修道院的平静生活和沉思,这些感觉对我来说是太强烈了,简直叫我神魂颠倒。能和你谈一谈,把我心里溢出的感情倾注到你的心里,我感到很高兴。

给我写信吧,快给我写信!不要好长时间以后再回信。安慰我吧!我被这些放荡行为,被这些从来没有经历过的事情,被这些新的感受弄得心神不定,不知所措。我好像惊弓之鸟,毫无恶意的

---

① 从三一节至基督降临节期间,天主教晨祷仪式后唱的赞美圣母的应答轮唱赞美诗。

人只要在身旁站站、看看，也会吓得哆嗦。 写信给我谈谈吧！

我多么想痛哭一场啊！ 我又想笑，想唱歌，想乐。 我需要你的回信，需要跟你交谈，你明白吗？ 玛丽安娜，拥抱我吧！ 我要是能倒在你的怀里痛哭一场，那该有多好啊！

十月一日

星期四真是快乐的一天，那是爸爸的命名日[①]。 不用说你也知道，一大早我们家里就忙碌起来了，屋子里充满了欢乐。 妈妈事先杀了一只火鸡，这天她专门负责监督家宴的各项准备工作。 朱蒂塔送给爸爸一顶漂亮的丝帽子。 为了使父亲感到惊异，她还偷偷地在帽子上绣了花。 我没有什么好送，只好起了个大早，到田野里去采了一束漂亮的野花送给他，花上还带有晶莹的露珠呢！ 我送的那束花虽是一份轻礼，但善良的爸爸接过它时那股高兴劲儿像接受我妹妹的礼物时一样。 他一一拥抱我们，高兴得流出了眼泪。 大清早朋友们就来了，老远就听见他们大声在说笑，向空中放枪和阿里的汪汪叫声。 瓦棱蒂尼夫妇送了许多好花，都是花圃里养的，是他们请人专程从维亚格兰德弄来的。 我的那束野花在这些傲慢的花朵面前好像很羞愧。 他们还送了一只野兔，是头天打来的……老瓦棱蒂尼从来不打猎，是他儿子打的。 妈妈不怎么喜欢花，特别喜欢那只野兔……我呢，坦率地说，我已经有好多天不再痛恨猎人了……这可能是习惯问题……再说，男人们热衷的那些游艺，我们女人懂得什么呢？ 爸爸邀请朋友们留下和我们一起吃午饭。 这天过得真愉快！ 尽情地唱歌、说笑、跳舞……我可没有再跳！

[①] 欧美各国的基督教徒常以圣徒的名字取名，该圣徒的纪念日即为此人的命名日，一般要像过生日一样来庆祝。

吃过饭照例散步。那天傍晚天气非常好，可是不知道为什么，我不像大家那样高兴，也不像上回那样高兴。我喜欢单独呆在令人害怕的最黑暗的角落里，望着树枝在轻轻摇动，望着树叶徐徐落下，听着远处夜枭的叫声，泪水不时地迷住我的眼睛。

玛丽安娜，我们的思想怎么这么怪？本来应该和大家一样感到高兴，可我却在流泪！我自己也不知道这是为什么。我的脑子也许与众不同，最好待在修道院里过平静的生活，待在这里我感到不自在，感到激动，感到不安，甚至有点精神失常。

再见吧！我会尽快再给你写信。我本来应该给你写一封长长的信，告诉你好多好多事情，告诉你我的各种愚蠢的念头，因为我现在无法面对面地对你讲，只能写信告诉你，可是这封信却写得很短，有什么办法呢？……今天我觉得打不起精神。我累了，不愿意写，而且我的思想很乱，明天再说吧！

十月十日

你怪我没有给你回信，你说得对。玛丽安娜，我自己也责怪自己。我不知道怎么了，我说不清楚……干点小事，干点最不吃力的小事，我也觉得累……你责骂我吧……我变懒了……白天整天坐在树阴下，夜晚通宵望着星空。过去使我高兴的事，现在叫我厌烦。我不想到森林里散步，不愿意唱歌、说笑，什么都叫我讨厌。我觉得十分忧伤！自己也不知道为什么这般忧伤。也许是上帝要我亲身体验一下，修道院里见不到的、生活中的这些乐趣都是短暂的。啊，上帝！我有时为自己担心，因为我祷告时心里还想别的事……上帝啊，宽恕我吧！安慰我吧！拯救我吧！

我的鸟儿简直变成了野鸟，我已经很久不和它逗乐了。它看见我就逃，难道我变得可怕了吗？哨兵也不像往常那样来跟我亲热了，因为我出去时不再召唤它，它觉得我不喜欢它了。

玛丽安娜，我是不是病了？老实对你说，我巴不得自己得了病，这样我的厌倦、烦恼都得到了解释，因此也就不可怕了。

你没病，你快乐，你幸福，请你给我写信，多多给我写信吧！你要加倍爱我，因为我现在更需要你的爱，我也更加热爱你。现在我心里唯一的甜蜜感情，就是对亲友的温情，当然这里包括你！

十月二十三日

玛丽安娜，我现在深信，对我们这些脆弱和胆怯的人来说，世俗生活中的这些放纵、刺激和欢乐是巨大的祸害。我们好比是弱不禁风的花草，习惯了室内的温暖，新鲜的空气会摧毁它的。

你还记得吗？两个月以前我写信告诉你说我很愉快，很幸福，每一次感情的冲动都使我那渴望幸福的心感到愉快。我感谢上帝赐给我这些愉快……玛丽安娜，那都是真话！然而修女们常说的那些话，安塞尔莫神父在布道时讲的那些道理也是正确的：修道院里的欢快才是可靠的、持久的、真正的愉快。我还无法向你讲清这里的道理，但是这些欢快与世俗的那些乐趣不一样。我体会到了……我觉得自己完全变了！一切都使我感到乏味，感到压抑，感到厌倦……令我烦恼和不安……也令我担忧……我搞不清楚，为什么我时而感到一阵突如其来的、不可克制的狂喜，时而又感到莫名其妙的悲伤。我曾经赞美上帝赐福给我，现在我生活在上帝的这些恩典中却感到不幸。

我真想回修道院去，跪在唱诗班专用的圣坛里，去拥抱那十字架，我真想吻你，把头埋在你的怀里，痛痛快快地哭一阵，让我心里堆积的泪水全部倾倒出来。

玛丽安娜，别讥笑我，你应该同情我，因为我忧伤，又不知道为什么忧伤。 也许我是个忘恩负义的恶人，对不起赐福给我的仁慈的上帝，对不起千方百计给我解忧的亲爱的父亲，对不起家庭，对不起朋友……

我写不下去了，我真想痛哭一场。 我通宵坐在窗户边，凝视着窗外一片的黑暗，我仿佛看到无数的幽灵在移动。 远处狗叫的声音，夜间出来活动的昆虫的叫声，时时传进我的耳里……我感到害怕……

我多么想拥抱你！ 多么想哭……给我写信，给我写信吧！ 我写不下去了。

十一月二日

亲爱的玛丽安娜，你对我和我的心情表示不安，但你提的那许多问题我却不明白，我觉得困惑不解，不知道怎么回答你；你要我向你解释的都是我自己无法解答的。 你已决定不进修道院了，你成了一位小姐，你了解世俗生活，如果你在这里和我坐在树阴下促膝谈心，也许你能找到问题的症结，回答我的提问，解决我的疑难，使我得到安慰，让我放心。 我能告诉你什么呢？ ……

你提的那些问题使我感到不安，使我不能平静……你问我为什么最近的信写得很悲伤，一次也未提到瓦棱蒂尼一家，而以前的信却写得很生动，曾多次提到他们？ 你问我，为什么我在最近的信中故意回避尼诺先生的名字，而在以前的信中却经常提到他？ 你怎么发现这个变化的？ 我自己都未发觉……天哪！ 叫我怎么给你解释呢？ 你说对了，你叫我自己也觉察到了，即使现在要我写出他的名字，我也感到为难。 你会发现我的手在颤抖……你还没有看到我的脸色多么红呢！

玛丽安娜，我的玛丽安娜！

好吧，现在我把一切都告诉你……我把心掏给你。你比我更善于判断、分析……然后你要告诉我怎么才能摆脱百般折磨我的这个病魔，怎么才能重新感到轻松、愉快和幸福……你欢迎我这样做吗？

我不知道心里有件什么，肯定不是什么好东西，所以我才不敢向你吐露。我感到自己有罪，感到羞耻，感到不安，感到莫名其妙的害怕。我好像有什么秘密要向大家隐瞒，又觉得大家都盯着我，要揭穿这个秘密。

天哪！是什么秘密啊？我也说不上来……我把全部情形告诉你，你可能会发现这个秘密。如果它是有害的东西，如果那是魔鬼的诱惑，请你告诉我，我保证战胜它，保证听你的，保证祈求上帝给我力量和启示，求上帝保佑我……

为了找到这个恶魔，搞清烦恼的根源，我对自己进行了彻底的解剖。我回顾了自己的各种思想和感受，回顾了自己所做的事情，所接触的人，所看到的各种东西，我没有发现有什么不好的，除了……啊，你们会说我是疯子，会笑话我的。

我曾经告诉过你，我们和瓦棱蒂尼一家结成了至交，安内塔成了我的另一个玛丽安娜……是你使我想到她哥哥对我起着某种作用，是的，我觉得他让我望而生畏……

不，玛丽安娜，不是我不公正，你别指责我。我有这种感觉很是奇怪，简直是神经失常。我自知不对，尽量克制自己……他是个好青年，对我很关心……但是我说不清他给我的印象是什么……不是反感，也不是厌恶……然而我怕他……我只要遇见他，就觉到脸上发烧，身上发冷，浑身哆嗦，就想赶快躲开。

他跟我讲话，我听着他讲，站在他面前，不知怎的，我觉得他像磁铁一样吸住了我，叫我无法离开……我想到安塞尔莫神甫布道时讲的关于魔鬼引诱的那些话，我就觉得害怕……

天哪！ 我不是说他是魔鬼……我是打比喻，是想向你说明他对我的作用……

其实，他不论对待别人还是对待我，都是彬彬有礼。 我也不是不公正，我敢发誓！ 我感谢他，感谢他对我无微不至的关怀……

那次我们跳过舞后，有一天我们单独在一起，他对我说："小姐，谢谢您。""谢我什么？""谢谢您允许我同您跳舞。 您知道我当时感到多么荣幸！"他说这话时的那种神态，使我非常吃惊。 天哪！ 这些男人怎么这么会说恭维话！ ……我不懂他为什么要小声告诉我……我好像看见他说这话时脸红了……可能我也脸红了…… 我不知道如何回答是好……

你看，为了讨我欢心，他对我真是体贴入微！ 还有一次他对我说："你这身黑长袍真好看！"他竟这么说！ ……我的黑长袍难看死了！ ……我不知道他为什么说这话，然而，我觉得这话使我高兴，我害羞得张口结舌，面红耳赤，不知所措。

你会说我神经失常，也许你说得对，肯定不是他的这些话使我神魂颠倒。

那么为什么听到他说话我就心烦意乱？ 为什么看到他的目光盯着我，我就觉得脸上火辣辣的、身上冷冰冰的呢？

玛丽安娜，你听我说，我好像找到了其中的原因。 修道院使我们对一切男人，尤其是男青年，有了某种成见，只要碰上他们，就会感到不安。 不然的话，我妹妹朱蒂塔跟他谈话为什么一点不觉得尴尬？ 她比我还年幼啊！ 她非常自然地跟他说笑，跟他攀谈，一点也不脸红。 要叫我那样对他，还把我羞死了呢！ 我决不会那样干……求求上帝，宽恕我吧……正是由于这个缘故，有时我好像在嫉妒我妹妹……

上帝啊！把我召回修道院吧！让我回到安宁、肃穆和沉思的环境中去吧！让我思想平静，让我理智清醒吧！

十一月十日

星期一我在栗树林里遇见了他，幸好吉吉陪伴着我。他背着猎枪，看见我们之前他嘴里还哼着歌曲。他的嗓音非常好听，我一听就听出是他。我的心慌得要跳出来了，真想走开，以避免那愚蠢的害怕……他的狗阿里先看见了我，欢叫着迎着我奔来。尽管我觉得脸上火辣辣的，浑身直打哆嗦，我也不应当溜走，对吗？……他肯定看出我心神不安了，他走过来，伸出手来要和我握手，我只好也伸出手来，因为这里的风俗是和男人握手。我勉强伸出手……因为我担心他发现我的手在颤抖……

回家的路上，要穿过一段浓密的栗树林，树林的边缘乱石丛生，到处是枯枝和荆棘。他对我说道："小姐，别害臊，路不好走，你会跌跤的，扶着我走吧！"说着他伸出胳膊给我，要护送我回家。他的话吓得我浑身发抖。道路确实坎坷，我们相互搀扶着默默走了一大段路，我一边走，一边用脚故意踢地上的干树叶，让它发出声音来掩饰我心中的不安。他也在叹息。可能是为了帮我摆脱窘态，他打破沉默的气氛，开口说道："天气真好！我们今天散步多愉快啊！"吉吉抱怨我踩了他脚……后来我们坐在葡萄园的围墙上休息，他坐在我身边。我一直低着头，望着他用枪托在地上乱画。阿里也走过来把头放到我的膝盖上，它用那美丽而聪敏的眼睛高兴地望着我。我抚摸它，它摇着尾巴对我表示谢意。它的主人说："您看，它多么喜欢您，您喜欢它吗？"不知怎的，他无意之中提出的问题，使我深受感动。我觉得自己非常喜爱阿里……他也伸手去抚摸阿里……这时我们的手碰在一起了，我立刻感到我的手在颤抖。我不知该怎么回答他的问题,感到很窘。我努力搜寻着恰当的言词,最后我才说了声:"先生,您的狗很漂亮!……"

他叹了口气,没再说什么。他为什么叹息?他也感到不幸吗?我觉得好多天来他也很忧郁。他叹息时我不再觉得害怕。我很同情他,如果我是个男人的话,情愿做他的朋友,做他的兄弟,伸出手搂住他的脖子问他有什么伤心事,安慰他,并分担他的忧愁。

啊!这是天大的罪孽……我能向他说出这个心愿吗?然而我心里总有一个愿望,一种好奇心,想知道究竟什么事使他如此悲伤……我们这些女人就是好奇心强!……当然,我未敢开口问他。

自那以后,我自己从不单独出去,只有在晚上才看见他和他家里的人在一起。白天我总是坐在窗户旁织毛线,每当我听见他说话的声音,听见他在树林里吹口哨唤狗的声音,或者看见远处树丛中有人影晃动的时候,我的心立刻便怦怦跳起来,就像那天我们默默地并排坐在一起,两人的手都去摸那狗的头,手指碰到一起的情景。

我一碰见他,就觉得心慌意乱,因此我尽量避免和他见面。但是,有时没法躲开,你明白吗?……只好强装无所谓的样子站在那里。但是,当他的目光盯住我时,我的心慌得要跳出来,害臊得真想钻进地里去……我觉得大家都在盯着我,问我为什么脸红……而我呢?我的天哪!我知道为什么呢?……我什么也不知道!每当我找到借口,就赶快躲到我的小房间里去,把火辣辣的面孔埋在枕头里痛哭……我也不知为什么……我觉得哭出来才痛快,才能减轻压在我心上的那块石头。

前天我刚哭罢,看见窗外有个人影。是他。他两肘撑在窗台上,双手捂着面孔站在那里……你想想看当时我那副窘态!他也发窘。他想强装笑脸,可是那副样子像是要哭。他结结巴巴地说道:"小姐,您为什么老躲着我?"我真想这时候脚下裂个大缝让我钻进地里去,幸好这时我妹妹来了。我付出了巨大的努力才平静下来,或者说,才使我的面孔表现得若无其事,赶快离开卧室,到场院上去和大家一起闲聊。朱蒂塔站在他身旁,和他说笑,她心情非常平静,一点也不发慌!

噢,我需要修道院!修道院才是我待的地方!待在修道院外面就会担忧受难。

你看吧,大家准会认为我是疯子……他第一个会这样看我!上帝知道我的心,知道我不疯。如果我有些怪癖,如果我的习惯与众不同,我本人有什么过错呢?可是谁相信我这话呢?……昨晚大家乘凉后进屋时,他面色苍白忧心忡忡地走到我跟前,拉着我的手说道:"小姐,我怎么招您了?您为什么老躲着我?……"我浑身颤抖,被他的举动惊呆了,竟不知道把自己的手抽回来,让他一直拉着……

天哪!我的天哪!我那时真想跪在他面前,请他原谅,告诉他说我不是躲着他,那不能怪我……可是现在我自己也不记得那时我支支吾吾地说了些什么。正好安内塔走过来,我便扑到她的怀里痛哭起来。

玛丽安娜,安慰我吧!救救我吧!……你也会抛弃我吗?我感到孤独、忧愁和不幸!……祈求上帝让我快点回修道院去过那平静的默默无闻的生活吧!让修道院里肃穆的气氛抵御世俗生活吹进我的心灵而引起不安的这股劲风吧!

这封信我是含着眼泪写的,我不知道都写了些什么。宽恕我吧!我非常需要你的爱。

十一月十六日

昨天晚上他对我讲过那些话之后，我走进屋里，我们全家和瓦棱蒂尼夫妇都在那里，我的心情如此之坏，以至大家立刻就看出来了。继母大发雷霆，说我是个没有教养、任性、喜怒无常的姑娘。我父亲替我辩解，说我身体不舒服。

其他人什么话都没有讲，这种难堪的局面大约持续了半个小时。感谢上帝，我终于回到了自己的小房间，我拼命地祷告上帝把我召回他的身旁去。

这一夜我通宵都未能合眼，我扪心自问，我感到害怕。

玛丽安娜，如果我不是害怕犯下罪过，不是害怕引起我父亲、朱蒂塔、我弟弟和你伤心，不是害怕那些爱我的人伤心，我真想得霍乱死去……

再见！

十一月十七日

玛丽安娜，玛丽安娜！我爱他！我爱他！可怜可怜我吧！不要看不起我，我非常不幸，宽恕我吧！

上帝啊！你为什么给我如此严厉的惩罚呢？我在亵渎神明，我的天啊！……我痛哭流涕，上帝啊，世上还有比我更不幸的女人吗？……

我爱他，这字眼多么可怕！这是罪孽！是犯了天条！可是我无法隐瞒这种感情，它比我的理智更加强大。我尽量躲着他，爱却紧紧地抓着我不放，好像用膝盖顶着我的胸脯，用力蹂躏我。他的形象钻进了我身体的各个部分，钻进了我的脑子、我的心脏和血液里。我睡觉、祷告，甚至现在写信的时候，无时无刻不觉得他站在面前。我别的什么事也无法思考，我觉得他的名字时刻都会从我嘴里蹦出来，我吐出的每一句话都变成了他的名字。我听他讲话感到幸福，看到他的目光就觉得害怕。 我愿意永远和他在一起，却又不敢接近他。 我真愿为他而牺牲自己。 我对他的感情很新奇，很可怕……我对父亲的爱，对上帝的爱，都没有对他的感情强烈！ ……世俗生活把这称作爱情……我尝到了爱情的滋味，我看到了爱情……它太可怕，太可怕了！ ……这是上帝对我的惩罚，这是毁灭，是亵渎神明！ 玛丽安娜，我完了！ 玛丽安娜，为我祈祷吧！ ……

昨天他去卡塔尼亚为家里办事，乘开往特雷卡斯塔尼的汽车，他应该在天黑以前回来，可晚上九点也没见他的人影，他家里的人和我们家的人都为他着急。 大家听到的消息也叫人为他担心，都认为他遇到了什么不幸。 他母亲和安内塔急得直哭，瓦棱蒂尼先生也非常不安，不时走到葡萄园后面的小山坡上去张望。 从那里可以看到通往山村里的道路，他儿子应从那里的车站下车，经这条路走回来。 天黑了，路上十步开外便什么也看不见了，已派两个人去打听他迟迟不归的原因，一有消息就会立即回来报信的。 他那可怜的父亲过一会儿呼唤一次他的名字，盼望着能从远处传来他回答的声音。 大家都竖起耳朵在听。 一分钟过去了，十分钟过去了。 他父亲的呼唤声传到远处，消失在山谷中，四周是一片寂静。 九点半了，十点了！ 大家开始流泪，瓦棱蒂尼先生一个人摸着黑去接儿子，希望从行人那里打听到他的消息。 他一颠一簸地走着，活像个疯子，他决心一直走下去，直到找着儿子为止。 天哪！ 路上哪有行人！ 再胆大的人这时候也不敢在路上行走，免得被站岗放哨查巡霍乱的农民怀疑！ 听到大家的哭声，我的心都要碎了，山谷里的寂静使我害怕，我仿佛看见黑暗中到处都是魔鬼。 我躲到自己的房里，跪在十字架前，为他流泪、祷告。 我不时地停下祷告，止住抽泣，擦干眼泪，倾听，全神贯注地倾听，听到的只是远处传来的枪声和饿狗凄惨的嚎叫。 我变得非常迷信，心想："我念完一百遍《万福圣母经》，就能听见他的声音。"我先一口气朗诵了五十遍，剩下的五十遍我就慢慢地念，因为我觉得前五十遍念得太快，规定的时间也太短，上帝听了不会恩赐我，因为我念得太不经心了。 当我念完最后十遍时，我又从开头计起，我觉得好像数错数了……又念到最后两遍时，我一个字一个字地念，不断停下来听……我似乎听见远处有什么声音……仔细一听……什么也没有！还是一片沉静！ 我又自言自语地说："如果我听到安内塔第一个开口讲话，他过一刻钟就能回来……"然后又说："如果风把树梢吹动十次，他就回来了！"

  树枝晃动着，晃动着，可是谁也没回来！ 这时我感到憋气，感到头昏，感到浑身的血液在沸腾，我要奔向远方，我觉得这房间太窄小，这屋顶压着我的心。 我走到场院上，看到他们在哭泣，我心里感到难受。 他们不安地聆听着田野里各种细微的声音，互相低声地安慰几句。 我远远地离开他们，坐到暗处的围墙上，目光紧盯着黑暗之处。 好像凭着我的愿望，目光就能穿透夜幕。 我听着远处狗的叫声，猜测着可能是否他走过引起狗叫。 天哪！ 多么难熬啊！ 突然我觉得我的心停止了跳动，我听见远处传来一阵熟悉的狗叫声。 我要仔细地听个究竟，然而我的心又开始怦怦地跳起来，影响着我听……没有，什么声音也没有！ 那是我的错觉。 接着我又听到一声更近更清楚的叫声，这回大家都听见了：是阿里的叫声。是它，是阿里的声音！ 它回来了！ 啊！ 阿里跑来了，欢叫着跑回来向我们报告！ 它知道我们都在着急，都在担心，它在拼命奔跑着，我们虽然还没看见它，但它奔跑着碰着葡萄枝条的声音已能听见，我已能判断出它在哪里了。 我兴奋极了，大家都奔到我所在的围墙边。 阿里跑来了，它喘着气，兴高采烈地叫着，跳到墙头上趴在我的背上，可爱的阿里，它很激动，我也激动得流出了眼泪。 我搂着它，紧紧地搂着它，因为我觉得自己快要晕倒了。

尼诺终于回来了！ 他的样子很狼狈，累得面色苍白，气喘吁吁。 他是从卡塔尼亚走回来的，因汽车已开走了，又未能雇上马车，天太晚了没人愿意出车。 他父亲和他一起走到家，他不停地吻他，他母亲和安内塔争着上前拥抱他，大家都向他表示祝贺，个个都高兴得流出了眼泪。 他也许要说我不好，认为我自私，因为我这时已经跑回自己的房间去尽情地高兴、流泪和抽泣！ 去拥抱十字架、家具和墙壁。

天哪，世上还有比我更不幸的人吗？

自从魔鬼用爱情诱惑了我，我完全变了个人。 我的眼睛更明亮了，我的脑子更灵活了，我看到了那些我也许永远发现不了的秘密；我的心里出现了一些从未领受过而且永远不该领受的陌生感情。 我觉得幸福，觉得上帝就在我身边，我感激涕零，但又觉得自己渺小、孤独、脆弱。 这是多么可怕啊！ 还有许多琐事折磨着我：他的目光、动作、说话声和脚步声，他坐在什么地方以及他和什么人谈话，这一切都会折磨我。 你是不会理解我的，你会认为我是个疯子⋯⋯上帝啊，如果我真是个疯子，那就好了，可我不疯，我无休止地猜疑、担忧、害怕，说不出这是苦还是甜。 加上我的身世，我的罪孽感，我感到无力去反抗这种情感。 它比我更加强大，它渗透到我浑身的血液之中，折磨我，并战胜了我，然而它又使我感到幸福⋯⋯我失望地发现自己很渺小，发现自己是一个可怜的修女，连做一个女人的权利都没有。 我对修道院外面的事一无所知，突然地来到这辽阔的天地里感到惊异，感到眼花缭乱⋯⋯我扪心自问，爱情这东西，这个罪孽，这个妖魔，难道不是上帝缔造的吗？ ⋯⋯我愿把自己打扮得像心里想的那样漂亮，可我的这副模样，身穿黑色粗布长衫，头发漫不经心地梳向脑后，举止粗俗，胆怯得令人发笑，这副模样使我伤心……和别的衣着漂亮、举止大方的姑娘相比，我感到惭愧，无限羞愧……还有，我还没有全部告诉你呢！还有更大的不幸：我怕别人发现自己力求保守的秘密！害怕自己脸色发红，害怕自己脸色变白，害怕自己声音颤抖，害怕自己心跳！觉得自己责备自己，觉得别人窥视自己……感到自己的秘密一旦被人发现，就会羞愧得无地自容！我写了这些话，我感到羞愧；你将看到这些话，我也觉得羞愧……不过，你就是我！……我是向你做补赎……我爱他爱得要发疯了，可我又非常害怕他知道我爱他！我愿伸出双手拥抱他，愿跪着死在他的膝下，但决没有勇气嫁给他！……如果他瞅着我的眼睛，我会想到我父亲、继母，还有他，他们也许会猜透我内心的秘密！……

天哪，还是让我早点离开人世吧！……

我的这种担心并非绝对没有根据……今天上午继母把我叫去，她那样看着我，好像她的目光会猜出我的心思一样。她问我："这几天你脸色和心情都不好，你怎么啦？"我浑身发抖，结结巴巴说不出话来，也不知道该说什么，她那副面孔叫我难受。她接着说："这几天我发现你变多了。姑娘，要是你不适应乡下的环境，你父亲并不坚持要你待在这里，可以同意你回修道院去。"她说话时的眼神和口气好像在对我说："我什么都知道，知道你的秘密！"我吓死了，幸亏我坐着，否则我会吓瘫在地上。恰好这时我妹妹朱蒂塔兴高采烈地走进屋来，她才没有看见我的眼眶里已满含泪水。啊，我的母亲，你要不是埋葬在远方的墓地，我多么想扑在你的怀里，哭诉着请求你的宽恕啊！

朱蒂塔对她说："妈妈，你知道吗？瓦棱蒂尼夫妇邀请我们与他们一道去这里的邻居贝尔托尼家做客。当然要跳舞啦！好妈妈，快去吧！……在这乡下跳舞真快活！"朱蒂塔那么娇柔地请求她，她立即收起那副严厉的面孔，露出了笑容，她吻了朱蒂塔一下，说了声："小疯子！"

啊，这一句话，一个动作包含着多么深厚的母爱啊！看到亲人们幸福我是多么高兴啊！由于上帝的恩典，她们两人幸福极了，因此，我祈祷上帝也赐福给我这样失去母亲的人。

朱蒂塔唱着跳着忙去换衣服，并叫我去给她梳头。她一头栗色头发梳成两条漂亮的辫子，每当看见她解开头绳梳头时，我就想："要是她像我一样当了修女，把这漂亮的辫子剪了，实在太可惜！"今天我因为心情不好，怎么也给她梳不好，梳了拆，拆了梳，怎么也不能梳得使她满意。"天哪！"她终于大声嚷道，"你今天是不是有意跟我过不去！""饶恕我吧！好妹妹，"我对她说道，"这不能怪我！""不怪你？！你就是不愿意给我梳头。""唉！你说到哪儿去了，朱蒂塔，我不是不愿给你梳头，我敢发誓！我尽力给你梳了……"我一边申辩一边流下了眼泪。我那亲爱的妹妹，毕竟是善良的，她奇怪地看了我一眼，耸耸肩膀，然后接过我手中的梳子说道："去吧，有什么好哭的，我自己梳。"我想拥抱她，吻她，请她宽恕，以表达我的苦衷。我这人真傻，真叫人讨厌！那时天已经晚了，大家都等着她，她不耐烦地对我说道："天哪，让我自己待在这儿梳头好吧！"我擦干眼泪走出屋去，在门口碰上了安内塔，她问我："哎，你在这儿干什么，你不去吗？""你真怪，"我继母大声说道，"让一个女修生去跳舞，上帝是不允许的！"尼诺的目光紧紧盯着我，什么话也没说；我虽未看他，但我知道他盯着我。就在这个时候父亲回来了，他问她们为什么换装，为什么那样高兴，然后他又问我说："你呢？""爸爸，我留在家里。""不，不，你也可以去，我们现在是在乡下。""爸爸，我喜欢留下来待在家里。""那好，我留下来跟你做伴。"（亲爱的爸爸，你真是爱我！）"什么？谁陪我们去呀？"他妻子问道。"你们可以和朋友们一起去。""这不合适，我们是头一次上人家那儿去，人家还不了解我们。玛丽亚留下来有女仆和庄户家跟她做伴。"他们争执了一会儿，最后爸爸向他妻子屈服了，因为我那可怜的父亲为了家庭的和睦从不违背妻子的意愿。

好朋友，我坦率地告诉你，这是我第一次尝到被排除在众人的娱乐活动之外的痛苦滋味……后来……你愿意知道后来的事吗？后来我感到一种从未有过的痛苦……我想到他会在那里遇到许多漂亮的姑娘，会跟她们跳舞！……想到这些事，我的眼泪直往心里淌……

现在剩下我一个人了。我看着他们唱着歌儿高兴地走了，唯独他显得很悲伤。他不断回头望我，好像有许多问题要问我。他搀着我妹妹……朱蒂塔穿着一件天蓝色的外衣，漂亮极了！她挎着他的胳膊，跟他又说又笑。

我目送着他们拐上小路，消失在葡萄园围墙外的山楂树丛后面。过了好一阵子我还能听见他们的说话声和笑声，他们的快乐使我难受……啊，天哪！我在嫉妒！我不好！……我只好想想他，以止住抽泣；回想他曾用眼睛注视我，以消除对他们的嫉妒……现在剩我一个人了……这是秋季一个美好的夜晚，气候温和，天空中繁星闪烁。庄户的妻子放下怀中的孩子，生起火开始做汤了。她丈夫回到家中，将猎枪摘下放在门后，然后抱起孩子逗着玩。四周一切都很宁静，唯独我心中不能平静，我感到悲伤，感到不幸。

我写的都是我的心里话，当泪水遮盖了眼睛，使我看不清写些什么时，我便透过窗户看看星空，看看树影。现在我想到他们在寻欢作乐，想到在他周围欢乐的人群……想到了他！我无法再写下去了，我头脑里只有他。他现在正在那里和另外一个姑娘跳舞，谈笑，我起码要在我的想象中用眼睛盯着他……我和你再见吧……

十一月二十日

玛丽安娜，玛丽安娜！跟我一起高兴吧！跟我一起欢笑吧！拥抱我吧！他爱我！你知道吗？……他爱我！你听清了吗？……我不用跟你多说，你会懂得"他爱我"这三个字意味着什么。

你还记得吗？昨天晚上我悲观地望着那封信，双手捧着头坐在桌旁思忖。眼泪偷偷滴到信上，弄湿了信纸，有些字句模糊不清了。突然，我听到外面有什么声音……是脚步声！……你知道吗？他的脚步声我不是用耳朵听出来的，而是心里感觉到的，因为这种声音使我神经紧张，浑身发冷……我抬起头……窗户开着，我看见窗外有个人影，听见有个声音悄悄叫我。是他！你明白吗？……是他叫我！……我差点叫出他的名字来。"小姐，请您原谅我，"他对我说，"请您原谅我！"他就说了这么一句话。我不敢抬头看他，但他的这句话却像甘露一样滋润着我的心田。过了一会儿（在这寂静的夜晚，他那会儿准能听见我的心在激烈地跳动），他接着说道："您母亲很不公正，对您不好。她们现在都在那里尽情地欢乐，我却想到了您，想到了您一个人待在这里……我不应该……您原谅我吗？"这时我抬起头来，看见他两肘撑着窗户台儿，两手捧着下颌，像上次那样站在窗外。他想到了我！他说这话时声音在颤抖！"先生，"我对他说道，"先生……"可我不知道该对他讲什么。他叹了口气，我也叹了口气，然后他对我说："玛丽亚，您听我说……"他说不下去了，用手抹了一下眼泪，一个男子汉也变得结巴了！听见他叫我玛丽亚，我吓得浑身哆嗦。

他亲切地称呼我的名字，你明白吗？……为什么听见他亲切地叫我名字我就会这样呢？"您听我说，"他接着说道，"您是个受害者。""啊，先生，不能这么说！""是受害者，您在家里的地位害了您，您的命运害了您！""不，先生，不能这么说。""您说，您为什么被迫当修女？""先生，谁也没有强迫我当修女……是我自愿……""唉！"他又叹了口气，我似乎还看见他用手去擦眼泪。因为他站在窗外黑暗处，我的眼睛又充满了泪水，所以看不清他是否在流泪。"是家庭的需要。"我接着补充说道。他沉默了一会儿，然后他声音沙哑地问道："您还要回修道院去吗？"我犹豫了一会儿，回答他道："要回去。"他又沉默了，我等着他再说些什么，等了很久他也未再开口。我擦干眼泪看他是否走开了。他仍站在老地方，和原先的姿态一样，然而双手捂住了面孔。这反倒增加了我的勇气，我向前迈了一步，避开蜡烛光直接照射我的眼睛……你知道，我的房间很窄，我迈出这一步就是走到窗户跟前了，他听见我的脚步声，抬起头来，我看清了他是在哭。他仍未开口，伸出手来要和我握手。当他握着我的双手时，我闭上了眼睛，感到心满意足了。"玛丽亚，"他说道，"为什么您要回修道院去？""我也不知道为什么，是需要，命运安排我要去做修女。""您要离开我吗？……"他像小孩一样抽噎着，他不像别的男人那样，装出傲慢的样子来掩饰内心的痛苦。我大概和他一起哭了，因为在他离开之前，我发现我的脸和手还湿漉漉的……手上的泪水有可能是他流的，我感觉到他的泪水一滴一滴地滴在了我的手上……你说我吧，你责骂我吧，随你的便好了……我这时忍不住吻了一下我这双沾满了泪水的手……

我们默默地站在那里许久。他只是说："我真幸福！"我随口附和地说："我也很幸福！"玛丽安娜，你说怪吧，我们一边哭泣，一边说自己很幸福，我们还没有相互表白爱情。我的心甜滋滋的，什么也不顾忌了，深夜和一个男人，和他单独在一起也不觉害羞了！我们沉默不语，眼睛也不看着对方，而是看着星空，我们的心通过相握在一起的手在交谈着，通过在星空中相遇的目光在拥抱。

玛丽安娜，上帝赐给人类的爱情是伟大的，在它面前一切都显得渺小，不论是过失还是罪恶，不论是义务还是父子情谊，都显得十分渺小……爱情就是天堂！

再见！我的心充满了爱，无法再想别的东西。我一边给你写信，还一边感到爱情的冲动……我需要独自一人待一会儿，我需要幻想，需要思考，需要享受这幸福……

十一月二十一日

朋友，我们真可怜，自己的幸福却要由别人主宰。那天我给你写的那封信，今天看来完全是自我嘲弄，叫我哭笑不得。你听我讲，正当我们脑子里充满幻想，幸福地、默默地站在那里时，突然传来一声狗叫声，是哨兵在叫。然后就听到父亲和吉吉的说话声。我赶忙缩回手，关上窗户，一个人躲在屋里。我浑身颤抖着，好像犯了天大的过错似的。爸爸进屋时，我已躺在床上，我觉得害怕，彻夜未能入睡。朱蒂塔没有过来，我听见她在那个房间里讲话，她好像很生气，情绪很不好。我第二天起床时，面色煞白，吓得爸爸要去给我请大夫。后来母亲把我叫到她房间里，我一见她板着面孔，就吓得两腿发软。她大发议论，说她对我承担了义务，说我对家庭也承担了义务，说我应该顺应神的召唤，还谈到由于我未顺应神的召唤现在应该做些什么，谈到一个要做修女的姑娘在日常交往中可能碰到什么危险，最后要求我做到：今后家里来了外人，哪怕是瓦棱蒂尼家的人,我都应当躲到我的小屋里去。

天哪! 我强制着自己听她对我教训,忍受她对我的折磨! ……她好像在用别针刺我并以此作乐,她用隐晦的语言指责我犯下了滔天大罪,同时又不让我明白她到底看见没看见尼诺离开舞场来找我。

她讲话时,我有好几次觉得快要晕倒了,但她并未发现我脸色苍白、浑身颤抖,没看见我扶着椅子背勉强支撑着。如果她看见当时我那副样子,也许会可怜我,免了对我的严厉申斥。当她撇下我一人出去以后,我回到自己房里,躺到床上,我又害怕起来了。我觉得自己好像病了,真想以死了此一生。

朱蒂塔还是没过来看我,她生我的气了! 天哪! 我怎么招她了? ……我像个罪犯一样,谁也不愿接近我,谁也不敢接近我。我躺在床上望着窗户,它好像也在对我进行严厉的斥责。孤独,没人理睬,这使我心情更加难过。我父亲好像也不像往常那样和蔼了。傍晚,我叫我妹妹,我需要见到她,我要得到她的安慰。朱蒂塔终于来了。她显得很冷淡,我扑到她怀里哭了起来,我觉得只有哭才能使我心情轻松,然而她却讨厌我哭。

现在只剩我一个人了,大家好像都躲着我,我恨死自己了。他们做得对,我有罪! 只有上帝可以宽恕我,我对上帝有罪,我爱他缔造的一个人胜过了爱他……现在我整天坐在窗户旁打毛线,窗帘严严实实地拉着,谁也看不见我,我可以尽情地流泪,我的眼都哭红了……天空阴沉沉的,田野光秃秃的,森林静悄悄的,沉静得令人害怕,鸟儿不再歌唱,只有在夜间才能听到几声猫头鹰的凄惨叫声……有时我双手抱着膝盖,眼睛望着窗外灰暗的白云急匆匆地奔向西方,或者看着树木晃动抖下枯叶,一看就是几个小时。自然界的冬天来到了,我的心中也是冬天。我养的鸟儿飞走了(它真不幸,我简直把它忘了!),把它的欢乐和笑语带到别人那里去了,因为我这屋内的气氛太忧伤了,不适合它呆下去。哨兵常常来找我。它希望看到我的微笑,得到我的青睐。它来时总要望着我,犹犹豫豫地、亦步亦趋地向前走着,好像在征求我的同意似的,然后茫然停下,摇摇尾巴,伸出舌头舔舔自己的嘴巴。它的这些动作好像在说:"请原谅我的冒昧。"最后走到我跟前,把头放在我膝盖上,好像要对我说它还爱我。然后它快快不乐地离去,仍旧摇着尾巴,走到门口还停下来向我告别。

整天我都听见瓦棱蒂尼一家在别的房间里和我们家里的人谈话。有两三次我还听到了那个非常熟悉的声音……那是他的声音!

他!他!老是他!他钻进我的头脑里,钻进我的心里,渗透到我浑身的血液里!我一闭上眼睛就看见他站在窗户外面,双手捧着下颌,手上沾满了泪水……他说的那些话老在我耳边回荡!……上帝啊,上帝!

有时我听见窗外有人走动,我的心就紧张地跳起来,简直要跳出来了。我觉得头晕目眩,茫然不知所措。我欲哭不能,欲睡不能,祈祷吧,也诵不成声……唉,玛丽安娜,玛丽安娜!……

他看不到我会怎么想?他会想到人家不允许我同他见面吗?……他会诅咒我吗?……会生我的气吗?……会忘掉我吗?……你看,我的情绪多么低沉!我祈祷上帝让我忘掉他,但是我只要一想到他会忘记我,就气得发狂!凌晨——我相信这时谁也不会看到我——我有时悄悄打开窗户,远眺山谷下边他居住的那幢房子,这时他一定还在睡吧!看看他房子的屋顶,看看他房间的窗户,窗户台上的那盆茉莉花和他门前种的那株葡萄……然后我想象他打开窗户时手会撑在窗台的什么地方,走出屋门时脚会踩在什么地方,他的目光要看到我的窗户需要经过哪条线路……我心里觉得他起床后第一眼必定是寻找我的窗户,他一定知道我站在这里想念他,望着他睡觉。 我老是惦记着他! 不论是晚上还是夜里,不论是清早还是做祷告的时候,我的脑子里老是想着他! 啊,玛丽安娜! 为我这个罪人祈祷吧! 我缺乏力量去战胜罪孽。 请你把那件在罗马请天主赐过福的圣衣①给我寄来,把你的经书也给我寄来。 我的心将只想着上帝,我要求圣母庇佑我,别让世俗生活乱了我的心,别让我自寻烦恼,别让我害羞,别让我犯罪,别让我受到上帝的惩罚!

十一月二十六日

好朋友,我病了,而且病得很厉害,因此未给你写信。 好多天来他们都望着我流泪,我也感谢上帝让我安宁地死去。 前来探望我的人,一个个面带苦笑,脸色苍白,泪痕斑斑,我一动不动地毫无表情地看着他们……我见到了家里的亲人和所有认识的人……就是没有见过他! 是他们不让他来看我吗? 病人是非常敏感的,我觉得他在窗户外面啼哭,在那儿祈祷上帝……温暖的阳光透过窗户玻璃照射到我床上,我用那缺乏生气的目光注视着窗外,我无比感慨;在这宁静的气氛中,我感到心情更加平静,更加轻松。 我仍旧想念着他,但是我的神态非常安详。 我的床边好像围着一群天使,有个名叫尼诺的天使,伸手拉着我的手,嘴里唤着我的名字,然后,我们跟那天晚上一样,抬头望着星空。

天气寒冷,下着冰凌,冰粒砸在窗户的玻璃上发出凄惨的声音。 鸟儿颤抖着躲在屋檐下面。 栗树林里狂风发出阵阵呼啸。 室外除了令人烦心的风声,一切都很平静。 今天早晨我第一次下床

---

① 僧侣穿的无袖套头罩衣。

来，由于虚弱走路摇摇晃晃。 你知道我怎么在给你写信啊？ 我靠着枕头，每写一个字就停下来换口气，擦擦汗，尽管天气很冷，我却累得满头大汗！ 我的头重得抬不起来，我的手不住地颤抖，我的思路不清，飘忽不定。 听说你曾来看过我。 玛丽安娜！ 我记不起来了，可能是我昏迷的那几天，我不知道周围发生的事情。 我在这个房间里生了一场大病，我觉得这个房间、这张床、这个十字架和这些家具，都与我的生命连在一起。 养病期间我躺在床上望着室内的各种东西不知都幻想了些什么，因此，我觉得这些家具的式样和墙壁的模样（对，是模样）都很亲切。 医生说我现在好多了，赞美上帝吧！ 仁慈的上帝所做的一切都应该赞美！ ……我父亲、朱蒂塔、吉吉，还有你和安内塔，都高兴看到我病情好转……他呢？ 他也……

一个濒临死亡的人又恢复了生命是多么愉快啊！ 看到亲人们的笑脸，听到大家的祝贺，感到自己受到人们的爱戴，又见到天空，听到刮风、下雨和鸟儿冻得啾啾乱叫的声音，他会觉得这一切都非常新鲜和美好！ 迟钝的脑子也好像猛然醒悟了，当它回忆起一件亲切的往事时，这件事就会变得更加亲切。 一切都显得可爱，一切都值得赞美！

大家都抓住我这消瘦的、尚无血色的手，握呀，吻呀！ 向我表示祝贺，就是他一个人不曾这么做过！ ……

我摇摇晃晃地走下床来，扶着家具，扶着窗户。 现在虽是冬天，我收入眼帘的一切却仍然是那么迷人！ 大地覆盖着白雪，树木光秃秃的，天空阴沉沉的。 过了这么长时间，重新看见那边那幢房子，那株葡萄，那扇窗户和门，……那盆茉莉花没有了，葡萄变成了枯枝，门也关着，然而这副凄凉的景象对我来说却好比天堂……我觉得那窗户没有关，而是虚掩着。 天哪！ 我的眼睛太不好了！

那窗户里好像有个人影……那是他，是他，是他！ 他看见我了！他一直等待着我的出现！ 啊，天哪！ 是他！ 玛丽安娜，你没有看见吗？ 那是他！

十二月二十日

医生终于允许我天气好的时候中午在门口站站。 大家都劝我要十分当心，因为我身体还很虚弱。 我母亲身体就弱，她年纪轻轻的就故去了。 昨天是圣诞节，在修道院里过圣诞节我们通宵唱歌、欢乐，午夜还要举行盛大的弥撒……你记得吗？ 这次圣诞节，瓦棱蒂尼一家每天晚上都来和我们家人一起度过，他们的欢声笑语时时传到我的耳里。 餐厅里已生火了，屋门关得紧紧的，门外风雨交加，有时还能听到冰凌砸在屋顶上噼啪作响。 屋里的人却受不到外面的寒风的侵袭，暖暖和和地围坐在一起说笑。 他们多么幸福啊！

为了庆祝节日，今天我们家一起吃了一顿丰盛的午餐，没有邀请瓦棱蒂尼一家……我知道，那是为了不让我和他见面。 和我父亲命名日那天举行的家宴相比（你还记得那个热闹劲儿吗？），这顿饭吃得冷冷清清。

今天风和日煦，我到门外去站了一会儿。 我穿着大衣，戴上围巾，是爸爸扶我出去的。 外面的一切充满了生气，一切都在向我微笑！ 天空中万里无云，埃特纳山顶的积雪映衬着灿烂的阳光，浅蓝色的大海青似碧玉，村庄教堂的钟楼耸立在群树之巅，显得分外洁白，田野里青草与白雪互相映衬，还有那栗树林——因为今天没有风，而且树叶早已脱落——宁静地站在一旁，这场院——我们的舞场和游艺场地，在草垛旁寻食的鸡群，庄户家住的草屋——房上的积雪在阳光照射下正在融化，屋顶上雾气腾腾——和欢腾的小鸟，它们都在欢迎我死里逃生。 哨兵懒洋洋地卧在门前晒太阳，庄户的妻子在光秃秃的栗树枝上晾晒衣服，嘴里不停地哼着歌曲，不时回过头用那难于形容的、作母亲的妇女所特有的愉快的目光望着正在门前玩耍的两个孩子。

感谢上帝吧！赞美上帝吧！是上帝让鸟儿歌唱，是上帝让草木重新萌发，是上帝让冬眠的动物复苏，是上帝让太阳光辉灿烂，是上帝让母亲温柔地搂抱着自己的孩子，是上帝让我这颗不幸的心灵又充满了活力，感谢上帝赐予我愉快和幸福。

冬天的夜晚降临得多么快啊！我真想在外面多待一会儿，让我这发闷的心胸多吸点新鲜空气；我真想扶着爸爸的胳膊努力走到栗树林边，看看我曾在那儿度过许多幸福时刻的地方；我真想再爬到围墙上去，坐在我曾坐过的地方（那里现在已长满了青苔）。太阳快落山了，天气渐渐冷下来，山谷里已升起一层浓雾，鸟儿也栖息不叫了。冬季的黄昏实在是凄惨！月亮冉冉升起，月光照射着窗户上的玻璃发出绚丽的光彩，然而父亲却要我回屋去躺下休息。我以为他们会让我躺在屋里欣赏美丽的月光，然而他们连窗户的遮光板都关上了。我有病，你明白吗？天气很冷，他们必须……

晚上等着瓦棱蒂尼一家来做客。圣诞节的夜晚总是那么美好！在这偏僻的角落里也不例外，一切都呈现一派节日气象：到平原地区做工的农民高高兴兴地回来和自己的家人团聚，全家老小坐在通红的炉火旁边，年轻姑娘们则在风笛的伴奏下跳舞。下午我曾看见我家厨房里炉火熊熊，大家正忙着准备菜肴；餐厅里大桌上已摆好了蜡烛和纸牌，窗户旁的小桌上也摆上了糖果和红葡萄酒。这是要在家里玩通宵了。我数了一下椅子，只放了八把……没有我的椅子……然而我还是看了看平常我坐的那个位子和他坐在我身边看牌时坐过的那把椅子。

我独自一人躺在这昏暗、寂静和令人忧郁的小房间里，不禁联想到这些事。我真想快些睡着，不愿听见旁边房间里的谈话和欢笑的声音……然而我心里无法平静，一直不能合眼。我想我可能还在发烧。我的身体太虚弱了！我一直在注意听他讲话，想从他的声音中听出他的忧伤还是愉快。我一共听见他讲过三次话：一次说了声"谢谢"，一次说了声"轮到我了"，第三次说了声"小姐"。这几句话使我想到了许多许多事情，我无法给你描述！

我听见他们一直玩到半夜，然后才开始吃饭……我感到累了，我已开始打盹儿了……我给你写信是为了打起精神……因为我不愿意睡觉，也要找点事做……

谈谈你的事吧……你节日过得好吗？你过得满意吗？你觉得愉快吗？

我要摆脱这些烦恼。近来我常常鼓励自己要经受这场严峻的考验。仁慈的上帝拯救拯救我吧！请你给我回信，快回信！不久我们可能就要见面了，那时我有好多好多事情要告诉你！

十二月二十六日

玛丽安娜，玛丽安娜！我多么伤心，多么痛苦呀！你知道吗？瓦棱蒂尼一家明天就要走了！霍乱过去了，没有危险了！……他们明天就要走了！……

我再也见不到他了！……这个消息我是刚才偶然听到的。他们甚至连这样的消息都要瞒着我！……

我真不愿意再活下去了，上帝啊，你为什么要治好我的病！我整夜哭个不停，胸都哭痛了。朱蒂塔一定听见我抽泣了。

我不再害羞，也毫无顾忌。我只有一个想法：去向庄户妻子打听消息。是明天走！他已来同我们家告别过了，他们没有让我和他见最后一面！……我再也见不到他了……我得知这个消息已是深夜了，外面一片漆黑，无法再看见他今天还在那里过夜的房子，无法用目光同他告别了！……

天哪，他们这些人怎么这样残忍！……

今天的夜晚多么可怕！这个阴暗的房间多么令人窒息！暴雨整整下了一夜，雨点啪啪打在玻璃窗上，风刮得窗户框子哐啷乱响，巨雷震耳欲聋，好像要摧毁头上的屋顶，可怕的闪电直照到床前，我吓得动也不敢动……因为我是个罪人，是个背离教规的人，就是现在我还一直想着他……我不止一次地祈祷上帝，盼望狂风暴雨不要停止，以阻止他启程，让他永远住在我的附近……我只有这个愿望！……我不必看见他，不必同他谈话，只要心里知道他还住在山谷下边，住在那幢房子里面，住在那个房间内。每天早晨我用目光向他问好，向他住的房间、走的道路和他周围的环境问好……我的这个愿望过分吗？上帝啊，我要求的就这么一点！

他难道不知道我为他痛苦得要死？不知道我身体虚弱、有病？他痛苦吗？他好受吗？他为什么不来看我一眼？哪怕是远远地望我一眼，向我告别呢！

他来告别时为什么不大声讲话，让我听见他的声音？他为什么没从我窗前的树林里经过？为什么没对空放枪？他为什么没让他的狗叫几声（就是那只他曾问过我喜欢不喜欢的狗，我们曾手靠着手摸着那只狗的头）？

上帝啊，上帝！……

我坐在床上给你写信，膝盖上垫着厚厚的一本书。我有时冻得发抖，有时觉得头晕，我如果不强忍着给你写信，我就会像疯子一样冲出屋去。现在我不哭了，焦虑像疯狗一样正在撕碎我的心。我十分着急，像个发高烧、说胡话的病人。倾盆的大雨，呼啸的狂风，震耳的雷声和吓人的闪电，这一切都让我无法忍受。我觉得房间的墙壁紧紧箍着我，房顶死死压着我。我要打开窗户，让冰冷的雨点打在我的脸上，让狂风吹进我的心里。我要看一看和我一样抽搐与狂叫的暴风骤雨。唉，当初为什么没人跟我说过我会遭此不幸呢？……这些残忍的人为什么要把我从修道院里接出来呢？为什么他们不把我留在卡塔尼亚，在远离亲人、无人护理的情况下死于霍乱呢？

……

噢！……别讲话！……玛丽安娜，你听！……你听见了吗？……我觉得窗户外面，除了风雨和雷声之外，还有人走路……是他！是的，是他！我的心激烈地跳动，快要跳出心窝了！我双手抱着头，因为我好像觉得头上有什么东西要离开我似的。这是他！他来干什么？他想干什么？他敲了几下窗户……天哪，我的天哪！还是让我死去，让我离开人世吧！他跟我说再见！他，他！我，我！……上帝啊，我怎么啦？……我突然急促地咳嗽起来……这就是我与他的告别……他听见了吗？……他已经走了……我觉得我支持不住了……天哪，要是他们发现我死在这里，手里还拿着这封信，那简直是天大的羞耻！

十二月三十日

上帝怜悯我，使我又睁开了眼睛。房门还关着，上一封信还在我手里拿着，谁也没有看见它。阳光已穿过窗户遮光板的缝隙射进小屋，鸟儿叽叽喳喳地在窗户台上欢叫……太阳出来了！多么可怕的消息！暴风雨呢？……暴风雨停了吗？……

我跳下床来……两腿发软，站立不稳……再说我也没有勇气去打开窗户，看看他……

上帝啊，愿你的旨意得以成全！

一切都完了，我看见了那幢房子，里面已毫无生息，窗户紧闭着，冷冷清清，凄凉荒芜，叫人看了心酸。

苍天啊，你曾看见我们的住房相邻吗？ 大树啊，你曾看见我们在浓密的树阴下散步吗？ 大山啊，你还记得我们在山岗上游玩吗？现在我被撇下了，多么孤独，多么悲伤！ ……

他走了！ 他走了！

我在窗前松软的泥土和残存的雪地上看见了他留下的脚印……这是他昨晚的脚印！ ……他的脚站在那里，他的手扶在窗台上……他在这儿站过，他呼吸过这里的空气！ 我现在看到的一切，都可以为此作证！ ……然而现在他不在这儿了……他走了！

我在窗户台儿上拾到一朵干枯的玫瑰，就是他从我手中抢去的，或者说是我让他抢去的那朵玫瑰。 雨水已把它淋湿了。 这是一个纪念物，我把它放在心窝上……当我削发正式做修女时，我将把这朵玫瑰连同剪下来的头发一起寄给我的妹妹……

十二月三十一日

今天是我们住在伊里切山的最后一天，明天上午就要动身回卡塔尼亚去了。 如果路过马斯加鲁齐亚，我一定去看你。

这里的一切叫人看了都感到伤心！ 天空阴沉，气候寒冷，山谷上空笼罩着云雾，山岗上覆盖着白雪，树木光秃秃的，鸟儿灰溜溜的，连太阳也是惨白的。 乌鸦成群结队地乱叫着，在空中盘旋，农民们也蜷缩着身子围在火堆旁取暖。

我们家里人也不愿再在这里住下去了。 现在雨季到了，霍乱已经过去，爸爸盼望着早些离开这里。 天气好时，我老是靠在窗户台上，望着天空发愣，不知想些什么。

天哪！ 这就是死亡的形象……大自然的死亡和人的死亡……还有那朵玫瑰花的死亡，都是死亡。……

你想想看，这里曾经那么美丽，我在这里曾经过得那么愉快！

我已顺从上帝了，顺从神意了。 我明白了，只有呆在修道院的那间宿舍里，跪在那个十字架前，我才会得到安宁，而世俗生活中的各种愉快终将给我留下痛苦的回忆！……

然而，在我离开这使我饱受欢乐与痛苦的地方的时候，我的心里还是感到失去了什么。 每看一样东西我都这么想：明天我再也看不到它了！ 今天傍晚我最后一次去树林里散步，最后一次在那个墙头上坐了一会儿。 我仔细观察对面那间小草屋，并站在窗户前以一种难于表达的悲痛心情看了看外面的树木、山崖和天空中的晚霞……我和它们一一告别，甚至和我头顶上屋檐下伸出的一块长满青苔的石块告别。 它们的样子也很悲伤，好像依依不舍地在和我们告别……我和它们则是永别！ 等到明年，这些沉静而又忧伤的山林将又会春光明媚，鸟语花香，村姑们又会唱着歌儿回到葡萄园里劳动，云雀们又会回到天空为她们伴唱，我们家里的其他人也将回到这里来……他们还会见到这美丽的地方……我不会回来了！ 我将被关在遥远的修道院里……永远地关在那里。

我又看到了那幢房子……那幢被遗弃在山谷里的房子，它好像在哭泣，好像感到害怕，感到孤独，感到寒冷，感到寂寞。 我最后一次地关上窗户，注视着阳光从玻璃窗上渐渐消失，星星一个个地在天空中出现。 在这离别之夜，烛光映照在墙壁上，好像赋予它另外一种面貌。 这张床，这个十字架，这些家具，这些小摆设，变得都很多情，它们都悲痛地与我告别……我也觉得悲伤……我终于哭了，因为只有这样我才感到轻松一些。

一八五五年一月七日

亲爱的玛丽安娜，让你白等我了。我们没有走马斯加鲁齐亚，因为走那里要绕好大一段路，加上那天天气也不好。然而，我却非常想见到你！……昨天晚上我们已回到卡塔尼亚了，明天我就要进修道院去。

我们从伊利切山出发时已经快十点钟了，眼看就要下雨，因为东西都收拾好了，妈妈说什么也不愿再打开行李和箱子了。倒也是，住在这里还有什么意思？天气也好像在撵我们走。话虽这么说，当我迈出门时，心里还是感到烦闷。我最后一次看了看各个房间，看了看场院、草屋、围墙、栗树林和房顶上的栗树枝。我拥抱了我房间里的墙壁和家具，并又一次打开窗户，听听百叶窗发出的悲泣声。我围着房子转了一圈，想从外面看看我房间的那扇窗户（因为他从外面看过它），并看看他在窗外站立过的那块地方……

朱蒂塔和吉吉，还有爸爸、妈妈，大家的心情都很高兴。哨兵高兴得欢蹦乱跳，可怜的牲畜还不知道我们就要离开它了。庄户妻子领着孩子们给我们道别，祝我们一路平安。一只冻得发抖的小鸟这时也飞到栗树的秃枝上叫起来，像是和我们告别。

我们徒步走到谷底，从那儿骑小毛驴到特雷卡斯塔尼，因为这里的山地只能骑马、骑驴。我们一边走一边不时回头，与渐渐远离的那些地方告别。走到谷底要拐弯的地方，我们从那幢房子的附近经过……我真不敢仔细看它，然而它的外表却深深留在我的脑海里：它的窗户装着绿色遮光板，窗上有块玻璃已经碎裂；窗户台上放茉莉花的地方只剩下一块潮湿的痕迹，门前种的那株葡萄，干枯的树枝已被狂风折断，乱七八糟地抛在地上；大门前的场院上还散落着许多玻璃碎片，一些被雨水淋湿的书信和报纸的碎片被大风吹得乱飞；他的坏烟斗也遗忘在窗户台上。这一切都告诉我们，"他走了！他离开了我们！这里只剩下我们了！"

那条路是他上我们家的必经之路,他在上面不知走过了多少遍! ……从那个地方穿过栗树林向上看,就可以瞧见我们的那幢房子,他一定看过多次! ……这些长满青苔的山石,他的眼看过多少遍啊! 他也许还坐在上面休息过,他的狗也许就卧在他的脚旁……

玛丽安娜,真是触景生情呀! 我哪有勇气再看下去?!

我们骑驴一直骑到特雷卡斯塔尼,然后换乘汽车。 哨兵拼命和我们亲热,想让我们把它带走。 我有什么办法呢? 我使劲抚摸它。 看见庄户给它套上锁链,拖着它离开时,我几乎流出了眼泪。

我转过身最后看一眼伊里切山,我们住过的房子和庄户的小草屋和葡萄园都看不见了,在云雾笼罩着山谷、白雪覆盖着山岗的画面上,只有栗树林还留下了一块黑色的斑点。

我们乘上汽车启程了。

进到城里后,我的心情变得非常愉快,望见马路上走过的每一个男人,都觉得是看见了他……我真不害臊! ……当我看见路上有一伙人时,就忍不住要把头探到车窗外面,看看他是不是在人丛里,我焦急地非要看个究竟不可……汽车一闪而过,我的心里就觉得难过起来,好像就是因为没有时间才没有在那群人中间发现他。 瓦棱蒂尼一家住在什么地方? 我多次想问都没敢开口。 卡塔尼亚这么大,不是伊里切山区! 那儿谁都知道谁住在什么地方。 这里的街道数也数不清,阴森森的,街上的行人也好似愁容满面。 我们终于到家了,到了我继母的家,在这个四扇墙壁围住的小天地里,我觉得自己简直是个外人。

瓦棱蒂尼一家知道我们回来了吗? 他们会来看望我们吗? 我会不会在街上碰见他呢? ……天哪,我们这条街上怎么没有一个行人? 人们为什么不上这里来走动? 他……或许他会……此时此刻谁知他在什么地方散步呢? 我最好还是别待在窗户旁张望! ……

继母对我说，明天要我回修道院去。她以为这个消息会使我得到安慰，哪里知道这个消息却吓得我心惊肉跳……

我不再想什么了……只好听天由命……那里是我的归宿。上帝将宽恕我，将消除我心中的痛苦，使我的心再不胡思乱想。

我就要见到久别的宿舍、宿舍里的十字架和花儿，就要见到教堂和同学……就是见不到你了，你不回修道院去了！……让我们顺从天主的旨意吧！……你有时间还来修道院看望你这个不幸的女友吗？……谁知将来我还能不能给你写信，向你诉说衷情呢？……

再见吧，再见！

一月九日于卡塔尼亚

我只给你写一行字，它可能是我写给你的最后一封信。马车已在门口等着，爸爸、妈妈、吉吉和朱蒂塔都穿好了节日的盛装，准备给我送行。

我哭了。现在我要擦干眼泪，最后再呼吸一下这自由的空气。

瓦棱蒂尼一家曾来和我告别……然而他却没有一起来！他们和我拥抱。我和安内塔哭得像个泪人儿！

我该下楼上车了。再过二十分钟这种生活就要结束了！

我该和你告别了……再见！我的心难受得快要碎了！

一月十日

我想这个月结束之前再给你写封信。你可能以为我很痛苦，很不幸。然而，在修道院里，跪在祭台下面，在庄严的宗教仪式中，如果说我还没有得到安宁，但我的心却平静下来了。

当我走进修道院，听见背后大门关上的声音时，我的确感到一种无法克制的恐惧。 我觉得在这些走廊里,在死一般的沉静和单调的祈祷声中,空气突然稀薄了,光线突然暗淡了。 这里的气氛使人感到忧郁和恐惧:在神台上微弱灯光的照射下,穿着黑衫的人像幽灵一样静悄悄地来回走动,既听不见他们讲话,也听不见他们走路的声音;庭院里的花木萎靡不振;阳光也难于透过窗户上的毛玻璃射进室内。 还有那铁栏杆、黑帷幕,一切都令人忧郁、恐惧。 外面热闹非凡,然而任何欢乐的声音碰到修道院的围墙便告消逝。 外面能传进来的声音微乎其微,打不破院内的沉静。 我生活在这里,虽然有几十位同学,却感到异常寂寞。

现在家庭的欢乐我也得不到了。 我只能在光线暗淡的会客厅里,隔着双层栏杆并且和其他许许多多人一起与家人会面。 会面时即使我们伸出胳膊,也难于互相够着。 亲人之间的情谊完全隔断了,彼此都成了幻影。 每到这个时刻我会产生这样的疑问:那是我和蔼可亲的父亲吗? 那是和我一起玩耍的朱蒂塔吗? 那是活泼可爱、无忧无虑的吉吉吗? 这会儿一个个都板着面孔,冷冷淡淡,满脸愁容。 他们站在栏杆那边望着我的那副神态,活像在观看坟墓里的僵尸在走动和说话一样。

然而,这些牺牲和严格的制度,都是为了磨炼我们的心灵,使之不受尘世的引诱,使它得以陶冶,使它得到安宁,让它只想到上帝,只想到唯有这样才能缩短我们在这尘世的一生。 我已做了忏悔,我毫无保留地讲出了一切! 仁慈的神父可怜我这个不幸的病人,他安慰我,开导我,帮我把那个恶魔赶出我的心窝。 我觉得思想超脱了,心情平静了,我没辜负上帝的怜悯。

明天即将开始我的见习期了。 因为我身体不好,他们推迟了几天。 我在伊里切山害了那场大病,一直没有完全康复。 每隔两三天都要发一次烧,并且咳嗽得很厉害。 但是上帝会给我力量来经受见习期的考验。从今以后我们见面的机会更少了,我再也不能给你写信了,因为我以后很少能见到那个善良的替我传递信件的勤务工修女菲洛门娜。

我再也见不到我爸爸了!让天主的旨意得到成全吧!

玛丽安娜,替我祈祷上帝,求上帝保佑我平静地度过见习期吧!

一月三十日于修道院

我度过了见习期,由于健康欠佳免去了考试。我经常发烧、咳嗽,身体极度虚弱,做一点小事也会感到疲劳。然而我的心情平静了,这是上帝赐给我的最大幸福。当我偶尔感到自己感情脆弱,偶尔受到外界的引诱时,我便跪到圣坛下祈祷,或者整夜跪在唱诗班专用圣堂的冰凉的地板上,用饥饿和忏悔来磨炼自己。当精力消耗殆尽、肉体驯服之时,引诱即被克制,平静得以恢复。

这一年是对我的严峻考验,但仁慈的上帝帮我度过了难关。去年夏天霍乱开始流行时,我陪家里人进山去躲避,当时曾有被遗弃的感觉……我曾站在凉台上,眺望我和他们一起住过的那个地方……唉,那地方多漂亮呀!……我想了许多,还流了泪。的确,我有时还觉得自己意志薄弱,但最后还是战胜了感情的冲动。

这里的一切都是为了使我性情内向,心灵超脱。只要不是与上帝有关,我就应该不讲、不看、不听。但是,当我跪在十字架前,当外界的引诱又向我进攻时……我又想到我们那幢房子,想到那里的田野,想到那间草房,想到庄户妻子在火炉上烧汤,我不禁自己问自己:"这个抱着孩子的农妇,她不像我这样胡思乱想,不像我这样担惊受怕,不像我这样悔恨莫及,她的灵魂难道不比我这颗受尽折磨仍不停反抗的心灵距离上帝更近吗?"

那里的山岗、树林和天空，多少次在我的脑海里闪现呢！……多少次我自言自语地说："他们现在也许正一起坐在栗子树下聊天"，"他们现在也许正在葡萄园里散步"，"哨兵在叫，小鸟儿在屋檐下唱歌吧！"……我常常惊异地发现，自己激动得满脸泪痕。

还有一个想法老是缠着我……一个幻影老是出现在我的眼前……站在十字架下，夹杂在来做弥撒的人群之中，站在我的床边或者躲在祭坛绿色帷幕的后面！它好像紧紧抓住我的头发，让我无法祈祷，迫使我哭泣，迫使我胡言乱语。

有时我觉得自己真像个疯子。如果我真的疯了倒要感谢上帝，因为精神病人是无罪的……每到礼拜天，我都好像觉得他在来教堂做弥撒的人群中……我赶忙划十字，惊恐地跑到忏悔神父面前跪下哭诉。仁慈的神父尽力安慰我，鼓励我进行忏悔，以消除我心灵上的污点。然而这些忏悔对我都无效，因为我是个无法挽救的罪人……

他可能到教堂里来过，至少来过一次……来做弥撒，但未抬头看唱诗班……只露了一下脸……他可能不知道我在唱诗班里，他连看都没看我一眼！

天哪！他多么无情！玛丽安娜，请你宽恕我……你看我的罪过多大！我多么不幸啊！……这是魔鬼趁我毫无戒备时突然向我袭击！……

有多少次，当我祈求上帝让我摆脱这种烦恼时，我的眼睛还直往教堂下面张望，看看他是否在那里，是否在下面的人群中！我的嘴巴渐渐停止了祷告……我的心里只想着他！……我在梦幻之中，梦见我在田野里奔跑！梦见听到他走路的声音，敲窗户的声音；梦见我们抬头望着星空，我的手抚摸他那猎犬的头时碰着了他的手；梦见他叫我名字"玛丽亚"，而这声音好像是从天外传来的一样……

啊，天哪！ 我经受不起这引诱，我很脆弱……但是我要斗争，我要防卫……上帝啊！ 我没有过错！ 这引诱比我强大，比我的意志强大，比我的悔悟之心强大，比我的信仰强大。

你写信告诉我说，你很幸福，你在修道院外过得也很愉快。 玛丽安娜，感谢上帝吧，上帝保佑你母亲，上帝没让你出生在贫困的家庭里，上帝没有让你蒙受我这样的痛苦，上帝使你性格坚强，秉性温顺，身体健康。

我命该受罪，除非我的肉体毁灭。 这就是我为什么要虔诚地祈祷上帝让我离开人世，可是尘世却死死地抓住我不放……

现在我又回到善良的非洛门娜修女这里来住了。 她同情我，不忍心看着我遭受痛苦，愿意传递我们之间的信件。 在修女庄严的宣誓仪式之前，我将再给你写几封信。 你也许会赶来参加宣誓仪式，对吗？

前来参加仪式的亲友将站在铁栏杆的外边，我将在香烟缭绕的气氛和管风琴的伴奏乐曲声中与他们告别。 愿亲友们能鼓励我勇敢地迈出这一步，因为我性情懦弱。 当剪刀放到头上削短我的头发时，我希望看到你和我爸爸、妹妹、吉吉以及安内塔等亲友们鼓励我的目光。

我害怕，玛丽安娜，我害怕……我害怕剪刀……我害怕那即将来临的时刻！……

我怕他……我怕他那天会上教堂来！ ……天哪，他可别来！上帝啊！我是个懦弱的人！ 可怜可怜我吧！

你和我父亲、朱蒂塔、我弟弟、我妈妈、安内塔以及瓦棱蒂尼夫妇一起来吧……

上帝啊，让你的旨意得到成全吧！

一八五五年二月八日

玛丽安娜，玛丽安娜！我自以为经受住了痛苦的考验，然而，痛苦却仍旧控制着我，摧残着我，使我变得比以前更加脆弱，更加可怜，天哪，我为什么这样痛苦！……

玛丽安娜，我听说了！……你绝对想象不到我听说了什么！……我又病了两个星期，今天才坐起来给你写信，向你哭诉。

我心里究竟有什么事使我感到痛苦、难受，使我不能摆脱生活琐事而超脱呢？……

他们可以不必告诉我……这些人真无情！……不，不是他们无情！是我太软弱，我有罪！是上帝惩罚我。

尼诺先生要娶我妹妹了，你知道吗？……他们来告诉我这个好消息！……他们的结合是门当户对，两人都很有钱……朱蒂塔很满意，很幸福……我没有勇气要求他们不来这里进行礼节性的拜访……因为他也要跟着来……我觉得自己缺乏做出这一牺牲的勇气，这将置我于死地。

他呢……他有这个勇气吗？……

我只好祈祷上帝……为我自己祷告……也为他祷告……我将尽力克制自己，并衷心地祈求上帝赐给我们两人勇气去经受这次残酷的考验。我痛哭流涕，流尽了最后一滴眼泪。

我的心要碎了，我的头要裂了，我一点精力也没有了，我只想请求上帝让我免受这次痛苦……

愿上帝的旨意得以成全！

二月二十七日

赞美上帝吧！我经受了这次考验。我曾痛不欲生……然而现在好了……一切都过去了。

那天，所有的见习修女，院长嬷嬷和见习期神父都出席了这次拜会。我们在会见室后面的大厅里等候,我坐在院长嬷嬷和神父中间。他们在约定的时间准时到达了,我听见他们的马车在大门前停下,听见他们走上台阶、走近栏杆的脚步声……我摇摇晃晃地站起身来……什么也看不见……只听见铃声唤我……神师拉开帷幕,我扶着幕布,跪到木板凳上。我模模糊糊看见栏杆外面挤满了人……他们可能没看见我,因为里面的光线很暗。外面乱哄哄的,过了片刻,我才听清他们讲话。继母在说……爸爸也在说……朱蒂塔没讲话……他也没讲话……我妹妹穿着一身玫瑰色的衣服,戴着玫瑰色的帽子,神态非常高兴。他坐在她旁边,一只手拿着礼帽,另一只手抚摸着帽子……我没有哭……但我觉得那是在做梦……真奇怪,我一点也不感到痛苦……最后他们站起身来……父亲和我告别,妈妈向我笑了笑,朱蒂塔做了个吻我的手势,吉吉向我要圣饼吃……他欠身鞠了一躬,然后我望着他们走出去……他走在朱蒂塔身旁,过门槛时忙用手搀扶着她……大门关上了,脚步声渐渐远去了……一切声音都听不见了。马车走后这里又恢复了寂静。寂静!……寂静!……孤苦伶仃地剩下了我自己。

二月二十八日午夜

过一个月我就要戴头巾做修女了。各种准备工作都在紧张地进行。大家对我都很关怀,爸爸、妈妈每天都来看我。他们要大肆庆祝这一天,请了乐队,准备了礼花,还邀请了许多客人。爸爸好像很高兴,因为用他的话说,我要"立志"①了。朱蒂塔也来看过我几次。美满的姻缘使她变得更加漂亮了!愿上帝保佑她吧!

---

① 天主教内的一种宗教活动。在一定的时期内,避开"俗务",进行宗教静修。活动方式一般为教徒听神父讲道和个人静思。

玛丽安娜，你也订婚了？ 你写信告诉我说你很幸福。 但愿如此！ 希望你在幸福之余别忘了你可怜的女友，她现在比任何时候都更需要你的友谊。 请你有时间常来看我。 你知道，在我见到亲人那短暂而又不寻常的时刻里我有多么高兴啊！ 你知道，拜访被囚禁的人是一个信徒的功德！

　　你有了爱人，你很幸福，请你告诉我，我妹妹感到高兴、愉快和幸福的是什么呢？ 当他伴随着自己的爱人，既不担心又不受怕，幸福地接受众人的祝贺和爱抚时，她的心里有怎样的感受呢？ 当她想到他是她的，他属于她，她时时刻刻都能见到他，听见他的声音，挎着他的胳膊，对着他耳朵告诉他自己的想法，称呼他的名字，等将来有朝一日有了孩子后，教育孩子爱他并祈祷上帝保佑他……当她想到这些时，她感到什么呢？ 我想这就是幸福，这就是最大的幸福吧！ 天主赐给人们这种幸福是多么慷慨啊！

　　听说他们礼拜日将要结婚……愿上帝保佑他们！

三月十日

　　玛丽安娜，我深夜在宿舍里给你写信，时刻担心这盏小灯会被外面的人发现，担心通过书信同你谈心这样一点点自我安慰也会被剥夺。 玛丽安娜，今天太可怕了！ 我的痛苦难道没有尽头吗？

　　我孤单寂寞，冻得发抖。 周围一片沉静，只有钟摆摆动的声音，好像有个幽灵在宽敞而昏暗的走廊里来回踱步。 白天我一整天都跪在唱诗班专用圣堂里祈祷，在天主的面前哭诉。 我现在精疲力竭，再也支持不住了，然而我的心情却稍稍平静了。

　　今天是礼拜日！ 你知道这意味着什么……用不着我多说……今天他们给我送来了喜酒。

　　难道他们忘了我是个病人？ 忘了我不能喝酒吗？ 他们怎么想

起来给我送这东西呢？今天是他们大喜的日子，大家都很愉快，都怪我是个多病多愁的女人，这对我不会是什么喜事！

　　昨天晚上我一夜都未合眼……他们可能也通宵未眠，盼望着大喜日子的来临……憧憬着盛开的鲜花，节日的盛装，拥挤的人群和一张张笑容可掬的面孔……

　　我也看到了，或者说我也梦见了这些东西。我看见朱蒂塔身穿漂亮的结婚礼服，面罩白色的薄纱，头戴花冠……

　　他呢……他把胳膊伸给她，笑容满面地望着她……在亲友们的簇拥之下，走进了教堂……祭坛上灯火辉煌，管风琴奏着欢快的乐曲……然后他们双双跪下，请天主为他们美满的婚姻作证。

　　仁慈的上帝也许让他忘却了那天晚上他拉着我的手对我讲的那席话，忘却了天空中的群星，也忘却了他深夜冒着狂风暴雨来和我告别，他急骤地敲打窗户和我突然一阵急促的咳嗽……

　　我也忘掉了这一切……我要忘掉这一切……

　　一切都成为往事……一切都完了……

　　玛丽安娜，你看我同命运已经妥协了，上帝怜悯我了！……明天我要认真准备过好自己宗教生涯上决定性的一关。我将不再给你写信了，我再也不会见到任何亲人了，即使是我父亲也见不到了！我痛苦万分。

　　那两个幸福的人在极度幸福之中会不会有时想到我这个可怜的人，想到我孤苦伶仃地在这里苦度余生呢？

　　你来参加我的宣誓仪式吗？……仪式将于四月六日礼拜日举行。你看，也是在礼拜日……不过，那是一个令人伤心的礼拜日！……你来吗？再见，我等着你！别了！

　　你不觉得"别了"这个词叫人悲伤吗？

三月二十九日，礼拜日，午夜

我急急忙忙地给你写一行字提醒你，我等着你，我需要你，需要你们都来，我需要力量和勇气。

他们已经把头巾、鲜花和新衣都送来了。这是一件供新娘穿的漂亮的礼服。最后的准备工作正在进行，明天就到日子了……

修道院现在也非常热闹，大家都很高兴！对我们这些被囚禁的不幸的修女来说，这是大喜的日子。修道院这个众人家只有在打开大门接受新的牺牲品时才会这样热闹一番。

今天是四月以来的头一个好天。前几天一直是阴雨天，今天出了太阳。我上凉台上去了一趟，最后再领受一次生活的气息。

玛丽安娜，我在凉台上看见了好多东西！看见了田野，看见了大海，看见了林立的高楼大厦，看见了远处的埃特纳火山……它们的样子好像都很忧伤……

我想再看一眼伊里切山，再看一眼我们那幢房子和栗树林……可惜看不见它们……我永远也不会再看见它们了……我觉得心情非常沉重！

大街上传来一阵阵嘈杂的声音，有马车声，汽车声，人们讲话、干活和走路的声音……这些人都有自己的事情，都有自己的喜怒哀乐，他们为自己的生活而奔走和干活……那些空中飞翔的小鸟……

明天，或者说再过几个小时，只消一句话，一句誓词，就会在我和这种生活之间筑起一道不可逾越的墙壁，出现一道不可逾越的深渊……

这一夜叫我真难熬！……如果你也在这里陪着我，该有多好啊！……

我害怕！……

上帝啊，救救我吧！

　　　　　　　　　　　　　　　　　　四月五日，礼拜六

好姐姐，你听见过坟墓里的死人讲话吗？我现在就是个死人：你那可怜的玛丽亚已经死了。我被安放到灵床上，盖上了罩尸布，合唱队为我唱完了安灵歌，钟楼上敲过了丧钟……我觉得我的肢体已经僵硬，然而我的心里却感到悲伤。在我和人世、大自然及生命之间有某种东西比压在我身上的墓碑还沉重，比埋葬我的坟墓还沉静。

在生命旺盛的时期死去，在感情冲动之中死去，灵魂死了肉体尚存，精神死了物质尚存，这是多么悲惨的景象啊！

我像大梦初醒的人睁开了眼睛，凝眸看着周围一片黑暗，一片沉静……一切都好像在千里之外。我像做梦那样，望见你在很远很远的地方，是你堕入了深渊，还是我陷入了虚无之境？

我现在想起来，还吓得心惊胆战。我觉得自己躺在宽敞的坟墓里辗转反侧，这一切都好像是梦……我不能老这样做梦，我应该清醒起来。

我参加了隆重的授巾仪式，然而我觉得并不是给我授巾……我反而觉得自己是和别人一起来参加葬礼，参加悲哀的宗教仪式。当乐曲结束、钟声停止、灯火熄灭、神父们收拾圣器、人们准备离开的时候，我也要离开，不必一个人留在这可怕的地方……我看见那些令人悲伤的治丧用品，这难道是给我办丧事？……是我死了吗？……这些穿着节日盛装的人们，不是来祝贺我的吗？这音乐和灯火不是为我演奏和点燃的吗？……我能同意死吗？……我能愿意死吗？

他们给我打扮得像个新娘，戴着面纱、花冠和鲜花，还说我很漂亮。上帝宽恕我吧！……我要这么打扮只是为了他，为了让他看看我很漂亮！……他们把我领到教堂栏杆附近让大家看，你一定看见了我，我却谁也没看见。我只看见火把在烟雾中燃烧，只听见人群中叽叽喳喳的声音和管风琴的伴奏声。后来帷幕放下了，脱下了我的新衣，取掉了面纱和鲜花，给我换上了准备好的黑色长袍。我什么也听不见，什么也看不见，任凭他们摆布，然而我浑身直打哆嗦，上下牙都碰得咯咯作响。我心里想：我妹妹她穿上结婚礼服，大大方方地参加结婚仪式，不像我这样担惊受怕。这时帷幕又拉开了，那些人还站在那里，贪婪地、好奇地听着、望着，我感到莫名其妙的害怕。我的头发被解开了，垂到我紧紧握在一起的手上。有人把它一把抓住，然后只听见一个铁家伙咔哧咔哧……我觉到自己一阵打颤，因为那个冰凉的物体伸进我的脖子，引起了全身寒噤。我不知道他们在干什么。我看见爸爸在哭，他为什么哭呢？看见妈妈、朱蒂塔、吉吉……朱蒂塔身边站着一个人，他面色煞白，睁大双眼望着我。那个冰凉的东西发出的声音很大，盖住了神父的歌声、管风琴奏出的乐曲声和父亲的哭声。我的头发一缕一缕地从头上掉了下来，泪水从我眼里滴落下来……管风琴的乐曲声变得悲哀起来，钟声好像也在哭泣。他们把我抬到担架上，盖上了死人盖过的被子。我身边拥满了穿黑袍的人，他们面色苍白，像幽灵一样毫无表情地望着我，手执火把唱着赞美诗。帷幕又关上了，外面人们的脚步声渐渐远去……他们离开了我……父亲也离开了我……这些幽灵拥抱我，吻我，他们的嘴唇冰凉冰凉的，他们满脸堆着笑，却听不到他们的笑声。

这一切意味着我已经死了！这怎么一下子就平息了我心中沸腾的各种情感，并使我忘掉它们呢？一场仪式，一炉香火，一副担架，一把剪刀，怎么一下就使我内心空虚，情感消失呢？怎么一下子就让我活生生地进入坟墓，丢掉上帝恩赐的空气、阳光、自由、爱情等各种各样的享受呢？……

罪过！罪过！……死后还在犯罪孽！……不过罪过也要死

的。 我的心里已经空虚了，这只不过是生命的垂死挣扎，是心灵在与死亡搏斗。 现在我思考，呻吟，折腾，难过，时间不会很久的。 我这一夜都没有合眼，没有幻想，没有思想。 他们把我怎么啦? 这是我惶恐自问的问题。 入夜以来我一直看见帷幕上方有张面孔……是他的面孔……这张煞白的面孔默默地睁着双眼望着我，剪刀不停地在我头上剪着头发。 我不会哭了，我陷入了虚无之境。

不，这种神秘的、奇怪的仪式并未使我接近上帝……倒把我投入了黑暗，投入了深渊，使我不复存在。 我不知道我心里想什么……正是这种空虚之感使我害怕。

四月七日，礼拜一

我病得很厉害，躺在床上给你写信。 亲爱的玛丽安娜，你想也想象不到我消瘦成什么样了! 望望我这双毫无血色、颤抖不止的手，能看见血液在血管内流动，我太瘦了。 我的心口觉得热呼呼的。

今天我感到好些，能坚持着给你写信。 我想和你聊聊，和你一起回忆那充满朝气和欢乐的日子。 现在我周围的一切都是那样的凄凉，即使我闭上眼睛回忆愉快的往事，我心里也不会感到愉快。 我遭受的痛苦太多了，但上帝始终和我同在。 他们把我送进了诊疗所，这使我更加痛苦。 我的宿舍里虽有许多往事使我伤心，毕竟令人感到亲切! 在这里我觉得一切都很凄凉，因为这里住过的病友虽然离开了，但他们的痛苦却留在这里。 谁知这里死过多少修女啊! ……也许就死在我睡的这张床上! ……当我发着高烧、夜不能寐时，我一想到这，顿时感到毛骨悚然。 走廊里微弱的灯光忽明忽暗，好像有许多头戴黑头巾的幻影在墙壁上飘动，我害怕得忙用被单蒙起了头。 现在我整天哭，想念伊里切山那间小房子，那里的墙壁很了解我，对我十分亲切，室外还有温暖的阳光、新鲜的空气和亲切的面孔……我现在呆在这里很需要别人照料和安慰，然而这里的护士对病人的痛苦却熟视无睹、无动于衷。就是从窗户射进来的阳光也显得苍白、暗淡、毫无生气。愉快的春天来到了，然而它那五彩缤纷的阳光却照不进这个充满痛苦和悲伤的角落。

昨天，有一只白色的蝴蝶飞来落在窗户上。你受天主的恩宠能够见到太阳，呼吸到新鲜空气，你想象不到一个病人看见一只蝴蝶，闻到一股花香，心里会感到多么愉快！我好像看到那只蝴蝶带来了春天的气息、花草的清香、草地的绿茵、云雀的歌唱，我觉得它的到来减轻了病房的痛苦。嗨！那只蝴蝶在窗台上一株野花上停了片刻又飞走了，最后消失在蓝色的天空中……它多么自由，多么快乐！它也许看见了屋内满脸泪痕的苍白的面孔。

为了给你写这封信，我歇了好几次，你想象不到我费了多大的力气。然而写信是我的一大安慰……也是我现在唯一的安慰。我决不放弃和你闲聊的机会，因为只有这时我才会忘记自己的痛苦，忘记自己是待在这间病房里……忘记许多许多往事。现在我身体支持不住了。我已经给你写了一封长信，对吗？对我这样的病人来说，这要算是一封很长的信了。你看这封信要费点劲，因为我的手直哆嗦，字写不清楚。不过你了解我，能猜出我想写什么……还有什么东西没有写出来。

应该感谢上帝让我生了这场病，使我变得迟钝了。我觉得现在还在做梦，不知道自己变成什么样了……当我从梦中醒来时，上帝会赐给我力量和勇气……再见！

五月十五日

玛丽安娜，为什么你们都抛弃了我呢？连我父亲和你也抛弃了我！我孤零零一个人在这里遭受痛苦，在这个既无阳光又见不到亲人的空旷的病房里遭受痛苦。我现在的情形就是铁石心肠的人见了也会产生怜悯。玛丽安娜，我就要死了，你可怜的朋友就要死在这里了，再也见不到你……见不到父亲了！

我原以为身体好些了，盼望着离开这个可怕的地方。然而我的病情恶化了，现在谁也不对我隐瞒我的病势垂危了。

难道我要孤零零地死在这里吗？……

现在是深夜，玛丽安娜，夜晚多么可怕啊！漫长的夜晚好像没有尽头！忽明忽暗的烛光照着十字架，照着模糊不清的挂图。病人在低声呻吟，护士们却睡在沙发上打鼾。我渴得要死，却不敢呼唤护士，因为她们不高兴被人叫醒。昨天夜里极度的口渴使我丧失了理智，我曾想爬到小桌子那边去喝口水，以解口中难忍之渴，然而，刚爬下床，就晕倒在地上，头上摔了个大窟窿，当人们发现我时，我还躺在血泊之中……

黎明来临了，但它显得悲伤，没有光彩。虽然没有带来欢乐，但也不像夜幕降临时那样充满了恐怖和幽灵。现在我想念父亲和家里的人，想念一切能减轻我痛苦的往事，我哭泣，流泪，我的胸都哭疼了。

上帝啊，我果真要死在这里吗？……临死也见不到我的父亲吗？……

玛丽安娜，死亡一定非常可怕！我将孤零零地死去，连个送终的人都没有，想到这点我就觉得害怕……我多么想在临死前见到我父亲啊！在死亡降临的时刻也不让亲人见最后一面，你不认为这太残忍了吗？我现在唯一的安慰是给你写信，现在我还能写，将来不能写了呢？……我多么想让我父亲多少知道一点我在这里遭受的痛苦啊！

给你写信真吃力，每当我觉得精神好些的时候，我就竭尽全力写上两行。我觉得只有写信才能使我意识到我还活着。告诉你，我是在拼命挣扎着给你写信。然而我的手抖得厉害，写下的东西我自己都认不清，我的脑子也很乱，不知道想要说些什么。我写写、停停，总要歇上十次、八次才能写完一封信。

好心的菲洛门娜每天都来看我，给我带来有关你们的消息。她关心不幸的病人，愿上帝赐福予她！对我这颗绝望的心来说，不论是小小的恩惠，还是微不足道的关怀，都是非常宝贵的。我需要人爱，也需要爱人……我更需要爱人，因为我的生命即将结束！

五月二十七日

玛丽安娜，明天就要给我送临终圣体①了！我的病情果真垂危了吗？……

我并不觉得自己就要死了……

上帝啊，愿你的旨意得到成全！窗户外面阳光灿烂，听得见人们在奔走、劳作……一束阳光透过玻璃窗户照射到我的床上……

这束阳光包含着很多东西，包含了阳光沐浴的一切事物，也包含了欢乐、痛苦和亲人……包括他在内！……也包含了待在屋檐下燕窝里沐浴着阳光的燕子……

上帝啊，为什么就不包括我呢？为什么我连父亲都见不到就该死呢？我不该再见他一面吗？我去死，但是我想最后再见我父亲一面……可怜的爸爸，他都不知道我要死了……他们为什么没有告诉他？为什么没有叫他来？他以后会非常痛苦的！

---

① 圣体为天主教的一种宗教仪式。据《圣经》记载，耶稣受难以前与门徒们聚餐，以饼和酒象征自己的身体和血液，分给门徒们吃。因此，基督徒在举行仪式时，由神父把饼"祝圣"后，称它已变成耶稣的身体，称为"圣体"，分给教徒吃，称为"领圣体"，以表示对耶稣的纪念。

这么年轻轻的死去！……我还不满二十一岁呢！

啊，上帝啊！什么时候让我死？让我现在就死吧！这种精神上的垂死挣扎太令人难以忍受了。

六月三日

我做过忏悔了，玛丽安娜，这太可怕了！每一件事都说明我即将走向彼岸，可我却还想念着他！……修女们跪在我的床边为我祈祷时，我却呼唤着他的名字，真是太可怕了！

这场仪式多么悲哀！主祭的铃铛，祭坛的天棚，修女们的火把和歌声，一切都那么悲哀！

永别了！亲人们，爸爸、妹妹、弟弟……还有你，玛丽安娜，永别了！

噢，玛丽安娜，请你告诉他，在我与世长辞的时刻，我还想念着他！

六月四日

玛丽安娜，玛丽安娜！感谢上帝吧！……我没有死……可能还要活下去！

上帝会怜悯我的，会让我重新见到我的亲人的……

他们说我这个意愿也是罪孽，还说我应该服从上帝的安排……天主啊，原谅我的这一意愿吧！我的意志很脆弱，我还是个病人！

六月七日

上帝是宽宏大量的！我不会死了！医生说我的病情好转了……

玛丽安娜，我会活下去！……上帝会让我活下去！我现在还很虚弱……我祈祷上帝，赞美上帝……当我的目光看见窗户玻璃上的阳光闪闪发光时，我感激地落泪了。我觉得流泪能使我心情愉快。

高兴吧，玛丽安娜！

六月十日

我将重新见到我那仁慈的年迈的父亲，重新见到我的亲人，我是多么高兴啊！……我会高兴得流泪！我会感到极大的安慰！……

他们不让我疲劳过度，因此我的信不能写得过长。再说我也没有力气写长信。你可能不知道，你可怜的玛丽亚变成什么样了！……

他们要我安静地休养……可是我无法限制我的思想驰骋于回忆之中，无法限制它幻想令人高兴的事情……有朝一日我将去会客厅里会见你们……想到这里我的心情高兴极了……

会见以后你们还要走的！……还会把我一个人撇在这里……我仍将是孤苦伶仃的一个人！……

六月十三日

感谢上帝吧！我终于见到了我父亲！你知道，为了获得恩准，我多次请求医生和院长嬷嬷，仁慈的医生昨天终于同意我出院了。

昨天天气很好。清晨的空气令人清新，呼吸着这新鲜的空气，我觉得心胸开阔。菲洛门娜搀着我穿过庭院，那里阳光灿烂、百花盛开，而在阴暗、凄凉的病房里我受够了阴冷之苦！院子里的枝叶在微微抖动（因为这里院墙高垒，风刮不进来），脚下的沙子发出沙沙的响声，几只蝴蝶在花丛中追逐嬉戏……的确，这不过是大自然的一个小旮旯，但是你知道，对一个不幸的囚徒来说，这个旮旯是多么不平凡啊！楼上一间宿舍的窗户台儿上一只金丝鸟在愉快地歌唱……那是一只关在笼子里的不幸的小鸟，如果有人懂得它的歌词，一定知道它是在哭泣……这些区区小事许多人都不会去注意它，然而对于见不到田野，见不到森林，远离生活的人来说，它却是快乐的源泉……如果它不足以使你心旷神怡，也能使你心情舒畅。

待在修道院的这个角落里，你如果闭上眼睛，就会暂时忘记自己被关在这里，会以为自己身处充满阳光和空气的欣欣向荣的原野之中……以为自己自由了，然而，当你再睁开眼睛，看到高耸的院墙和关闭的窗户，心里顿时会感到压抑。

你看，我就是这么个人！认为一隅之地、一洞之天和一盆之花，就够我享尽世上的欢乐，因为我没有自由，心中也不去想念修道院外的各种欢乐……倘若我再病倒，再被关进诊疗所去，那么我连这小小庭院和这里的花卉，这美丽的太阳也将见不到了（阳光虽然有时也照进病房，但那里的光线不能使人感到畅快）……

玛丽安娜，我很难向你说明，当我看见敬爱的爸爸在会客厅等候我时，当我颤抖的双手摸着栏杆时，我的心里到底是高兴还是痛苦。善良的父亲见到我气虚体弱，不禁落泪了，吉吉和朱蒂塔也哭了。我身体虚弱，又有心病，遇到一点点小事就会落泪，而这时我便号啕大哭起来。眼泪倒使我心情轻松了些。我想扑到父亲的怀里，可是冷酷无情的栏杆横在我们中间，隔断了几乎不能重新见面而今天相见了的父女之间的情谊……我这才感到修道院是多么可憎！

哭了一阵以后，我父亲详细询问了我的病情，他想强装着高兴来安慰我,但他禁不住在抽泣,有时话也讲不下去,眼泪止不住地滴落到他那灰白的胡须上……看到他这样伤心,我的心里多么难受啊! ……相见本来应该是件高兴的事啊! 你说对吗? 朱蒂塔脸色煞白站在那里,她也哭了。 我仔细望望她,觉得她身上发生了某种变化。 我想扑到她怀里去痛哭一场,又觉得她的情谊反使我感到厌恶。 我两眼噙着泪水看着她,模模糊糊好像看见她的背后还有另一张煞白煞白的面孔……

玛丽安娜,这是我长期生病、身体虚弱引起的幻觉,是魔鬼制造的幻影……上帝啊,救救我吧!

在我与我的亲人相见的神圣时刻里,还有一个与我们的欢乐、痛苦和悲伤毫无关系的修女陪伴着我……你不认为流泪也害怕外人在场吗? ……我的继母也在场,她借口说流泪对我身体不好,禁止我们哭。 这些冷酷无情的事情比起那铁栏杆更令人感到厌恶。

两个小时的会见像流星似的一眨眼就过去了,与我难舍难分的亲人不得不离开我了。 我目送着他们向门口走去。 当他们迈步跨过门槛时,我再也忍受不住了,我的神经快要错乱了,我像疯子一样大声呼唤着爸爸,好像从此我再也不能见到他似的。 我想找个借口再挽留他一会儿,又不知道该怎么说,只好放声大哭起来。 大家都哭了,谁也没找到恰当的话说。 最后爸爸对我说明天再来看我,然后就真离开了。 我听见大门关上了,那关门的声音好长一段时间一直在我脑海中回荡。 我那抽搐的手紧紧抓住铁栏杆,眼睛死死盯着已经关闭了的大门……上帝啊,这离别的时刻多么悲伤啊! 修女们搀着我走到楼上的宿舍里,当大家离去只剩下我一人时,我跪到十字架前痛哭起来。

现在我的心情平静多了,我感谢上帝让我再次见到我的爸爸,请求他宽恕我的这个愿望,宽恕我的这个罪过,因为我已经开始了充满牺牲和痛苦的修女生涯,我宣誓要把自己的全部身心都献给上帝……然而世俗的生活却仍旧以千丝万缕的联系束缚着我。

仁慈的上帝啊! 如果我缺乏勇气切断这些联系,这是我的过错吗?

玛丽安娜,你最近不来看望你这不幸的、生病的朋友吗? 来吧,来吧! 我非常需要见到你!

六月二十四日

我这个修女,满腹牢骚,无病呻吟,秘密与你通信,你会怎么看我呢? 我自我反省时,觉得自己罪过深重、行为卑劣,不知你为什么还要对我表示友好……我的确是罪大恶极,但是我觉得在我的罪过之中,有某种东西比我本身更加强大有力……因此,上帝会宽恕我的。 有时我觉得,如果我不把我内心的痛苦写入信中,它就会大叫大嚷地从我周身的汗毛孔里钻出来……

玛丽安娜,你知道吗? 爱情的诱惑还纠缠着我,像一条毒蛇那样缠着我。 当我讲些无关紧要的事来掩饰它时,它使用那毒牙狠狠咬我,像是要撕碎我的心。 我害怕自己着魔,拼命与魔鬼搏斗,然而它却死死缠住我不放……它完全控制了我! 你明白吗? ……它控制着我! 现在我被疾病折磨得筋疲力尽,已经无力与它斗争了。我不愿死,然而我害怕地狱……因为我坚持罪过! ……

啊,好姐姐,宽恕我吧! ……我的这句话,我的这个想法,连我自己都觉得害怕……我不好再祈求上帝了,因为我不敢再抬起头来望他! ……

上帝啊,我怎么了? 我到底怎么了? ……

我仍旧爱他! 比以往更爱他! 爱得要发疯了……可我是个修女……他是个有妇之夫……是我妹妹的丈夫! 这太可怕了! 太荒

唐了！……我没救了，我该死！……可是我有什么过错呢？……我为什么受到如此残酷的惩罚呢？把我活活关在这坟墓里，使这场爱情变成呓语，变成愤怒！……我不记得以往的幸福时刻，不知道以往的欢乐……我头脑里，我心里，我眼前老有那么一个可怕的幻影，它使我感到痛苦，使我感到愤怒……我老是听到坟墓外面有个声音在呼唤我……你听……玛丽亚，玛丽亚！……这是我过去的俗名……玛丽亚现在已经死了……她浑身在抽搐，四肢冒着冷汗，她觉得魔鬼揪住她的头发，正把她拖向深渊……

想到自己是这些纯洁的少女中唯一的罪人，我越是感到悔恨，便越是装作若无其事！把庄严的宗教仪式变成犯罪的场所！还欺骗上帝！……啊，罪孽！罪孽！……

每个礼拜日我都去做忏悔……可是我不敢吐露那可怕的罪孽！……我编造一些从未犯过的罪过掩盖那讳莫如深的罪孽。我把它深藏在心头，就像一只母狼把狼崽深藏在狼窝里那样。

玛丽安娜，我觉得自己已经疯了……我要揪下头发，我要撕开胸膛，我要像猛兽一样咆哮，我要砸碎那禁锢我的肉体、折磨我的灵魂、刺激我的神经的铁栏杆……

我果真会发疯吗？我怕！……我害怕！我吓得心惊胆战，浑身起鸡皮疙瘩。

我害怕那个被关在疯人房里长达十五年之久的修女阿伽塔。你还记得她那吓人的毫无血色的皮包骨头的面孔吗？你记得她的目光僵直而凶残，干瘦的手上长着长长的指甲，衣服袖子都撕破了，裸露着胳膊，头发也掉光了吗？她衣不遮体，在那间小屋里不停地走来走去，或者抓着铁栏杆像野兽那样向外张望，时而吼叫，时而咬牙切齿！……疯人房绝不能空着，里面的疯子死了应有别的疯子填补空位，你还记得修道院的这个可怕的惯例吗？玛丽安娜，我真害怕上帝有朝一日发善心把修女阿伽塔召唤回去，轮到我去接替她的位置。

我还发烧，我会年纪轻轻地死去。 上帝啊，可别那样惩罚我！ ……我怕，我怕那光秃的头顶，怕那凶狠的眼神，怕那煞白的脸色，怕那咬牙切齿的凶相，怕那双抓着铁栏杆的枯手……我可别变成那个样子！ ……上帝可别那样惩罚我！

现在夜深人静，我的窗户敞开着。 我听到外面有家店铺的老板在和妻子争吵，最后动手打起她来了！ 她真有福！ 她有丈夫！ 街上传来迟归的行人的脚步声，他们一定有自己的家，有自己的亲人，有自己心爱的物品！ ……为什么我要想这些令人伤心的事呢？因为我有病，感情脆弱，因为我是个罪人……噢，这是罪过！ 我不能再想下去了！

我的罪过以各种形式表露出来，你现在感到它的可怕了吧！ 星期天我待在唱诗班专用圣堂里听弥撒，心里非常宁静……我觉得上帝终于可怜并宽恕了我。 我一边祷告，一边偷看教堂下面靠圆柱站着的一个男人，此人的身材、发式与他一样……甚至某些姿态也与他一样。 我真想以自己屈指可数的生命换取他抬头望一望唱诗班。我一直盯着他……有时我觉得那一定是他……于是我的血液一个劲儿地往头上涌。 弥撒结束后，他准备走了，我便请求圣母让他抬头看看圣母像，圣母像就在唱诗班附近，他一抬头我就能看清他的面孔。 可是他未抬头就离开了，我也没能弄清楚那人是否就是他。我一动不动地在原地站了许久，目光凝视着那个人（可能不是他而是个陌生的人）站过的地方。

六月二十八日

我想看见他！ 我要看见他！ 哪怕只见他一面！ 哪怕只看他一

眼！……上帝啊，看看他也是一大罪过吗？仅仅看看他……老远地看看他……隔着百叶窗看看他！不让他发现我，不让他知道我这个为他而离经叛道的人躲在百叶窗后面偷看他……

他们为什么要从我手里把他夺走？为什么把我的尼诺抢走？……他是我的心肝，是我的爱情，是我的幸福……他们是刽子手！这些刽子手们杀死了我的肉体，还要折磨我的灵魂！

啊，我多么爱他！多么爱他啊！我是个修女……我知道自己是修女！那有什么要紧？我爱他！他是我的妹夫……我爱他！这是罪过，是严重违反教规的……我爱他！我爱他！

我要见到他！我想见见他！哪怕看见他以后就去死也可以！我要在钟楼上朝街的窗户旁等他……天天在那里等他……他总会路过那里的……上帝会让他路过那里的……是吗，上帝？

玛丽安娜，这太可怕了！我在胡言乱语，我已不能控制自己……我不知道怎么了……是发烧？……是神经错乱？……是疯了？……

七月五日

我看见他了，玛丽安娜，我看见他了！谢谢上帝，我的愿望实现了！

他和一些朋友一起走着……没有抬头向上看……也许他忘了他的玛丽亚就在这个修道院里……他在伊里切山结识的那个玛丽亚，现在面色苍白、高烧发抖、临近死亡，但心里一直想着他……他没有看见我这对闪闪发光的眼睛！……他有说有笑，嘴里叼着雪茄，他嘴里吐出的阵阵烟雾直向我待的窗户这儿飘来……我看见了他，看见了他的面孔，他的衣服，他走路的姿态，然而我害怕这个抽着烟和自己的朋友说笑的人……难道他不像魔鬼那样可怕吗？……

他拐弯了，消失在拐角处，我再也看不见他了……

街上的行人络绎不绝，有说有笑……然而他不见了！……他在哪儿？上哪儿去了？……回家啦？到我妹妹那儿去了！上他妻子那儿去了！……

啊，我要变成老虎，我要变成魔鬼，把他撕成碎片！我要他像我一样绝望！像我一样悲哀！……

诅咒吧！诅咒我，诅咒他，诅咒所有的人！……上帝啊，你还要我怎样？

七月二十五日

玛丽安娜，请你宽恕我，请所有因为我而受连累的人宽恕我，就像我请仁慈的上帝宽恕我那样。你怎么看待我？怎么看待我？是不是跪在十字架前祈祷、希望用自己的眼泪和祷告消除自己罪过的罪人？

今天我们请来了一位很有名望的布道员，举行了一次盛大的避静活动。教堂里的窗户都挂上了黑窗帘，在昏暗的环境中上帝借布道员的口跟我们讲话。上帝的话多么可怕啊！不，不是因为我的罪过，而是出于良心，我感到内疚，觉得上帝的话可怕。我心里明白，上帝讲的都是仁和爱。

这次布道给我留下了什么印象呢？是害怕，是恐惧，我觉得……上帝很可怕。我看见蓝色的雷电在圣坛上方闪现，听见魔鬼在教堂的圆顶下咬牙切齿，看到蝙蝠展翅在圆拱之间穿梭飞翔。上帝讲了地狱，讲了叛道者……我这一夜都仿佛听见地狱里遭受酷刑的罪人在呻吟、号叫……我觉得害怕，我害怕犯了罪，我担心我的命运。

我现在心烦意乱。上帝是宽宏大量的这种想法已不能使我平静下来……我罪行累累，能够得到上帝的宽恕吗？那个教士列举了各种罪行，但他的话很含糊，我的罪行是否也应遭到雷击，他没有回答这个问题……大概是因为我的罪恶太大，他想回避这个问题吧……

仁慈的上帝啊，我变成什么人了？……难道我已经无权祈求你的保佑？……我犯了罪……受到你的惩罚，我还能听你讲话吗？还能与你选择的修女一起跪在你的脚下祷告吗？

玛丽安娜，这太可怕了！天主也抛弃了我！然而邪恶却告诉我说我是无辜的，我没有过错，上帝会宽恕我的……我为什么不可救药？我犯了什么罪？……

操纵我的那个魔鬼在我心中播下了这些疑虑！

我是个罪人，我害怕，我胆战心惊，我心里充满了悔恨和恐惧。我仍旧爱上帝，我要跪在十字架前哭诉我内心的无限痛苦。

不行，我无权那样做，我是个罪人……

夜晚，夜晚是多么可怕啊！残烛奄奄，忽明忽暗，家具时时在吱吱作响，室外不停地传来尖叫声和分辨不清的响声。你好像听见那可恶的鸟儿在飞驰，又好像来到了坟墓里，听见魔鬼在咬牙，听见地狱里的罪人在嚎叫。这宽敞、安静、黑暗的走廊，下面的那些坟墓，那教堂、灯光、挂图，无一不显得阴森。看到墙上的怪影，看到枕头上躺着的或十字架前伏着的畸形头颅，你会吓得气都不敢喘，你会害怕周围寂静的空间，害怕床上挂的帐子……我非常害怕但又不敢呼唤，因为我怕引起那可怕的回声，怕身上又要起鸡皮疙瘩。我现在觉也睡不踏实，老做噩梦，常被惊醒，醒来时还满脸泪水，浑身冷汗。

为什么这次布道那么可怕呢？为什么上帝的话这么可怕呢？……

上帝啊，可怜我这个罪人吧！……可怜我这该死的人吧！……

八月五日

谢谢天主，我感到了新生，由于你的宽恕，我感到心里洁净了。我痛哭、恳求，终于感动了你。现在我平静了，安宁了。我什么也不去想，只愿意与上帝同在。我们的思想就是邪恶，就是妖魔。玛丽安娜，我不再给你写信了，因为要写信就要动脑子思考。我不愿再思念你，不愿思念我父亲，不愿意思念任何人！……原谅我吧，亲友们……头脑是最危险的东西……如果我们能把头脑去掉，我们就会距离上帝更近些！

上帝啊，给我勇气吧！……

我多么想此时此刻死去啊，因为我觉得天使在向我微笑……不，玛丽安娜，这种愿望也是罪孽。上帝安排我们活着，我们就要活下去。我这颗多病的心，固执地不愿待在这个世界上，因为这颗心它既感到高兴又十分内疚，它知道我的病情在日益恶化。

玛丽安娜，我简直变成了一个幽灵！你看我的手，我的脸，我的眼睛成什么样了！我的心口烫得像一盆火。你知道我咳得多么厉害，我已忍受不了病痛的折磨！

玛丽安娜，最好你不要再来看我，谁也别再来看我！我怕人看见我这副狼狈样。幸好我爸爸总是盲目乐观，不知道我的真实病情。

上帝啊，我把自己全部奉献给你，我有病，有缺点，有错误，有罪过，但我对你无限敬爱。上帝啊，可怜可怜我吧！别让我再胡思乱想！我现在唯一的愿望就是时时想念着你，度过我的余生。

八月十七日

上帝啊，为什么你又抛弃了我？

现在我的心里有一种说不出的感觉，觉得自己罪行累累……为自己的过失担心，无时无刻不在担心！

那次避静，那回布道……那可怕的声音老在我头脑里轰鸣！太可怕了！我看见地狱的大门打开着在等待我……我觉得自己像魔鬼撒旦那样遭到了上帝的遗弃……尽管如此，我仍旧爱着尼诺！虽然害怕魔鬼，但心里又禁不住想尼诺。我抬起头来望着圣坛祷告，心里却仍想着他！……地狱、阴魂、烈火、酷刑不断在我脑子里浮现，但这一切挡不住我对他的思念。我为他烦恼……他就是罪孽，就是邪恶，就是魔鬼！……

玛丽安娜，我告诉你出了什么事。那天我正坐在阳台上祈祷台的旁边（就是那个我们曾在上面放了许多花圈的地方），太阳刚刚升起，大街上传来阵阵的嘈杂声和鸟儿喊喊喳喳的叫声，天空很晴朗，海面闪耀着金光，阵阵微风带着清香使我心旷神怡……我想呀，想呀……你看，思想这个恶魔通过各种渠道千方百计地往我头脑里钻！我好像看到那盛开的花朵上布满了晶莹的露珠，看到那烟囱里升起缕缕炊烟，看到广阔的海面上航行的帆船，听到外面鸟儿在歌唱。这是梦吗？不知道。两只蝴蝶在花丛中追逐，一只是白色的，另一只翅膀上长着金黄色的斑点……那只雪白的蝴蝶狡猾地躲在一朵比它翅膀还要洁白的花儿里。那只金色翅膀的蝴蝶用力扑打着翅膀到处寻找；当它飞近那朵白花时，它的翅膀抖动得快极了！它落在花瓣上看了看，也许是笑了笑，便也钻进了花蕊中。它们在讲什么？在那里找什么？它们心里在想什么？它们躲在那里幸福吗？一只美丽的小鸟落在祈祷台顶棚上的小气窗上，敏捷地梳理着翅膀，在旭日的照射下，它那翅膀上的羽毛闪耀着金光。它好像在说："来吧，来吧！"又好像在低头哭泣。谁知它在说什么？可能真是在哭泣。它在等谁？在呼唤谁？……后来它展翅飞走了。它飞向何方？……它是自由的，愿飞向哪里就飞向哪里！墙头上有只蜥蜴懒洋洋地在那里晒太阳，你不知道这小东西有多么高兴！它蜷曲着身躯，摇晃着小脑袋，一双小眼闪闪发光！也许它在赞美这温暖的阳光和树叶上落下来的露珠。谁知道这些在地上爬行的、不引人注目的小蜥蜴有什么幸福和愉快？后来又听到马车声，马铃铛声。你知道那铃铛声多么清脆呀！它使你想到田野，想到草地，想到尘土飞扬的道路，想到花儿朵朵的篱笆，想到在牲口四周跳来跳去的云雀……这是辘轳发出的吱吱声和一个女子欢乐的歌声。她嗓音清脆，唱着一曲感人的民歌。她为什么这样高兴？她在想什么？是想在圣诞节外出旅行吗？是想在礼拜日去做弥撒吗？是想那些打扮得漂漂亮亮拥挤在教堂前广场上的年轻人吗？还是想那熟悉的歌喉再到她家门前来歌唱？

　　所有这一切只有一个涵义，那就是：尼诺，我的尼诺！我用眼光四处搜寻他，终于在离此不远的一幢房子的窗户里看见了他……那是他！就是他！……他嘴里叼着烟斗，胳膊靠在窗台上欣赏着这清晨的风光。啊，我的心，我的心受不了啦！他们好像讲过，妹妹搬到修道院附近来住了，然而上帝可怜我，没让我往这上面多想……现在我看见他了，上帝啊，为什么让我看见他？……他在干什么？想什么？……他看见我了吗？他没看见，他没有往这里看……我穿着黑色衣服，戴着白头巾，两手下垂站在那里，他若注意看，是可以看清楚我的……他心里惦记着什么？啊，他没有看我，叫我多伤心啊！感谢天主让我看见了他……看见了他一个人，可别让我看见妹妹，别让我看见她！

　　尼诺！尼诺！我在这儿！你看见我了吗？你想不起来我了？你怎么记不得我了？我做什么对不起你的事了？哎哟，我的头疼死了！尼诺，你看看我，看我多么苍白，看我病得多么厉害……尼诺，我求你看我一眼！……

他回转身走开了，我看见他的背影，他的衣服晃动一下就消失了……我的感情受不住了，我像一头受伤的野兽，奔到我的宿舍里。我浑身在抽搐着，上帝啊，我多么难过，多么痛苦！我的头疼得要裂开了！……

这一天真是可怕！整整一天我眼里都看见那个幻影，身上感到一阵阵地抽搐。

我快要疯了。我觉得有什么东西紧紧抓着我，把我往凉台上拖……拖回去看那个我只要想一下心里就觉得痛苦的人……我内心里倒真愿意成天望着那个窗户，让痛苦把我折磨死在那里。

我愿想想上帝，然而上帝好像很凶狠。我愿意想想那次布道，然而它好像很残忍。玛丽安娜，你听着我这个罪人讲话吗？因为我犯了罪，不关心自己的灵魂，地狱里的各种酷刑正在摧残着我的心灵……今天晚上大家都在睡觉时，我赤着脚到凉台上去了一趟。因为害怕别的修女听到我的心跳声，我双手按着胸脯，像个幽灵一样悄悄摸了上去。那段路整整走了半个小时，我心里又害怕又要去，一路上思想都在斗争。一点微小的动静都叫我提心吊胆；每经过一间宿舍门口时，我都憋着一口气；每上一个台阶我都要停下来歇一下……但愿这回他能看到我！……当我爬到房顶时，天空中繁星点点……他那个窗户还亮着灯光……这时我心里是什么滋味我也说不清楚。你听我告诉你，我看见什么了……你听后会跟我一样感到难受的……我希望凡是爱我的人都会感到难受……时钟敲过十一点了，那刺耳的钟声好像一把尖刀刺进我的胸膛。街上行人熙熙攘攘，有的在散步，有的在谈笑。凉台上可以清楚地听到附近人们谈话的声音。我睁大眼睛望着那黑暗之中明亮的窗户……过去我晚上看见远处的亮光时,总爱幻想,我努力想象家庭里的种种温暖和愉快(就连那小小的不愉快对我这不幸的人来说也是一种愉快),想象人们坐在灯旁的各种对话……他的窗户灯光明亮,见到这灯光我觉得浑身血液在沸腾……这是他! 是他的家! 是他的生命,他的温情,他的生活,他的家庭。 房间墙壁上裱糊着蓝色大花壁纸,窗户附近摆着一张小沙发,沙发旁边放着一张小桌,上面摆了许多东西看不大清楚,有些东西在灯光下还闪闪发亮……那个祈祷台布置得不能再好了……他摸过那里的一切东西,他在那张沙发椅上不知坐过多少次。 房间里为什么没人呢? ……这房间好像有点令人害怕,也有点使我害怕……房门打开了,一个女人走了进来……是她! ……我妹妹! 她多么漂亮! 她有权动这里的一切东西! 有权坐在那张沙发上! ……她走到窗户前,挡住了灯光……她真狠心,真狠心! ……然后她靠在窗户台上,好像在看我……我害怕被她看见,忙躲到阴暗避光处,躲到祈祷台的后面……我浑身直打哆嗦! 心里怦怦地跳! 过了一会儿,她突然转身去开门,开那扇她进来的房门……是他,是他进来了! 他握了握她的手……吻了一下她的嘴唇……天主啊! 天主! 让我现在就死吧! 让我下地狱也行!

你不知道我多么希望,不,是强烈的要求对自己进行严厉的惩罚……我要把自己撕成碎片,因为我无法伤害别人……我看见他搂抱着她……他就是尼诺! 她就是我妹妹! 我看见他们并排坐在一起,手拉着手在交谈、微笑、亲吻,我知道他们在说些什么。 我能看见他们怎样眉来眼去,别人看不见的我都能看见……因为我的泪水已经哭干,我的心也不再惊慌乱跳,我觉得我就是魔鬼撒旦……我在那里待了差不多一个小时! 我发着高烧,赤着脚,冻得直哆嗦,满怀着焦虑和愤怒的心情在那里看了他们一个小时……我是自寻烦恼要去看他，每天晚上拖着重病的身子，冒着危险去看他……现在看见了！不管怎么样，我看见他了！这些天来，我白天也待在凉台上，太阳晒得我的头和身上发烫，晒得我头晕目眩，这都是为了看他，看着他在室内踱步，别无他求！

痛苦啊，我痛苦死了！！……
八月二十六日

上帝啊，让我死吧！上帝啊，让我死吧！让我死吧！
九月十日

可怜可怜我吧！我实在支持不了啦！
九月十三日

玛丽安娜，我生病了，我心里很怕，头烧得滚烫。我躺在宿舍里都能听见可怜的修女阿伽塔声嘶力竭的叫声。我觉得我也要像她那样大声吼叫，并用手指甲去抠墙上的白灰……

他们为什么把我关到这里来了？我做了什么坏事？为什么装上这些栏杆，挂上这些帘子，加上这些铁栓？他们在为谁祈祷？为什么点了这么多蜡烛？他们为什么一个个脸色煞白，令人可怕？为什么现在又这样黑暗这样安静？我怎么了？上帝啊，我怎么了？

我要走！我要出去！我不要待在这里！我要躲开这地方……玛丽安娜，救救我吧！我感到害怕。我感到愤怒。我要看到阳光，我要到外面去！

玛丽安娜，为什么你也不理睬我了呢？……请你告诉我父亲，让他把我接出这坟墓去；告诉他我要死了，是他们杀死了我；告诉他我会一头撞死在这墙壁上的……告诉他我一定听话,我会爱家里所有的人,我回去当个女仆,让我与狗住在一起也行……只要能待在教堂外面……告诉他我没有做什么对不起他的事……为什么他对我也这么狠心? 谁都不可怜我吗? 谁都不来救我吗? 街上那些心情愉快的行人之中,谁都不会想到这里关着一个不幸的女人,她正在绝望中死去。 请你和我一起大声呼吁,大声呼救! 请你告诉一切能够听到你的声音的人,我是被强行关在这里的,我没做什么坏事,我是无辜的受害者……告诉大家,这里有死神,有死尸的恶臭,有疯子的吼叫……

九月十八日

那疯子,那可怜的疯修女也想逃出去! 他们用铁栏杆把她关在那里……她无法休息,也不能死去……她从早到晚在那个小屋里来回走动……她愤怒,她吼叫…… 可怜的修女,她的处境太可怕了! ……

他们会不会把我和阿伽塔关在一起? ……太可怕了! 简直叫我不寒而栗! ……我真的会变成疯子吗? ! ……

玛丽安娜,我真想从窗户里栽下去! 然而从这里跳不出去,窗户上都装上了铁栏杆……

啊,这是何等的折磨! 何等的酷刑! 要死不能,要自杀不能,要进地狱不能! 我怎么了? 我犯了什么罪? 我向你发誓,我没有罪!

你听我说,我决不再爱他了,我把他从我心里抠出去……我去给他照看孩子……我躲到遥远的地方去……随他的便好了,做什么都行,只要把我从这个地方救出去。

请你告诉他们,当我来到这里当修女时,我不知道他们要我干什么，不知道我将永远关在这里……告诉他们，那时我精神错乱了。 我呆在这里灵魂得不到安宁……我活不长了，我的日子屈指可数了。 为什么他们不让我安静地死去呢？……

九月十八日

昨天医生来看我。 他们干吗要叫医生来？ 医生望着我，他不像平常那样望着我……他摸摸我的脉……我身体很好，我什么病也没有……他向我提了许多许多问题，我不知道他想问什么……这是为什么？ 他们要干什么？ 他们有时望着我，有时又背着我说些什么……出了什么事了？ 他们是不是想吓唬我？……

我告诉医生说，我要离开这个地方，我保证出去以后不捣乱，好好干活，叫我干什么就干什么，只要让我出去就行。 仁慈的大夫微笑着答应了我的一切要求，他那么轻易地应允使我觉得奇怪……

他这是什么意思？ 玛丽安娜，这是什么意思？ ……现在我一个人待在这里，回想这一切好像在做梦……我不知道出了什么事……一定是出了什么可怕的事，非常可怕的事！ ……

是因为我害怕修女阿伽塔的叫声吗？ 这里可以听到她的叫声，她现在又发病了。

今天我一整天都望着那扇门，我到修道院里来经过的那扇门，它上面加了好几道门。 那扇门只有在接纳新的牺牲品时才打开，从来不让人再从这里走出去……我就是从那里进来的！ ……进门之前我是自由的，是我自己迈过门槛走进来的，谁也没拖我，谁也没推我，是我自己进来的！ 天哪，那时我怎么搞的？ 是不是精神不正常？ 是不是睡着了？ 那门外面现在在干什么？ ……跨出这门槛后的心情会是什么样的？ 外面的天空一定非常明朗，外面有尼诺在等我，对吗？

他们不让我老是望着大门。为什么呢？这也不好？他们给我换了地方……我非常听话……他们让我干什么我就干什么……我害怕……我怕他们把我和疯子关在一起……

九月二十四日

尼诺，尼诺！尼诺在哪儿？……我要见他！为什么不让我见他？我只要见他一个人！不见我父亲，不见我弟弟，不见我妹妹……

我妹妹……是她从我手里夺走了他！……她为什么把他抢走了？难道她不知道他是我的吗？为什么我不能见他？……请你告诉他，叫他来搭救我！我和他一起到伊里切山去……躲到栗树林去……像野兽一样远离大家……告诉他，叫他带着他的猎枪来……吓唬这些看守……这里的看守都是女人，怕吓唬，如果她们反抗就打死她们，把我救出去……我在我的宿舍里，我将搂着他脖子欢迎他……哈哈，我这个修女！……

那有什么，修女也要逃！……和他一起私奔……和妹妹的丈夫一起私奔，从妹妹的手里把他抢回来……一起到远方去……走啊，走啊……不停地走！翻过山岗，穿过密林……永远在一起。他们不用害怕，那里听不见修女阿伽塔的叫声，那里天空中的星星在向他们眨眼，那里会下雨，狂风暴雨，他来敲窗户，她咳嗽……他称她"玛丽亚"！……谁叫玛丽亚？我好像认识玛丽亚，她已死了，她逃走了……她上哪儿去了？哎哟，我的头疼死了！……玛丽安娜，你听我说……现在是深夜，大家都睡了，没有人能发现我，我悄悄溜下去，穿过庭院，那里很黑，路上的沙子不会作响的，它们可怜我……走到大门口，那可恶的大门不会让我出去！我求它，跪下来恳求它……我告诉它尼诺在外面等我，我要出去找他……那时大门也会可怜我……它不像修女那样无情，它会让我从钥匙孔里钻出去，我能钻出去……外面有温暖的阳光，新鲜的空气，繁华的街道，拥挤的行人，还有他！……外面可以大声讲话、到处奔跑、放声痛哭、热烈拥抱你爱戴的人……我要逃走，我要悄悄逃走……要是让修女阿伽塔发现了，她会抓住不放的……我去敲他的门，告诉他："我在这儿！我来了！"……他张开双臂拥抱我……"不，不，别这样！这是罪孽！"……我告诉朱蒂塔："我是你姐姐，你可怜的姐姐受够罪了，他们要杀死你姐姐，要把她活活埋进坟墓里，要把她与阿伽塔关在一起……让我留在你这儿吧，我给你当佣人，我不再爱他了……当你睡觉了，不需要看他时，我只要看看他就行，从钥匙孔里看看他就行。"上帝啊，我真幸福！玛丽安娜，我真幸福！天主啊，我感谢你！谢谢！

未署明日期

救命啊！玛丽安娜，救救我！爸爸，救救我！尼诺，尼诺，打死他们！吉吉，朱蒂塔，救救我！他们抓住我，抓住我头发拖我！……救命啊！他们在打我……哎哟！哎哟！我的头发！……哎哟，我的胳膊！……我遍体鳞伤，浑身是血。他们说我疯了，是疯子，是阿伽塔！……

他们要干什么？这些家伙要干什么？为什么抓住我？我没有罪……我没有做过坏事……我要离开这里，我要逃跑……他们都是些死人……是魔鬼……我真害怕！上帝抛弃了我，你可别抛弃我！尼诺，尼诺！你是个勇敢的人，请你救救我！……

妈呀！我一点力气也没有了……他们拖我！把我往哪里拖？天哪，把我拖到哪儿去了？

173

哎呀，这是疯人牢房！是修女阿伽塔的牢房！不，不，千万别拖我进去！我不是疯子！我害怕，我怕！我再不胡思乱想了！我就呆在这外边，我听话，我求求你们！……你们要干吗？……快把我爸爸叫来，把玛丽安娜叫来……他们会告诉你们我不疯！尼诺，尼诺！……你怎么听不见我唤你？……尼诺……我拼命呼唤，又哭又闹，满嘴吐白沫，遍体是伤！……尼诺，救救我！救命啊，救命！！……我要咬人了！我要像野兽一样咬人了！……哎哟……哎哟……不，不，饶了我吧！……不，我不上那儿去……尼诺！……

未署明日期

尊敬的玛丽安娜女士：

不幸的修女玛丽亚——愿上帝使她的灵魂安息吧！——请我将银质小十字架一只和手札若干交给您，现通过我院门房转交。

在做出这个事关良心问题的重大决定之前，我犹豫再三。死者的遗愿对我来说是神圣的，但我们的教规禁止我们在未经院长嬷嬷同意的情况下做出任何决定，即使像这种涉及死者的情况也不例外。我想是圣灵给了我启示，找到了这个既侍奉了上帝又侍奉了亲人的两全齐美的办法。

为了得到院长嬷嬷的同意，我用了个计策，否则是难于办到的。我向她陈述了死者的遗愿，并把死者临终收拾在一起的十字架和手札呈上给她看，好像这几张纸毫无价值，不过是用来包小礼物的。

我不知道那上面写了些什么。然而我担心这些东西如果让人看到了，是决不会允许把它交给外人之手的。从另一方面考虑，如果这东西留在修道院被人发现了，我担心它会损害死者的名声和灵魂。

尊敬的院长嬷嬷考虑到这些都是无用之物,认为不必和神父商量就允许我转交了。因此,我今天很高兴地履行我的义务,又不必为此承担任何责任。

尊敬的夫人,您将原封不动地收到死者留下的这个小包。一共是九页手稿:四页写在蓝色纸上,两页写在信纸上,另有三页写在旧信皮上,都仔细地编有页码。小包用一段黑绳子捆着,内有:

1. 银质小十字架一只;
2. 头发一绺;
3. 玫瑰花枯瓣若干片。

如果我那不幸的朋友在临终的时候未表现出十分珍惜这两三片枯花瓣,我是不会自作主张把这几片花瓣也交给您的,因为我怕您会认为我同您开了个不适宜的玩笑。当她疼痛难忍、浑身抽搐时,她还要吻这几片花瓣,她就是含着这几片枯花瓣断气的。

这个可怜的人在世时受够了磨难,愿上帝减轻她在炼狱中的刑罚吧!

她得到了善终,她是有福的人!

在被误认为疯子的日子里,她那本来就很糟的健康状况受到了致命的打击。上帝啊,那天多么可怕!可怜她遭受了多大的痛苦!虽然她的身体非常虚弱,勉强能站稳,但四个杂役拖她上疯人室去都拖不动她!她那绝望的、非人的叫声至今仍在我耳边回响,她那吓得铁青的面孔泪痕斑斑,惨不忍睹……当杂役打开铁栅栏时,她已经昏死过去了。他们就把她丢在那光秃秃的地板上……上帝宽恕我吧!我想大概只有疯子阿伽塔同情她这个不幸的人,因为她一点也没有伤害这个新伙伴。她眼睛直瞪着她,盘腿坐到她身边,抚摸她,摇晃她,好像要把玛丽亚唤醒一样。当医生到来时,还看见她在呼唤她。医生吩咐把玛丽亚抬到诊疗所去。院长嬷嬷从教会的整体利益考虑，害怕玛丽亚会再次发作。医生安慰大家说，她活不了多久了。

事实上她没活多久……

抬到诊疗所以后，病人苏醒了。您想象不出，当她用那惊恐的目光打量我们时，我们的心里多么难受啊！这可怜的人已经没有一点力气了，她的四肢已经不能动弹。这样过了三天，是她垂死挣扎的三天。她既未翻身，也未开口讲话。人们怎么把她放到床上，她就怎样躺在那里，眼睛睁得很大，身上不停地抽动，嗓子眼里好像堵着一口痰。直到第三天清晨，她用目光告诉我，让我把她的头转向窗户。当她侧着头看见朝霞映红的天空时，她的两眼充满了泪水。

可怜的修女玛丽亚，她已经和一具僵尸差不多了，唯有那双美丽的眼睛还有一点神！她正是用那眼神给我讲了许多事情。在她不幸的一生的最后时刻里，内心的痛苦依旧折磨着她。我把她的头扶起来时，她那样地望着我，使我不禁流下了眼泪。她想抬起手对我表示感激，可惜没有力气，只听她叹息了一声。我抬起她的手，她使劲握了一下我的手，以表示她内心的感激。

十点钟时送来了临终圣体，她非常安详地领了圣体，好像天堂里的所有圣徒和天使都恭敬地围在她的床边一样。她多么有福啊！这一天为她举行了祈祷，她一直都很安详。黄昏时分，她好像呼吸困难了，她不停地流泪，整个面孔都被泪水沾湿了，眼睛也看不清了。有个杂役感动得不禁帮她擦去了脸上的泪水。她动了动嘴唇，好像是召唤我，我俯首听她讲什么，她用尽力气把脸向我靠近一点，对着我耳朵断断续续地讲着她的遗愿。

她的样子十分可怜，嗓子眼里那口痰憋得她喘不过气来。我猜到了她想说什么，快跑去把那个小包取来。当她看见我手中拿的小包时，她像天使那样幸福地微笑了……当她憋得不能喘气时，嘴里还在说："给他！给他！"这就是她临终时讲的胡话。她让我把小包打开给她看，里面有手书、头发、十字架和干花瓣。她吻这些枯花瓣，不停地吻。有一片是她死后我从她嘴唇上取下来的。

然后她的头微微向旁边一歪，轻轻叹了一口气……她好像睡着了……她长眠了。

呜呼，玛丽亚！

她现在是有福之人，见到上帝了，她在为我们这些因她的亡故而悲痛的不幸的罪人向天主祷告。我除了赞美院长嬷嬷和修会之外，还应补充一句：她的葬礼办得非常隆重。在本堂的各个圣坛上都为她举行了弥撒，总共三十多次。举行安魂祭时点了一百多支蜡烛。请您代我向天主祷告，并请您相信我写的这些话。

您最忠实的仆人
修女　菲洛门娜

马恒芸　云霄　译

伊凡·伊里奇之死

[俄] 列夫·托尔斯泰

列夫·托尔斯泰 (Лев Николаевич Толстой 1828—1910)，俄国作家，主要作品有三大长篇小说《战争与和平》《安娜·卡列尼娜》和《复活》等。

本篇写于1884年，是托尔斯泰继《安娜·卡列尼娜》之后的重要作品，一部真正的"死亡小说"。在此之前，"死亡"主题虽然在托尔斯泰的作品中也屡屡出现，但都不是中心主题，而是被当作人的自然生命过程中的一个环节来表现的。这部作品则不然，是以"死亡"为中心主题的。也就是说，"死亡"被置于作品的核心位置，就如法庭上的法官一样，而"生活"则成了被告，在接受"死亡"的审判。这是一场在垂死者的灵魂中进行的、不寻常的审判。在"死亡"的威逼下，主人公的"生活"——家庭、社交、公务、私事、现在、过去——全都成了听候审判的案宗；或者说，成了表现"死亡主题"的材料。

小说的主人公伊凡·伊里奇是一家法院的法官，既非上层贵族，又非下层贫民，可说是个"平常人"。所以，他的生活也很"平常"——活着就是为了积聚一点财产、有个美满的家、过得舒适一点、时而又能满足一下自己的虚荣心，如此而已。这些,他也确实都得到了,因而很满足,甚至还有点沾沾自喜。然而,当有一天他觉得"嘴里有一种怪味,左腹有点不舒服"时,一切都改变了:医生诊断他得了绝症,将不久于人世。起先他还不相信,但随着症状越来越明显,他不得不面对现实,面对行将到来的死亡。于是,在死亡的阴影下,他开始折腾——首先是折腾他的家人(他总觉得周围的一切,包括他的妻子、女儿,都是那么自私、那么冷漠、那么丑恶);其次是折腾他自己(他总觉得自己睡也不好,醒也不好,坐也不好,站也不好,躺也不好,反正觉得没有舒服的时候,甚至连一刻的安宁都没有);最后是,折腾他的内心和灵魂——这一番折腾,终于使他平静了下来:因为他最后想到,他之所以怕死,是因为相信自己活得"很对头",而实际上,他活得"很不对头","一切都不对头",特别是他生病以来,家里全都被他搞乱了,亲人们为他吃尽了苦头——"我把他们害苦了,"他想,"他们真可怜,但等我一死,他们就会好过些。"这时,他恍然大悟:死并不那么可怕!这时,他不但不再怕死,反而想死——"那么死呢?它在哪里?"然而,他没有看到死,只有光。"原来如此!"——于是,他"两腿一伸,死了"。

小说可能有多重主题,但中心主题无疑是"死亡",准确地说,是"死亡的救赎",即:活得"不对头",死就是最好的"纠错"。伊凡·伊里奇活得怎样?小说中说:"伊凡·伊里奇的身世极其普通、极其简单而又极其可怕。"为什么"可怕"?就是因为"普通、简单"。为什么"普通、简单"的生活是"可怕"的?因为这种生活平庸之极、毫无意义,而托尔斯泰无法容忍毫无意义的生活。所以,他让伊凡·伊里奇死了。也就是说,伊凡·伊里奇活着毫无意义,他的死倒是有意义的,因为他停止了无意义的生活。这里,"死亡"其实是希望获得重生或者说"复活"的象征。

我们知道,伊凡·伊里奇的原型是彼得堡的一个法官;关于这个法官临死前的一些情况,托尔斯泰是从朋友那儿听说的。不过,这个原型并不重要,重要的是托尔斯泰把自己的内心世界移植到了伊凡·伊里奇身上。只要看一下他当时写的日记就知道,伊凡·伊里奇其实就是他自己:"重要的是,如果我真是(在某种程度上)按照上帝的意志活着,那么一个疯狂的、病态的世界就不会赞许我这样做。假定他们赞许我,那么我就不再按上帝的意志活着了,而是按世界的意志生活了……""家里的气氛太让我难受了……三年来我不只是痛苦,而简直是没法活……只要我参与了他们的生活,我就弃绝了真理……"显然,伊凡·伊里奇是他的自我写照——至少,从心理上说是如此。换句话说,《伊凡·伊里奇之死》是托尔斯泰的自我忏悔之作。

一

在法院大厦里,当梅尔文斯基案审讯暂停时,法官和检察官都聚集在伊凡·叶果罗维奇·谢贝克办公室里,谈论着闹得满城风雨的克拉索夫案件。费多尔·瓦西里耶维奇情绪激动,认为此案不属本院审理范围;伊凡·叶果罗维奇坚持相反意见;彼得·伊凡内奇一开始就没加入争论,始终不过问这事,而翻阅着刚送来的《公报》。

"诸位！"他说，"伊凡·伊里奇死了。"

"真的吗？"

"喏，您看吧！"他对费多尔·瓦西里耶维奇说，同时把那份散发出油墨味的刚出版的公报递给他。

公报上印着一则带黑框的讣告：

> 普拉斯柯菲雅·费多罗夫娜·高洛文娜沉痛哀告亲友：
> 先夫伊凡·伊里奇·高洛文法官
> 于一八八二年二月四日辞世，
> 兹定于星期五下午一时出殡。

伊凡·伊里奇是在座几位先生的同事，大家都喜欢他。他病了几个星期，据说患的是不治之症。他生病以来职位还给他保留着，但大家早就推测过，他死后将由阿历克谢耶夫接替，而阿列克谢耶夫的位置则将由文尼科夫或施塔别尔接替。因此，一听到伊凡·伊里奇的死讯，办公室里在座的人首先想到的就是，他一死对他们本人和亲友在职位调动和升迁上会有什么影响。

"这下子我很可能弄到施塔别尔或文尼科夫的位置，"费多尔·瓦西里耶维奇想，"这个位置早就说好给我了，而这样一提升，我就可以在车马费之外每年净增加八百卢布收入。"

"这下子我可以申请把内弟从卡卢加调来，"彼得·伊凡内奇想，"妻子一定会很高兴的。如今她可不能再说我不关心她家的人了。"

"我早就想到，他这一病恐怕起不来了，"彼得·伊凡内奇说，"真可怜！"

"他究竟害的是什么病啊？"

"几个医生都说不准。或者说,各有各的说法。我最后一次看见他,还以为他会好起来呢。"

"自从过节以来我就没有去看过他,去是一直想去的。"

"那么,他有财产吗?"

"他妻子手里大概有一点,但很有限。"

"是啊,应该去看看她。他们住得太远。"

"从您那儿去是很远。您到什么地方去都很远。"

"嘿,我住在河对岸,他总是有意见。"彼得·伊凡内奇笑眯眯地瞧着谢贝克说。大家又说了一通城市太大、市内各区距离太远之类的话,然后回到法庭上。

伊凡·伊里奇的死讯使每个人不由得推测,人事上会因此发生什么更动,同时照例使认识他的人都暗自庆幸:"还好,死的是他,不是我。"

"嘿,他死了,可我没有死。"人人都这样想,或者有这样的感觉。伊凡·伊里奇的知交,他的所谓朋友,都同时不由自主地想,这下子他们得遵循习俗,参加丧礼,慰问遗孀了。

费多尔·瓦西里耶维奇和彼得·伊凡内奇是伊凡·伊里奇最知己的朋友。

彼得·伊凡内奇跟伊凡·伊里奇在法学院同过学,自认为受过伊凡·伊里奇的恩惠。

午饭时,彼得·伊凡内奇把伊凡·伊里奇的死讯告诉了妻子,同时讲了争取把内弟调到本区的想法。饭后他不休息,就穿上礼服,乘车到伊凡·伊里奇家去。

伊凡·伊里奇家门口停着一辆自备轿车和两辆出租马车。在前厅衣帽架旁的墙上,靠着带穗子和擦得闪闪发亮的金银饰带的棺盖。两位穿黑衣的太太在这里脱去皮外套。其中一位是伊凡·伊里奇的姐姐,彼得·伊凡内奇认识她;另一位没有见过面。 彼得·伊凡内奇的同事施瓦尔茨从楼上下来,一看见他进门,就站住向他使了个眼色,仿佛说:"伊凡·伊里奇真没出息,咱们可不至于如此。"

施瓦尔茨脸上留着英国式络腮胡子,瘦长的身体穿着礼服,照例表现出一种典雅庄重的气派,但这和他天生的顽皮性格不协调,因此显得很滑稽。 彼得·伊凡内奇心里有这样的感觉。

彼得·伊凡内奇让太太们先走,自己慢吞吞地跟着她们上楼。施瓦尔茨在楼梯顶上站住,没有下来。 彼得·伊凡内奇懂得施瓦尔茨的用意:他想跟他约定,今晚到什么地方去打桥牌。 太太们上楼向孀妇屋里走去;施瓦尔茨却一本正经地抿着厚嘴唇,眼睛里露出戏谑的神气,还挤挤眼向彼得·伊凡内奇示意:死人在右边房间。

彼得·伊凡内奇进去时照例有点困惑,不知做什么好。 但有一点他很清楚,逢到这种场合,画十字总是不会错的。 至于要不要同时鞠躬,他可没有把握,因此选择了折衷办法:他走进屋里,动手画十字,同时微微点头,好像在鞠躬。 在画十字和点头时,他向屋子里偷偷环顾了一下。 有两个年轻人和一个中学生,大概是伊凡·伊里奇的侄儿,一面画十字,一面从屋子里出来。 一个老妇人一动不动地站在那里。 一个眉毛弯得出奇的女人在对她低声说话。 诵经士身穿法衣,精神饱满,神态严峻,大声念着什么,脸上现出神圣不可侵犯的样子,充当餐室侍仆的庄稼汉盖拉西姆蹑手蹑脚地从彼得·伊凡内奇面前走过,把什么东西撒在地板上。 彼得·伊凡内奇一看见这情景,立刻闻到淡淡的腐尸臭。 他上次探望伊凡·伊里奇时,在书房里看到过这个庄稼汉。 当时他在护理伊凡·伊里奇,伊凡·伊里奇特别喜爱他。 彼得·伊凡内奇一直画着十字,向棺材、诵经士和屋角桌上的圣像微微鞠躬。 后来,他觉得十字已画得够了,就停下来打量死人。

死人躺在那里,也像一般死人那样,显得特别沉重,僵硬的四肢陷在棺材衬垫里,脑袋高高地靠在枕头上,蜡黄的前额高高隆起,半秃的两鬓凹进去,高耸的鼻子仿佛压迫着上唇。 和彼得·伊凡内奇上次看见他时相比,他的模样大变了,身体更瘦了,但他的脸也像一般死人那样,比生前好看,显得端庄。 脸上的神态似乎表示,他已尽了责任,而且尽得很周到。 此外,那神态还在责备活人或者提醒他们什么事。 彼得·伊凡内奇却觉得没有什么事需要提醒他,至少没有事跟他有关系。 他心里有点不快,就又匆匆画了个十字——他自己也觉得这个十字画得太快,未免有点失礼——转身往门口走去。 施瓦尔茨宽宽地叉开两腿站在穿堂里等他,双手在背后玩弄着大礼帽。 彼得·伊凡内奇瞧了瞧服饰雅致、模样顽皮可笑的施瓦尔茨,顿时精神振作起来。 他知道施瓦尔茨性格开朗,不会受这里哀伤气氛的影响。 他那副神气仿佛表示:伊凡·伊里奇的丧事绝没有理由破坏他们的例会,也就是说不能妨碍他们今天晚上就拆开一副新牌,在仆人点亮的四支新蜡烛照耀下打牌。 总之,这次丧事不能影响他们今晚快乐的聚会。 他就把这个想法低声告诉从旁边走过的彼得·伊凡内奇,并建议今晚到费多尔·瓦西里耶维奇家打牌。 不过,彼得·伊凡内奇今天显然没有打牌的运气。 普拉斯柯菲雅·费多罗夫娜和几位太太从内室出来了。 她个儿矮胖,尽管她千方百计要自己消瘦,可是肩膀以下的部分却一个劲儿向横里发展。 她穿一身黑衣,头上包一块花边头巾,眉毛像站在棺材旁那个女人一样弯得出奇。 她把她们送到灵堂门口,说:

"马上要做丧事礼拜了,你们请进。"

施瓦尔茨微微点头站住,显得犹豫不决,是不是接受这个邀请。普拉斯柯菲雅·费多罗夫娜认出彼得·伊凡内奇，叹了一口气，走到他跟前，握住他的手说：

"我知道您是伊凡·伊里奇的知心朋友……"她说到这里对他瞧瞧，等待他听了这话后做出相应的反应。

彼得·伊凡内奇知道，既然刚才应该画十字，那么这会儿就得握手，叹气，说一句："真是想不到！"他就这样做了。做了以后，他发觉达到了预期的效果：他感动了，她也感动了。

"现在那边还没有开始，您来一下，我有话要跟您说。"孀妇说，"您扶着我。"

彼得·伊凡内奇伸出手臂挽住她，他们向内室走去。经过施瓦尔茨身边时，施瓦尔茨失望地向彼得·伊凡内奇使了个眼色。"唉，牌打不成了！要是我们另外找到搭档，您可别怪我们。要是您能脱身，五人一起玩也行。"他那淘气的目光仿佛在这说。

彼得·伊凡内奇更深沉更悲伤地叹了口气，普拉斯柯菲雅·费多罗夫娜便感激地捏了捏他的手臂。他们走进灯光暗淡、挂着玫瑰红花布窗帘的客厅，在桌旁坐下来：她坐在沙发上，彼得·伊凡内奇坐在弹簧损坏、凳面凹陷的矮沙发凳上。普拉斯柯菲雅·费多罗夫娜想叫他换一把椅子坐，可是觉得此刻说这些话不得体，就作罢了。彼得·伊凡内奇坐到沙发凳上时，想起伊凡·伊里奇当年装饰这客厅时曾和他商量，最后决定用这种带绿叶的玫瑰红花布做窗帘和沙发套。客厅里摆满家具杂物，孀妇走过时，她那件黑斗篷的黑花边在雕花桌上挂住了。彼得·伊凡内奇欠起身，想帮她解开斗篷，沙发凳一摆脱负担，里面的弹簧立刻蹦起来，往他身上弹。孀妇自己解开斗篷，彼得·伊凡内奇又坐下来，把跳动的弹簧重新压下去。但孀妇没有把斗篷完全解开，彼得·伊凡内奇又欠起身，弹簧又往上蹦，还噔地响了一声。等这一切都过去了，她拿出一块洁净的麻纱手绢,哭起来。 斗篷钩住和沙发凳的弹簧蹦跳这些插曲使彼得·伊凡内奇冷静下来,他皱紧眉头坐着。 这当儿,伊凡·伊里奇的男仆索科洛夫走进来,把这种尴尬局面打破了。 他报告普拉斯柯菲雅·费多罗夫娜,她指定的那块坟地要价两百卢布。 普拉斯柯菲雅·费多罗夫娜止住哭,可怜巴巴地瞟了一眼彼得·伊凡内奇,用法语说她的日子很难过。 彼得·伊凡内奇默默地做了个手势,表示他深信她说的是实话。

"您请抽烟。"她用宽宏大量而又极其悲痛的语气说,然后和索科洛夫谈坟地的价钱。 彼得·伊凡内奇一面吸烟,一面听她怎样详细询问坟地的价格,最后决定买哪一块。 谈完坟地,她又吩咐索科洛夫去请唱诗班。 索科洛夫走了。

"什么事都是我自己料理。"她对彼得·伊凡内奇说,把桌上的照相簿挪到一边。 接着发现烟灰快掉到桌上,连忙把烟灰缸推到彼得·伊凡内奇面前,嘴里说:"要是说我悲伤得不能做事,那未免有点做作。 相反,现在只有为他的后事多操点心,我才感到安慰……至少可以排遣点悲伤。"她掏出手绢,又要哭,但突然勉强忍住,打起精神,镇静地说:

"我有点事要跟您谈谈。"

彼得·伊凡内奇点点头,不让他身下蠢蠢欲动的沙发弹簧再蹦起来。

"最后几天他真是难受。"

"非常难受吗?"彼得·伊凡内奇问。

"唉,太可怕了! 他不停地叫嚷,不是一连几分钟,而是一连几个小时。 三天三夜嚷个不停。 实在叫人受不了。 我真不知道,我是怎么熬过来的。 隔着三道门都听得见他的叫声。 唉,我这是怎么熬过来的哟!"

"当时他神志清醒吗？"彼得·伊凡内奇问。

"清醒，"她喃喃地说，"直到最后一分钟都清醒。他在临终前一刻钟跟我们告了别，还叫我们把伏洛嘉带走。"

彼得·伊凡内奇想到，他多么熟识的这个人，原先是个快乐的孩子，小学生，后来成了他的同事，最后竟受到这样的折磨。尽管他觉得自己和这个女人都有点做作，但想到这一点，心里却十分恐惧。他又看见那个前额和那个压住嘴唇的鼻子，不禁感到不寒而栗。

"三天三夜极度的痛苦，然后死去。这种情况也可能随时落到我的头上。"他想，刹那间感到毛骨悚然。但是，他自己也不知怎的，一种常有的想法很快就使他镇静下来："这种事只有伊凡·伊里奇会碰上，我可绝不会碰上。这种事不应该也不可能落到我头上。"他想到这些，心情忧郁，但施瓦尔茨分明向他做过暗示，他不该有这种心情。彼得·伊凡内奇思考了一下，镇静下来，详细询问伊凡·伊里奇临终前的情况，仿佛这种事情只会发生在伊凡·伊里奇身上，而绝不会发生在他身上。

在谈了一通伊凡·伊里奇肉体上所受非人痛苦的情况以后（这种痛苦，彼得·伊凡内奇是从普拉斯柯菲雅·费多罗夫娜神经所受的影响上领会的），孀妇显然认为该转到正题上了。

"唉，彼得·伊凡内奇，真是难受，真是太难受了，太难受了。"她又哭起来。

彼得·伊凡内奇叹着气，等她擦去鼻涕眼泪，才说："真是想不到……"

接着她又说起来，说到了显然是她找他来的主要问题。她问他丈夫去世后怎样向政府申请抚恤金。她装作向彼得·伊凡内奇请教，怎样领取赡养费，不过他看出，因丈夫去世她可以向政府弄到多少钱,这事她已经了解得清清楚楚,比他知道得还清楚。 她不过是想知道,可不可以通过什么办法弄到更多的钱。 彼得·伊凡内奇竭力思索,想到几种办法,但最后只是出于礼节骂了一通政府的吝啬,说不可能弄到更多的钱了。 于是她叹了一口气,显然要摆脱这位来客。 他理会了,就按灭香烟,站起身,和孀妇握了握手,走到前厅。

餐厅里摆着伊凡·伊里奇十分得意地从旧货店买来的大钟。彼得·伊凡内奇在那里遇见神父和几个来参加丧事礼拜的客人,还看见一位熟识的漂亮小姐,就是伊凡·伊里奇的女儿。 她穿一身黑衣,腰身本来很苗条,如今似乎变得更苗条了。 她的神态忧郁、冷淡,甚至还有点愤慨。 她向彼得·伊凡内奇鞠躬,但那副神气显出仿佛他有什么过错似的。 女儿后面站着一个同样面带愠色的年轻人。 彼得·伊凡内奇认识他是法院侦审官,家里很有几个钱,而且听说是她的未婚夫。 彼得·伊凡内奇沮丧地向他们点点头,正要往死人房间走去,这时楼梯下出现了在中学念书的儿子。 这孩子活脱就是年轻时的伊凡·伊里奇。 彼得·伊凡内奇记得伊凡·伊里奇在法学院念书时就是这个模样。 这孩子眼睛里含着泪水,神态也像那些十三四岁的愣小子。 他一看见彼得·伊凡内奇,就忧郁而害臊地皱起眉头。 彼得·伊凡内奇向他点点头,走进灵堂。 丧事礼拜开始了:又是蜡烛,又是呻吟,又是神香,又是眼泪,又是啜泣。彼得·伊凡内奇皱紧眉头站着,眼睛瞅着自己的双脚。 他一眼也不看死人,直到礼拜结束他的心情都没有受悲伤气氛的影响,并且第一个走出灵堂。 前厅里一个人也没有。 充任餐厅侍仆的庄稼汉盖拉西姆从灵堂奔出来,用他那双强壮的手臂努力在一排外套中间翻寻着,终于把彼得·伊凡内奇的外套找出来,递给他。

"嗯,盖拉西姆老弟,你说呢?"彼得·伊凡内奇想说句话应酬一下,"可怜不可怜哪?"

"这是上帝的意思!我们都要到那里去的。"盖拉西姆露出一排洁白整齐的庄稼汉的牙齿说,接着就像在紧张地干活那样猛地推开门,大声呼喊马车夫,把彼得·伊凡内奇送上车,又奔回台阶上,仿佛在考虑还有些什么事要做。

在闻过神香、尸体和石炭酸的臭味以后,彼得·伊凡内奇特别爽快地吸了一大口新鲜空气。

"上哪儿,老爷?"马车夫问。

"不晚,还可以到费多尔·瓦西里耶维奇家去一下。"

彼得·伊凡内奇就去了。果然,他到的时候,第一局牌刚结束,因此他就顺当地成了第五名赌客。

二

伊凡·伊里奇的身世极其普通、极其简单而又极其可怕。

他是个法官,去世时才四十五岁。他父亲是彼得堡一名官员,曾在好几个政府机关任职,虽不能胜任某些要职,但凭着他的资格和身份,从没被逐出官场,因此总能弄到一些有名无实的官职和六千到一万卢布的有名有实的年俸,并一直享受到晚年。

伊里亚·叶斐莫维奇·高洛文就是这样一个多余机关里的多余的三等文官。

他有三个儿子。伊凡·伊里奇排行第二。老大像他父亲一样官运亨通,不过在另一个机关,也快到领干薪的年龄。老三没有出息,在几个地方都败坏了名声,眼下在铁路上供职。父亲也好,两位哥哥也好,特别是两位嫂子,不仅不愿和他见面,而且非万不得已从不想到有他这样一个兄弟。姐姐嫁给了格列夫男爵,他和他岳父一样是彼得堡的官员。伊凡·伊里奇是所谓家里的"佼佼者"①。他不像老大那样冷淡古板,也不像老三那样放荡不羁。他介于他们之间:聪明、活泼、乐观、文雅。他跟弟弟一起在法学院念过书。老三没有毕业,念到五年级就被学校开除了;伊凡·伊里奇则毕了业,而且成绩优良。他在法学院里就显示了后来终生具备的特点:能干、乐观、厚道、随和,但又能严格履行自认为应尽的责任,而他心目中的责任就是达官贵人所公认的职责。他从小不会巴结拍马,成年后还是不善于阿谀奉承,但从青年时代起就像飞蛾扑火那样追随上层人士,模仿他们的一举一动,接受他们的人生观,并和他们交朋友。童年时代和少年时代的热情在他身上消失得干干净净。他开始迷恋声色,追逐功名,最后发展到了自由放纵的地步。不过,他的本性还能使他保持一定分寸,不至于过分逾越常规。

在法学院里,他认为自己的有些行为很卑劣,因此很嫌恶自己。但后来看到地位比他高的人都在那样干,而且并不认为卑劣,他也就不以为意,不再把它们放在心上,即使想到也无动于衷。

伊凡·伊里奇在法学院毕业,获得十等文官官衔,从父亲手里领到置装费,在著名的沙尔玛裁缝铺里定制了服装,表坠上挂一块"高瞻远瞩"②的纪念章,向导师和任校董的亲王辞了行,跟同学们在唐农大饭店欢宴话别,带着从最高级商店买来的时式手提箱、衬衣、西服、剃刀、梳妆用品和旅行毛毯,走马上任,当了省长特派员。这个官职是他父亲替他谋得的。

伊凡·伊里奇到了外省,很快就像在法学院那样过得称心如

---

① 原文是法语。
② 原文是拉丁语。

意。他奉公守法,兢兢业业,生活得欢快而又不失体统。他有时奉命到各县视察,待人接物稳重得体,对上待下恰如其分,不贪赃枉法,而且总能圆满完成上司交下的差事,主要是处理好分裂派教徒事件。

他虽然年轻放荡,但处理公务却异常审慎,甚至可以说是铁面无私;在社交场中,他活泼风趣而又和蔼有礼,正像他的上司和上司太太——他是他们家的常客——称赞他的那样,是个好小子。

他同省里一位死缠住他这个风流法学家的太太有暧昧关系,还和一个女裁缝私通;有时和巡察的副官们狂饮欢宴,饭后还去花街柳巷寻欢作乐。他奉承上级长官,甚至长官夫人,手法高明,无懈可击,从未引起非议,人家至多说一句法国谚语:"年轻时放荡在所难免。"①这一切他都干得体体面面,嘴里说的又是法国话,主要则是因为他跻身在最上层,容易博得达官显贵的青睐。

伊凡·伊里奇就这样干了五年。接着他的工作调动了,因为成立了新的司法机关,需要新的官员。

于是伊凡·伊里奇就调任这样的新职。

伊凡·伊里奇被推荐任法院侦讯官的职务,他接受了,虽然这位置在另一个省里,因此他得放弃原有的各种关系,另起炉灶,重新结交朋友。朋友们给伊凡·伊里奇饯行,和他一起摄影,还赠给他一个银烟盒留念。他就走马上任去了。

伊凡·伊里奇当法院侦讯官同样"循规蹈矩"②,公私分明,并且像做特派员一样受到普遍尊敬。对伊凡·伊里奇来说,侦讯官的工作比原来的工作有趣得多,迷人得多。以前他感到扬扬得意的

---

① 原文是法语。
② 原文是法语。

是，身穿精工缝制的文官制服，昂首阔步地经过战战兢兢等待接见的来访者和对他羡慕不止的官员们面前，一直走进长官办公室，并且跟长官一起喝茶吸烟；但那时直接听命于他的人，只有县警察局长和分裂派教徒，而且要在他奉命出差的时候。他对待他们总是客客气气，使他们感到，他尽管操着生杀大权，却平易近人，毫无架子。那个时候，这样直接听命于他的人不多。如今伊凡·伊里奇当上法院侦讯官，他懂得就连达官贵人的命运也都操在他手里，他只要在公文上批几句，不论哪个要人都将成为被告或证人来到他面前，并且得站着回答他的问题，如果他不请他坐下的话。伊凡·伊里奇从不滥用权力，相反总是不露锋芒，而这种权力的意识和适当用权的技术，就成了他担任新职后最感兴趣的事。从事这项新职，也就是说审查工作，伊凡·伊里奇很快就掌握一种本领，能排除一切与本案无关的情节，使各种错综复杂的案情在公文上表现得简单明了，不带丝毫个人意见，完全符合公文要求。这是一项新的工作，而伊凡·伊里奇则属于第一批执行一八六四年新法典的人。

　　自从在新地方就任法院侦讯官以来，伊凡·伊里奇结交了一批新朋友，建立了一些新关系，获得了新的社会地位，并多少采取了新作风。他在省里和政府保持一定距离，却周旋于司法界头面人物和豪门巨富之间，对当局稍表不满，发表温和的自由主义言论和开明观点。此外，伊凡·伊里奇就任新职后仍旧讲究服饰，注意仪表，只是不再刮去下巴颏上的胡子而听其自然生长。

　　伊凡·伊里奇在新地方过得很愉快。他跟一批反对省长的人关系很好；薪俸比以前优厚；他逢场作戏，打打纸牌，以增添乐趣。他头脑聪敏，很会打牌，因此常常赢钱。

　　伊凡·伊里奇在新地方任职两年后遇见了后来成为他妻子的普

拉斯柯菲雅·费多罗夫娜·米海尔。她是伊凡·伊里奇出入的圈子里最迷人、最伶俐、最出色的姑娘。伊凡·伊里奇在公余之暇，找点消遣，其中包括和普拉斯柯菲雅·费多罗夫娜戏谑调情。

伊凡·伊里奇任特派员时常常跳舞，但当上侦讯官后就难得跳了。如今他跳舞只是为了要显示，尽管他身为侦讯官和五等文官，跳舞水平可绝不比别人差。这样，有时晚会将近结束，他就请普拉斯柯菲雅·费多罗夫娜一起跳舞，主要借这种机会去征服普拉斯柯菲雅·费多罗夫娜的心。她爱上了他。伊凡·伊里奇并没有明确想到要结婚，但既然人家姑娘爱上了他，他就问自己："是啊，那么何不就结婚呢？"

普拉斯柯菲雅·费多罗夫娜出身望族，长得不错，而且小有家产。伊凡·伊里奇可以指望找到一个更出色的配偶，但这个配偶也不错。伊凡·伊里奇自己有薪俸收入，他希望她也有同样多的进款。她出身名门，生得又温柔美丽，很有教养。说伊凡·伊里奇和她结婚，是因为爱上这位小姐，并且发觉她的人生观和他一致，那不符合事实。说他结婚，是因为在他的圈子里大家都赞成这门婚事，那同样不符合事实。伊凡·伊里奇结婚是出于双重考虑：娶这样一位妻子是幸福的，而达官贵人们又都赞成这门亲事。

伊凡·伊里奇就这样结了婚。

在准备结婚和婚后初期，夫妻恩爱，妻子尚未怀孕，再加上崭新的家具，崭新的餐具，崭新的衣服，日子过得很美满。伊凡·伊里奇认为他原来的生活轻松愉快而又高尚体面，并且受到上流社会的赞许，如今结婚不仅不会损害这种生活，而且使它更加美满。但在妻子怀孕几个月后，出现了一种痛苦难堪而有失体统的新局面，那是他万万没有料到的，而且怎么也无法摆脱。

伊凡·伊里奇认为妻子完全出于"任性"[1]，破坏了快乐体面的生活：她莫名其妙地动辄猜疑，要求他更加体贴她；不论什么事，她都横加挑剔，动不动就跟他大吵大闹。

起初，伊凡·伊里奇想继续用快乐体面的人生态度来排除烦恼。他不管妻子的情绪，照样高高兴兴地过日子：请朋友到家里来打牌，自己上俱乐部或者到朋友家串门子。可是，有一次妻子气势汹汹对他破口大骂。这以后，只要他稍不顺她的意，她就把他臭骂一顿，显然非把他制服不可，也就是说要他安守在家里，并且像她一样唉声叹气，无病呻吟。这使伊凡·伊里奇感到心惊胆战。他懂得了，夫妇生活，至少是他和妻子的生活，并不能始终维持快乐和体面，相反，常常会损害这样的气氛，因此必须设法防范。伊凡·伊里奇借口公务繁忙，来对付普拉斯柯菲雅·费多罗夫娜。他发现这种办法很有效，因此常用它来保卫自己的独立天地。

孩子生后，喂养很费事，常常发生这样那样的麻烦，不是婴儿害病就是做母亲的害病，有时是真病，有时是假病。不管怎样，伊凡·伊里奇都得照顾，尽管他对这些事一窍不通。而伊凡·伊里奇保卫自己独立天地、不受家庭干扰的欲望却越来越强烈。

妻子的脾气越来越暴躁，要求越来越苛刻，伊凡·伊里奇也越来越把生活的重心转移到公务上。他更加喜爱官职，醉心功名。

不久，在结婚一年后，伊凡·伊里奇懂得了，夫妇生活虽然也有一些好处，但却是一种很复杂、很痛苦的事。而要尽到自己的责任，过一种受社会赞许的体面生活，必须像做官一样建立适当的关系。

伊凡·伊里奇就给自己建立了这样的夫妇关系。他对家庭生

---

[1] 原文是法语。

活的要求，只是能吃到家常便饭，穿戴有人照料，以及能过床笫生活，而这些都是她能向他提供的。 他主要的要求是维持社会所公认的体面的夫妇关系。 此外，他就自寻欢乐，获得了欢乐也就心满意足。 要是家里遇到不愉快，他就立刻逃到公务活动的独立天地里去，并在那里自得其乐。

伊凡·伊里奇当侦讯官，声誉显赫，三年后就升任副检察官。 新的官职、重要的地位、控诉和拘捕任何人的权力、当众的演说、辉煌的功绩——这一切使伊凡·伊里奇更加官迷心窍。

孩子一个个生下来。 妻子变得越来越乖戾，越来越易怒，但伊凡·伊里奇确立的家庭关系几乎不受妻子脾气的影响。

伊凡·伊里奇在这个城市里任职七年，接着被调到另一个省里当检察官。 他们搬了家，手头的钱不多，妻子又不喜欢那新地方。 薪俸尽管比原来多，但生活程度高，再说又死了两个孩子，因此伊凡·伊里奇就感到家庭生活比以前更乏味了。

普拉斯柯菲雅·费多罗夫娜搬到新地方后，不论遇到什么麻烦，总要责怪丈夫。 夫妇间不论谈什么事，尤其是谈教育孩子问题，总会联想到以前的不和，引起新的争吵。 夫妇俩如今难得有恩爱的时刻，即使有，也是很短暂的。 他们在爱情的小岛上临时停泊一下，不久又会掉进互相敌视的汪洋大海，彼此冷若冰霜。 要是伊凡·伊里奇认为家庭生活不该如此，他准会对这种冷漠感到伤心，不过他不仅认为这样的局面是正常的，而且正是他所企求的。 他的目标就是要尽量摆脱家庭生活的烦恼，而表面上又要装得若无其事，保持体面。 为了达到这一目的，他尽量少和家人待在一起，如果不得已必须这样做，也总是竭力找有旁人在场的机会。 不过，伊凡·伊里奇这样过日子，主要靠的是他有公务。 他把全部生活乐趣都集中在官场的天地里。 而这种乐趣支配了他的整个身心。

意识到自己的权力,对任何人都操有生杀大权,每次走进法庭和遇到下属时那种威风凛凛的气派(即使只是表面的),在上司与下属之间周旋的本领,尤其是自觉高明的办事能力——这一切都使他洋洋得意,再加上跟同事们谈天、宴会和打牌,他的生活就显得很充实。 总之,伊凡·伊里奇的生活过得合乎他的愿望:快乐而体面。

就这样他又过了七年。 大女儿已经十六岁,另外又死了一个孩子,只剩下一个男孩在中学念书。 这个孩子是引起夫妇争吵的一大因素。 伊凡·伊里奇要送他读法学院,而普拉斯柯菲雅·费多罗夫娜却偏把他送进普通中学。 女儿在家里学习,成绩良好;儿子学得也不错。

三

伊凡·伊里奇婚后就这样过了十七年的光阴。 现在他已是一个老检察官了。 他推辞了几次工作上的调动,一心想找个更称心的职位,不料出了一种不愉快的事,把他生活的安宁给破坏了。 伊凡·伊里奇想谋取大学城首席法官的位置,但被戈佩捷足先登。 伊凡·伊里奇十分生气,提出责问,跟戈佩吵嘴,又冒犯顶头上司;他从此受冷遇,下一次任命也没有他的份。

这是一八八零年,也是伊凡·伊里奇一生中最倒霉的年头。 他一方面入不敷出,另一方面又被人家遗忘。 他觉得人家待他极不公平,人家却认为对他已仁至义尽。 就连父亲都认为无须再帮助他了。 他觉得大家都把他抛弃了,并认为他有三千五百卢布年俸已很不错,甚至可说是十分幸福了。 人家待他这么不公平,妻子经常责骂他,家里人不敷出,开始负债。 这种情况当然谈不上正常,而且只有他一个人知道。

今年夏天,伊凡·伊里奇为了节省开支,和妻子一起到内弟乡下度假。

在乡下不做事,伊凡·伊里奇第一次不仅感到无聊,而且觉得十分愁闷。他认定无法这样过活,必须采取断然措施。

伊凡·伊里奇不能入睡,在露台上踱了个通宵,决定上彼得堡奔走一番,争取调到其他部门工作,以惩罚他们,惩罚那些不会赏识他才能的人。

第二天早晨,他不顾妻子和内弟的劝阻,乘车上彼得堡。

他唯一的目的就是弄到一个年俸五千卢布的位置。他不再计较是哪个机关,是哪个派别和哪种工作。他只要一个位置,年俸五千卢布的位置,不论政府机关、银行、铁路、玛丽皇后御用机关,甚至海关都行,但一定要有五千卢布收入,一定要离开那个不会赏识他才能的机关。

伊凡·伊里奇此行取得了意外收获。在库尔斯克火车站,头等车厢里上来一个熟人,名叫伊林。伊林告诉他库尔斯克省刚接到电报,部里最近人事上有重大变动,彼得·伊凡内奇的位置将由伊凡·谢苗内奇接任。

这次调动,除了对国家有一定影响外,对伊凡·伊里奇具有特殊意义,因为起用了新人彼得·彼得罗维奇和他的朋友扎哈尔·伊凡内奇。这对他伊凡·伊里奇极其有利,因为扎哈尔·伊凡内奇是伊凡·伊里奇的同学,又是他的好朋友。

在莫斯科,这个消息得到了证实。伊凡·伊里奇来到彼得堡,找到了扎哈尔·伊凡内奇,后者答应给他在原来的司法部里谋个好差事。

一星期后,他给妻子发了一封电报:

扎哈尔接替米勒,我申请后即可提升。

伊凡·伊里奇通过这次人事调动在他的旧部里获得意外任命:比同事高两级,年俸五千,再加调差费三千五百。伊凡·伊里奇消除了对原来对头和整个机关的怨气,感到十分得意。

伊凡·伊里奇回到乡下,兴高采烈。他好久没有这样快活了。普拉斯柯菲雅·费多罗夫娜也很高兴,夫妇俩变得和好了。伊凡·伊里奇讲到他在彼得堡怎样受祝贺,原来的对头怎样厚着脸皮巴结他,怎样羡慕他的地位,特别讲到他在彼得堡怎样受人尊敬。

普拉斯柯菲雅·费多罗夫娜听着他讲,装出相信的样子,也不打岔,心里却盘算着怎样到新地去重新安排生活。伊凡·伊里奇高兴地看到,她的想法和他的想法不谋而合,他们一度坎坷的生活重又变得快乐而体面了。

伊凡·伊里奇只回家几天。九月十日他就得走马上任。此外,他还得在新地方安顿下来,把家具什物从省里运去,再要添置和定做许多新东西。总之,要根据他和普拉斯柯菲雅·费多罗夫娜几乎一致的想法把新居布置好。

现在,一切都进行得称心如意,他和妻子又意气相投。他们俩一起生活的时间很少,像现在这样投契,除了婚后头几年,还不曾有过。伊凡·伊里奇想把家眷随身带走,可是姐姐和姐夫①对伊凡·伊里奇一家忽然十分亲热,弄得伊凡·伊里奇只好独自先走。

伊凡·伊里奇走了,事业上一帆风顺,和妻子言归于好,这两件事互为因果,使他心情愉快。他找到一座精美的住宅,恰合夫妇

---

① 从上下文看,这里应作内弟和内弟媳妇。

俩的心意，高大宽敞的老式客厅、豪华舒适的书房、妻子的房间、女儿的房间、儿子的书房，一切像是为他们特意设计的。伊凡·伊里奇亲自布置房间，选择墙纸，添置家具——从旧货店买来的，式样特别古雅，定制了沙发套和窗帘。房子布置得越来越漂亮，符合他的理想。他布置到一半，发觉比他希望的更美。他相信，等全部完工，将更加富丽堂皇，而绝不会流于庸俗。临睡前，他想象他的前厅将是什么样子。他瞧着没有布置好的客厅，仿佛看到壁炉、屏风、古董架、散放着的小椅子、墙上的挂盘和铜器都已安放得井井有条。他想到妻子和女儿在这方面跟他有同样的爱好，看到这种排场，准会大吃一惊，不禁暗暗高兴。她们一定想不到会有这样的气派。他特别得意的是买到一些价廉物美的古董，使整座房子显得格外豪华。他在信里故意把情况说得差一些，这样她们一看到就会更加惊讶。他热衷于装饰新居，就连心爱的公务都不那么感兴趣了。有时法院开庭，他也心不在焉：他在考虑究竟用什么样的窗帘顶檐，直的还是拱的。他对这事兴致勃勃，亲自动手安放家具，重新挂上窗帘。有一次他爬到梯子上，指点愚笨的沙发裁缝怎样挂窗帘，一不留神失足掉下来，但他是个强壮而灵活的汉子，立刻站住了，只是腰部撞在窗框上。伤处痛了一阵，不久就好了。这一时期，伊凡·伊里奇觉得自己特别快乐和健康。他写信说："我感到自己仿佛年轻了十五岁。"他原想到九月底把房子布置好，结果拖到十月半。不过，房子布置得十分雅致——不仅他自己这么认为，凡是看到的人都这么说。

其实，房子里的摆设无非是那种不太富裕、却一味模仿富裕人家的小康之家的气派，千篇一律地尽是花缎、红木家具、盆花、地毯、古铜器、发亮铜器，等等。一定阶级的人总是拿这些东西来表示他们一定的身份。伊凡·伊里奇家里的摆设和人家没有什么两样，因此引不起人家的注意，但他却扬扬自得，以为与众不同。他到车站去接家眷，把他们带到装修一新的寓所里，系白领带的男仆打开摆满鲜花的前厅，他们走进客厅、书房，高兴得欢呼起来。他领他们到各处观看，得意扬扬地听着他们的称赞，容光焕发，感到十分幸福。当天晚上喝茶的时候，普拉斯柯菲雅·费多罗夫娜随便问到他是怎么摔跤的，他就笑着做给他们看，他怎样从梯子上掉下来，把沙发裁缝吓坏了。

"幸亏我练过体操。要是换了别人，准会摔坏的，可我只在这儿撞了一下，摸摸有点疼，但已经好多了，只是有点青肿。"

就这样他们在新居开始生活，并且也像一般人移居到新地方那样，觉得还少一个房间，收入虽然增加，但还嫌钱少——少那么五百卢布。不过总的来说，他们感到称心如意了。最初他们过得特别愉快，房子还没有完全布置好，需要再买些什么，定制些什么，有些东西需要搬动，有些东西需要调整。尽管夫妇之间有时意见分歧，但两人对新的生活都很满意，而且有许多事要做，因此没有发生大的争吵。等一切都安排整齐，他们开始感到有点空虚，但当时还需要结交一批新朋友，培养新习惯，因此生活还是很充实。

伊凡·伊里奇上午在法院办公，下午回家吃饭，开头一个时期情绪很好，虽然为房子的事有时也有点烦恼。（例如，他发现桌布或沙发面子上有污点，窗帘系带断了，就会发脾气，因为看到他煞费苦心置办的东西被损坏，心里难过。）不过，伊凡·伊里奇的生活还是过得合乎他的理想：轻松、愉快而体面。他每天早晨九时起床，喝咖啡，看报，然后穿上制服去法院。那儿已为他准备好"轭"，让他一到就套到身上：接见来访者，处理诉讼有关的问题，主持诉讼案件，出席公开庭和预备庭。他必须排除各种外来干预，免得妨碍诉讼程序，同时严禁徇私枉法，严格依法办事。要是有人想探听什么事，而这事不属伊凡·伊里奇主管，他就不能和这人发生任何关系，但要是这人有正式公文，上面写明事由，那么伊凡·伊里奇就会根据法律许可的范围尽力办去，并且办得不违反人情，也就是说面子上过得去。但只要公事一结束，其他关系也就结束了。分清法律和人情，这种本领伊凡·伊里奇已达到登峰造极的地步，而且凭着天赋的才能和长期的经验，他有时故意把法律和人情混淆起来。他之所以敢于这样做，那是因为他自信总有能力划清两者的界限，如果需要的话。伊凡·伊里奇办这种事不仅轻松、愉快和体面，简直可说是得心应手。在休庭时，他吸烟、喝茶，随便谈谈政治、社会新闻和纸牌，而谈得最多的还是官场中的任命。然后，他好像第一小提琴手，出色地演奏完毕，疲劳地乘车回家。回到家里，发现母女俩出去了，有时在接待客人，儿子上学了，有时在跟补课教师复习功课。一切都井井有条。饭后要是没有客来，伊凡·伊里奇就看些当时流行的书籍。晚上，他坐下来处理公事：批阅文件，查看法典，核对证词。他干这些，既不感到无聊，也不觉得有趣。要是有机会打牌，那么处理公事就感到无聊；要是没有机会打牌，那么处理公事总比独自闲坐或者跟妻子面面相对要好得多。伊凡·伊里奇喜欢举行便宴，邀请有权有势的先生夫人参加。这种消遣跟其他同样身份的人没有差别，犹如他的客厅跟人家的客厅没有差别一样。

他们家里还举行过一次舞会。舞会办得很好，伊凡·伊里奇心情愉快，可惜最后为蛋糕糖果的事和妻子大闹了一场。普拉斯柯菲雅·费多罗夫娜有她的打算，但伊凡·伊里奇坚持要到最高级糖果铺去买糕点，结果买了许多蛋糕。争吵就是由于蛋糕太多吃不完，而糖果铺的账却高达四十五卢布引起的。争吵很激烈，闹得很不愉快。普拉斯柯菲雅·费多罗夫娜骂他："傻瓜，低能。"伊凡·伊里奇气得双手抱住脑袋，恨恨地说出离婚之类的话来。 不过，晚会本身还是很快活的，前来参加的都是社会名流。伊凡·伊里奇和特鲁峰诺娃公爵夫人跳舞。 特鲁峰诺娃公爵夫人的姐姐就是著名的"消灭苦难协会"的创办人。 身居要职的乐趣在于自尊心的满足，社会活动的乐趣在于虚荣心的满足，但伊凡·伊里奇的真正乐趣却在于打牌。 他认为，不管生活上遇到什么烦恼，那像蜡烛一样驱除黑暗的最大乐趣，就是和几个规规矩矩的好搭档坐下来一起打牌，而且一定要四人一起（五人一起打就很难有结果，虽然得装出很感兴趣的样子），认认真真地打（要是顺手的话），然后吃点夜宵，喝一大杯葡萄酒。 打过牌以后睡觉，尤其是稍微赢一点钱（赢得太多也不好），伊凡·伊里奇觉得特别愉快。

他们就这样过着日子。 他们家的来客都是达官贵人，有的地位显赫，有的年少英俊。

夫妻和女儿待人的态度完全一致。 凡是满脸堆笑、投奔到他们那间墙上装饰着日本盘子的客厅来的潦倒亲友，他们都加以排斥。不久，这些寒酸的亲友不再上门，高洛文家的来客就限于达官贵人。 年轻人纷纷追求丽莎，其中包括彼特利谢夫。 那是德米特里·伊凡内奇·彼特利歇夫的儿子，又是他财产的唯一继承人，现任法院侦讯官。 他也在热烈地追求丽莎，弄得伊凡·伊里奇已在跟普拉斯柯菲雅·费多罗夫娜商量：要不要让他们一起坐三驾马车，或者举办一次堂会看看表演。 他们就这样过着日子：一切都称心如意，没有任何变化。

四

家里人个个身体健康。 只有伊凡·伊里奇有时说，他嘴里有一种怪味，左腹有点不舒服，但不能说有病。

这种不舒服的感觉逐渐增长，虽还没有转变为疼痛，但他经常感到腰部发胀，情绪恶劣。他的心情越来越坏，影响了全家快乐而体面的生活。夫妇吵嘴的事越来越多，轻松愉快的气氛消失了，体面也很难维持。争吵更加频繁，夫妇之间相安无事的日子少得就像汪洋大海里的小岛。

如今普拉斯柯菲雅·费多罗夫娜说丈夫脾气难弄，那倒不是没有理由的。她说话喜欢夸张，往往夸张地说，他的脾气一直很坏，要不是她心地善良，这二十年可真没法忍受。的确，现在争吵总是由伊凡·伊里奇引起的。他吃饭总要发脾气，往往从喝汤开始。他一会儿发现碗碟有裂痕，一会儿批评饭菜烧得不好吃，一会儿责备儿子吃饭把臂肘搁在桌上，一会儿批评女儿的发式不正派。而罪魁祸首总是普拉斯柯菲雅·费多罗夫娜。普拉斯柯菲雅·费多罗夫娜起初向他回敬，也对他说了一些难听的话，但有两三次他一开始吃饭就勃然大怒。她明白了，这是一种由进食而引起的病态，就克制自己，不再还嘴，只是催他快吃。普拉斯柯菲雅·费多罗夫娜认为自己的忍让是一种值得称道的美德。她认定丈夫脾气极坏，给她的生活带来不幸。她开始可怜自己。她越是可怜自己，就越是憎恨丈夫。她巴不得他早点死，但又觉得不能这样想，因为他一死就没有薪俸了。而这一点却使她更加恨他。她认为自己不幸极了，因为就连他的死都不能拯救她。她变得很容易发脾气，但又强忍着，而她这样勉强忍住脾气，却使他的脾气变得更坏。

有一次夫妻争吵，伊凡·伊里奇特别不讲理。事后他解释说，他确实脾气暴躁，但这是由于病的缘故。普拉斯柯菲雅·费多罗夫娜就对他说，既然有病，就得治疗，要他去请教一位名医。

他乘车去了。一切都不出他所料，一切都照章办理。又是等待，又是医生装出一副煞有介事的样子——这种样子他是很熟悉的，就跟他自己在法庭上一样——又是叩诊，又是听诊，又是各种不问也知道的多余问题，又是那种威风凛凛的神气，仿佛在说："你一旦落到我手里，就得听我摆布。我知道该怎么办，对付每个病人都是这样的。"一切都和法庭上一样。医生对待他的神气，就如他在法庭上对待被告那样。

医生说，如此这般的症状表明您有如此这般的病，但要是化验不能证明如此这般的病，那就得假定您有如此这般的病。要是假定有如此这般的病，那么……对伊凡·伊里奇来说，只有一个问题是重要的：他的病有没有危险？但医生对这个不合时宜的问题置之不理。从医生的观点来说，这问题没有意思，不值得讨论；存在的问题只是估计一下可能性：是游走肾，还是慢性盲肠炎。这里不存在伊凡·伊里奇的生死问题，只存在游走肾和盲肠炎之间的争执。在伊凡·伊里奇看来，医生已明确认定是盲肠炎，但又保留说，等小便化验后可以得到新的资料，到那时再做进一步诊断。这一切，就跟伊凡·伊里奇上千次振振有词地对被告宣布罪状一模一样。医生也是那么得意洋洋，甚至从眼镜上方瞧了一眼被告，振振有词地做了结论。从医生的结论中伊凡·伊里奇断定，情况严重，对医生或其他人都无所谓，可是对他却非同小可。这结论对伊凡·伊里奇是个沉重的打击，使他十分怜悯自己，同时十分憎恨那遇到如此严重问题却无动于衷的医生。

不过他什么也没有说，就站起来，把钱往桌上一放，叹了一口气说：

"也许我们病人常向您提些不该问的问题。"他说，"一般说来，这病是不是有危险？"

医生用一只眼睛从眼镜上方狠狠地瞪了他一下，仿佛在说：被告,你说话要是越出规定的范围,我将不得不下命令把你带出法庭。"

"该说的话,我都对您说了。"医生说,"别的,等化验结果出来了再说。"医生结束道。

伊凡·伊里奇慢吞吞地走出诊所,垂头丧气地坐上雪橇回家。一路上他反复分析医生的话,竭力把难懂的医学用语翻译成普通的话,想从中找出问题的答案:"我的病严重?十分严重?或者还不要紧?"他觉得医生所有的话,都表示病情严重。伊凡·伊里奇觉得街上的一切都是阴郁的:马车夫是阴郁的,房子是阴郁的,路上行人是阴郁的,小铺子是阴郁的。他身上的疼痛一秒钟也没有停止,听了医生模棱两可的话后就觉得越发厉害。伊凡·伊里奇如今更加心情沉重地忍受着身上的疼痛。

他回到家里,给妻子讲了看病的经过。妻子听着。他讲到一半,女儿戴着帽子进来,准备和母亲一起出去。女儿勉强坐下来听他讲这无聊的事,但她听得不耐烦了,她母亲也没有听完他的话。

"哦,我很高兴,"他妻子说,"今后你一定要准时吃药。把药方给我,我叫盖拉西姆到药房去抓药。"说完,她就去换衣服了。

他妻子在屋子里时,他不敢大声喘气,等她走了,才深深地叹了一口气。

"好吧,"伊凡·伊里奇说,"也许真的还不要紧……"

他听医生的话,服药、养病。验过小便后,医生又改了药方。不过,小便化验结果和临床症状之间有矛盾。不知怎的,医生说的和实际情况不符。也许是医生疏忽了,也许是撒谎,也许有什么事瞒着他。不过伊凡·伊里奇还是照医生的话养病,最初心里感到安慰。

伊凡·伊里奇看过病后，努力执行医生的指示，讲卫生、服药、注意疼痛和大小便。现在他最关心的是疾病和健康。人家一谈到病人、死亡、复原，特别是谈到和他相似的病，他表面上装作镇定，其实全神贯注地听着，有时提些问题，把听到的情况和自己的病作着比较。

疼痛没有减轻，但伊凡·伊里奇强迫自己认为好一点了。没有事惹他生气，他还能欺骗自己。要是和妻子发生争吵、公务上不顺利、打牌输钱，他立刻感到病情严重。以前遇到挫折，他总是希望时来运转——打牌顺手，获得大满贯——因此还能忍受；可是现在，每次遇到挫折，他都会悲观绝望，丧失信心。他对自己说："唉，我刚刚有点好转，药物刚刚见效，就遇到这倒霉的事……"于是他恨那种倒霉事，恨给他带来不幸并要置他于死命的人。他明白这种愤怒在危害他的生命，但他无法自制。照理他应该明白，他这样怨天尤人只会使病情加重，因此遇到不愉快的事，不应该放在心上，可是他的行为正好相反。他说，他需要安宁，并且特别警惕破坏安宁的事。只要他的安宁稍稍遇到破坏，他就大发雷霆。他读医书，向医生请教，结果有害无益。情况是逐渐恶化的，因此拿今天跟昨天比较，差别似乎并不大，他还能聊以自慰，但和医生一商量，就觉得病情在不断恶化，而且发展得很快。尽管如此，他还是经常请教医生。

这个月里他又找了一位名医。这位名医的话，简直和原来那位一模一样，但问题的提法不同。请教这位名医，只增加伊凡·伊里奇的疑虑和恐惧。另外有位医生，是他朋友的朋友，也很出名。这位医生对他的病做了完全不同的诊断。尽管保证他能康复，但提出的问题和假设却使伊凡·伊里奇更加疑虑。一个提倡顺势疗法的医生又做了另一种诊断，给了不同的药，伊凡·伊里奇偷偷地服了一个星期。 可是，一星期后并没有见效。伊凡·伊里奇对原来的疗法丧失了信心，对这种新疗法也丧失了信心，于是越发沮丧了。 有一次，一位熟识的太太给他介绍圣像疗法。 伊凡·伊里奇勉强听着，并相信她的话。 但这事使他不寒而栗。 "难道我真的那样神经衰弱吗？"他自言自语，"废话！ 真是荒唐，这样神经过敏要不得，应该选定一个医生，听他的话好好疗养。 就这么办。 这下子主意定了。 我不再胡思乱想，我要严格遵照这种疗法，坚持到夏天。 到那时会见效的。 别再犹豫不决了！"这话说说容易，实行起来可难了。 腰痛在折磨他，越来越厉害，一刻也不停。 他觉得嘴里的味道越来越难受，还有一股恶臭从嘴里出来，胃口越来越差，体力越来越弱。 他不能欺骗自己：他身上出现了一种空前严重的情况。 这一点只有他自己明白，周围的人谁也不知道，或者不想知道。 他们总以为天下太平，一切如旧。 这一点使伊凡·伊里奇觉得格外难受。 家里人，尤其是妻子和女儿，热衷于社交活动。 他看到，她们什么也不明白，还埋怨他情绪不好，难以伺候，仿佛还是他不对似的。 他看出，尽管她们嘴里没说，他已成了她们的累赘，妻子对他的病已有定见，不管他说什么或做什么，她的态度都不会变。

"不瞒您说，"她对熟人说，"伊凡·伊里奇也像一切老实人那样，不能认真遵照医生的话养病。 今天他听医生的话服药，吃东西；明天我一疏忽，他就忘记吃药，还吃鲟鱼（那是医生禁止的），而且坐下来打牌，一打就打到深夜一点钟。"

"哼，几时有过这种事？"伊凡·伊里奇恼怒地说，"总共在彼得·伊凡内奇家打过一次。"

"昨天不是跟谢贝克一起打过吗？"

"反正我痛得睡不着……"

"不管怎么说,你这样就永远好不了,还要折磨我们。"

普拉斯柯菲雅·费多罗夫娜向人家也向伊凡·伊里奇本人说,他生病主要是他自己不好,给她这个做妻子的带来痛苦。伊凡·伊里奇觉得她有这样的看法是很自然的,但心里总感到难受。

在法院里,伊凡·伊里奇发现或者心里感到人家对他抱着奇怪的态度:一会儿,人家把他看作一个不久将把位置空出来的人;一会儿,朋友们不怀恶意地嘲笑他神经过敏,因为他自认为有一种神秘可怕的东西在不断吮吸他的精神,硬把他往那儿拉。朋友们觉得这事挺好玩,就拿来取笑他。尤其是施瓦尔茨,说话诙谐生动而又装得彬彬有礼,使伊凡·伊里奇想起十年前他自己的模样,因而格外生气。

来了几个朋友,坐下来打牌。他拿出一副新牌,洗了洗,发了牌。他把红方块跟红方块叠在一起,总共七张。他的搭档说,没有王牌,给了他两张红方块。还指望什么呢?快乐、兴奋、得了大满贯。伊凡·伊里奇突然又感到那种抽痛,嘴里又有那股味道。他在这种情况下还能赢得大满贯而高兴,未免太荒唐了。

他瞧着他的搭档米哈伊尔·米哈伊洛维奇,看他怎样用厚实的手掌拍着桌子,客客气气地不去抓一墩牌,却把它推给他,使他一举手就能享受赢牌的乐趣。"他是不是以为我身子虚得手都伸不出去了?"伊凡·伊里奇想,忘记了王牌,却用更大的王牌去压搭档的牌,结果少了三墩牌,失去了大满贯。最可怕的是他看见米哈伊尔·米哈伊洛维奇脸色十分痛苦,却表现得若无其事。他怎么能若无其事,这一点想想也可怕。

大家看出他很痛苦,对他说:"要是您累了,我们就不打了。您休息一会儿吧。"休息?不,他一点也不累,可以把一圈牌打完。大家闷闷不乐,谁也不开口。伊凡·伊里奇觉得是他害得大家这样闷闷不乐,但又无法改变这种气氛。客人们吃过晚饭,各自走散了。伊凡·伊里奇独自留在家里,意识到他的生命遭到了毒害,还毒害了别人的生命,这种毒不仅没有减轻,而且越来越深地渗透到他的全身。

他常常带着这样的思想,再加上肉体上的疼痛和恐惧躺到床上,疼得大半夜不能合眼。可是天一亮又得起来,穿好衣服,乘车上法院,说话,批公文,要是不上班待在家里,那么一天二十四小时,每个小时都得活受罪。而且,在这样的生死边缘上,他只能独自默默地忍受,没有一个人了解他,也没有一个人可怜他。

五

就这样过了两个月光景。新年前夕,他的内弟来到他们城里,住在他们家。那天,伊凡·伊里奇上法院尚未回家。普拉斯柯菲雅·费多罗夫娜上街买东西去了。伊凡·伊里奇回到家里,走进书房,看见内弟体格强壮,脸色红润,正在打开手提箱。听见伊凡·伊里奇的脚步声,他抬起头,默默地对他瞧了一会儿。他的眼神向伊凡·伊里奇说明了问题。内弟张大嘴,正要喔唷一声叫出来,但立刻忍住了。这个动作证实了一切。

"怎么,我的样子变了吗?"

"是的……有点变。"

接着,不管伊凡·伊里奇怎样想使内弟再谈谈他的模样,内弟却绝口不提。普拉斯柯菲雅·费多罗夫娜一回来,内弟就到她屋里去了。伊凡·伊里奇锁上房门,去照镜子,先照正面,再照侧面。他拿起和妻子合拍的照片,拿它和镜子里的自己做着比较。变化很大。 然后他把双臂露到肘部,打量了一番,才放下袖子,在软榻上坐下来,脸色变得漆黑。

"别这样,别这样。"他对自己说,霍地站起来,走到写字台边,打开卷宗,开始批阅公文,可是脑子里进不去。 他打开门,走到前厅。 客厅的门关着。 他踮着脚走到门边,侧着耳朵听。

"不,你说得过分了。"普拉斯柯菲雅·费多罗夫娜说。

"怎么过分? 你没发觉,他已经像个死人了。 你看看他的眼睛,没有一点光。 他这是怎么搞的?"

"谁也不知道。尼古拉耶夫(一位医生)说了一套,可我不明白。 列谢季茨基(就是名医)说的正好相反……"

伊凡·伊里奇回到自己屋里,躺下来想:"肾,游走肾。"他回忆起医生们对他说过的话,肾脏怎样离开原位而游走。 他竭力在想象中捕捉这个肾脏,不让它游走,把它固定下来。 这事看上去轻而易举。 "不,我还是去找找彼得·伊凡内奇(那个有医生朋友的朋友)。"他打了铃,吩咐套车,准备出去。

"你上哪儿去,伊凡?"妻子露出异常忧愁和矫揉造作的贤惠神情问。

这种矫揉造作的贤惠使他生气。 他阴沉着脸对她瞅了一眼。

"我去找彼得·伊凡内奇。"

他去找这个有医生朋友的朋友。 然后跟他一起到医生家去。他遇见医生,跟他谈了好半天。

医生根据解剖学和生理学对他的病作了分析,他全听懂了。 盲肠里有点毛病,有点小毛病。 全会好的。 只要加强一个器官的功能,减少另一个器官的活动,多吸收一点,就会好的。

吃饭时,他晚到了一点。 吃过饭,他兴致勃勃地谈了一通,但好一阵不能定下心来做事。 最后他回到书房,立刻动手工作。 他批阅公文，处理公事，但心里念念不忘有一件要事被耽误了。等公事完毕，他才记起那件事就是盲肠的毛病。但他故作镇定，走到客厅喝茶。那里有几个客人，正在说话，弹琴，唱歌。他得意的未来女婿、法院侦讯官也在座。据普拉斯柯菲雅·费多罗夫娜说，伊凡·伊里奇那天晚上过得比谁都快活，其实他一分钟也没有忘记盲肠的毛病被耽误。十一点钟他向大家告辞，回自己屋里去。自从生病以来，他就独自睡在书房里。

他走进书房，脱去衣服，拿起一本左拉的小说，但没有看，却想着心事。他想象盲肠被治愈了。通过吸收，排泄，功能恢复正常。"对了，就是那么一回事，"他自言自语，"只要补补身体就好了。"他想到了药，支起身来，服了药，又仰天躺下，仔细体味药物怎样在治病，怎样在制止疼痛。"只要按时服药，避免不良影响就行；我现在已觉得好一点了，好多了。"他按按腰部，按上去不疼了。"是的，不疼了，真的好多了。"他灭了蜡烛，侧身躺下……盲肠在逐渐恢复，逐渐吸收。突然他又感觉到那种熟悉的隐痛，痛得一刻不停，而且很厉害。嘴里又是那种恶臭。他顿时心头发凉，头脑发晕。"天哪！天哪！"他喃喃地说，"又来了，又来了，再也好不了啦！"突然他觉得完全不是那么一回事。"哼，盲肠！肾脏！"他自言自语，"问题根本不在盲肠，不在肾脏，而在生和……死。是啊，有过生命，可现在它在溜走，在溜走，而我又留不住它。是啊！何必欺骗自己呢？除了我自己，不是人人都很清楚我快死了吗？问题只在于还有几个星期、几天，还是现在就死。原来有过光明，现在却变成一片黑暗。我此刻在这个世界，但不久就要离开！到哪儿去？"他觉得浑身发凉，呼吸停止，只听见心脏在扑扑跳动。

"等我没有了，那还有什么呢？什么也没有了。等我没有了，我将在哪儿？ 难道真的要死了吗？ 不，我不愿死。"他霍地跳起来，想点燃蜡烛，用颤动的双手摸索着。 蜡烛和烛台被碰翻，落到地上。 他又仰天倒在枕头上。 "何必呢？ 反正都一样，"他在黑暗中瞪着一双眼睛，自言自语，"死。 是的，死。 他们谁也不知道，谁也不想知道，谁也不可怜我。 他们玩得可乐了。 （他听见远处传来喧闹和伴奏声。）他们若无其事，可他们有朝一日也要死的。 都是傻瓜！ 我先死，他们后死，他们也免不了一死。 可他们还乐呢。 畜生！"他愤怒得喘不过气来。 他痛苦得受不了。 难道谁都得受这样的罪吗！ 他坐起来。

"总有什么地方不对头，我得定下心，从头至尾好好想一想，"他开始思索，"对了，病是这样开始的。 先是腰部撞了一下，但过了一两天我还是好好的。 稍微有点疼，后来疼得厉害了，后来请医生，后来泄气了，发愁了，后来又请医生，但越来越接近深渊。 体力越来越差，越来越接近……越来越接近……我的身子虚透了，我的眼睛没有光。 我要死了，可我还以为是盲肠有病。 我想治好盲肠，其实是死神临头了。 难道真的要死吗？"他又感到魂飞魄散，呼吸急促。 他侧身摸索火柴，用臂肘撑住床头柜。 臂肘撑得发痛，他恼火了，撑得更加使劲，结果把床头柜推倒了。 他绝望得喘不过气来，又仰天倒下，恨不得立刻死去。

这当儿，客人们纷纷走散。 普拉斯柯菲雅·费多罗夫娜送他们走。 她听见什么东西倒下，走进来。

"你怎么了？"

"没什么，不留神把它撞倒了。"

她走出去，拿着一支蜡烛进来。 他躺着，喘息得又重又急，好像刚跑完了几里路，眼睛停滞地瞧着她。

"你怎么了，伊凡？"

"没……什么。 撞……倒了。"他回答,心里却想:"有什么可说的。 她不会明白的。"

她确实不明白。 她扶起床头柜,给他点上蜡烛,又匆匆走掉了: 她还得送客。

等她回来,他仍旧仰天躺着,眼睛瞪着天花板。

"你怎么了,更加不舒服吗？"

"是的。"

她摇摇头,坐下来。

"我说,伊凡,我们把列歇季茨基请到家里来好吗？"

这就是说,不惜金钱,请那位名医来出诊。 他冷笑了一声说:"不用了。"她坐了一会儿,走到他旁边,吻了吻他的前额。

她吻他的时候,他从心底里憎恨她,好容易才忍住不把她推开。

"再见。 上帝保佑你好好睡一觉。"

"嗯。"

六

伊凡·伊里奇看到自己快要死了,经常处于绝望中。

他心里明白,他快要死了,但他对这个念头很不习惯,他实在不理解,怎么也不能理解。

他在基捷韦帖尔的逻辑学里读到这样一种三段论法: 凡人都要死,盖尤斯是人,所以盖尤斯也要死。 他始终认为这个例子只适用于盖尤斯,绝对不适用于他。 盖尤斯是人,是个普通人,这个道理完全正确;但他不是盖尤斯,不是个普通人,他永远是个与众不同的特殊人物。 他原来是小伊凡,有妈妈,有爸爸,有两个兄弟——

米嘉和伏洛嘉,有许多玩具,有马车夫,有保姆,后来又有了妹妹卡嘉,还有儿童时代、少年时代和青年时代的喜怒哀乐。难道盖尤斯也闻到过他小伊凡所喜爱的那种花皮球的气味吗?难道盖尤斯也那么吻过妈妈的手,听到过妈妈绸衣褶裥的窸窣声吗?难道盖尤斯也曾在法学院里因点心不好吃而闹过事吗?难道盖尤斯也那么谈过恋爱吗?难道盖尤斯能像他那样主持审讯吗?

盖尤斯的确是要死的,要他死是正常的,但我是小伊凡,是伊凡·伊里奇,我有我的思想感情,跟他截然不同。我不该死,要不真是太可怕了。

这就是他的心情。

"我要是像盖尤斯那样也要死,那我一定会知道,一定会听到内心的声音,可是我心里没有这样的声音。我和我的朋友们都明白,我跟盖尤斯完全不同。可是如今呢!"他自言自语,"这是不可能的,不可能发生的,可是偏偏发生了。这是怎么搞的?这事该怎么理解?"

他无法理解,就竭力驱除这个想法,把这个想法看作是虚假、错误和病态的,并且用正确健康的想法来挤掉它。但这不只是思想,而是现实,它出现了,摆在他面前。

他故意想想别的事来排挤这个想法,希望从中找到精神上的支持。他试图用原来的一套思路来对抗死的念头。但奇怪得很,以前用这种办法可以抵挡和驱除死的念头,如今却不行。近来,伊凡·伊里奇常常想恢复原来的思绪,以驱除死的念头。有时他对自己说:"我还是去办公吧,我一向靠工作过活。"他摆脱心头的种种疑虑,到法院去。他跟同事们谈话,在法庭上坐下来,照例漫不经心地扫一眼人群,两条干瘦的胳膊搁在椅子扶手上,照例侧身凑近旁边的法官,挪过卷宗,和他耳语几句,然后猛地抬起眼睛,挺直身子，说几句老套，宣布开庭。但审讯到一半，腰部不顾正在开庭，突然又抽痛起来。 伊凡·伊里奇定下神，竭力不去想它，可是没用。"它"①又来了，站在他面前，打量着他。 他吓得呆若木鸡，眼睛里的光也熄灭了。 他又自言自语："难道只有'它'是真的吗？"同事和下属惊奇而痛心地看到，像他这样一位精明能干的法官竟然说话颠三倒四，在审讯中出差错。 他竭力振作精神，定下心来，勉强坚持到庭审结束，闷闷不乐地回家去。 他明白，法院开庭也不再能回避他想回避的事，他在审讯时也不能摆脱"它"。 最最糟糕的是，"它"吸引他，并非要他有什么行动，而只是要他瞧着"它"，面对面地瞧着"它"，什么事也不做，难堪地忍受着折磨。

为了摆脱这种痛苦，伊凡·伊里奇寻找另一种屏风来自卫，但另一种屏风也只能暂时保护他，不久又破裂了，或者变得透明了，仿佛"它"能穿透一切，什么东西也挡不住"它"。

有一次他走进精心布置的客厅——他摔跤的地方，他嘲弄地想，正是为了布置客厅而献出了生命，因为他知道他的病是由跌伤引起的——他发现油漆一新的桌上有被什么东西划过的痕迹。 他研究原因，发现那是被照相簿上弯卷的青铜饰边划破的。 他拿起他深情地贴上照片的照相簿，对女儿和她那些朋友的粗野很恼火——有的地方撕破了，有的照片被颠倒了。 他把照片仔细整理好，把照相簿饰边扳平。

然后他想重新布置，把照相簿改放到盆花旁的角落里。 他吩咐仆人请女儿或者妻子来帮忙，可是她们不同意他的想法，反对搬动。 他和她们争吵、生气。 但这样倒好，因为他可以不再想到

---

① 指死神。

它,不再看见它。

不过,当他亲自动手挪动东西的时候,妻子对他说:"啊,让仆人搬吧,你又要糟蹋自己了。"这当儿,"它"突然又从屏风后面出现,他又看见了"它"。"它"的影子一闪,他还希望它能再消失,可是他又注意到自己的腰。腰还是在抽痛。他再也无法把它忘记,它明明在盆花后面瞧着他。"这是干什么呀?"

"真的,我为了这窗帘就像冲锋陷阵一样送了命。难道真是这样吗?多可怕而又多么愚蠢哪!这不可能!不可能!但是事实。"

他回到书房里躺下,又和"它"单独相处。他和"它"又面面相对,但对"它"束手无策。他只能瞧着"它",浑身发抖。

七

伊凡·伊里奇生病第三个月的情况怎样,很难说,因为病情是逐步发展的,不易察觉。但妻子也好,女儿也好,儿子也好,佣人也好,朋友也好,医生也好,主要是他自己,都知道,大家唯一关心的事是,他的位置是不是快空出来,活着的人能不能解除由于他存在而招惹的麻烦,他自己是不是快摆脱痛苦。

他的睡眠越来越少;医生给他服鸦片,注射吗啡,但都不能减轻他的痛苦。他在昏昏沉沉中所感到的麻木,起初使他稍微好过些,但不久又感到同样痛苦,甚至比清醒时更不好受。

家里人遵照医生的指示给他做了特殊的饭菜,但他觉得这种饭菜越来越没有滋味,越来越倒胃口。

为他大便也做了特殊的安排。每次大便他都觉得很痛苦,因为不清洁,不体面,有臭味,还得麻烦别人帮忙。

不过，在这件不愉快的事上，伊凡·伊里奇倒也得到一种安慰。每次大便总是由男仆盖拉西姆侍候。

盖拉西姆是个年轻的庄稼汉，衣着整洁，容光焕发，因为长期吃城里伙食长得格外强壮。他性格开朗，总是乐呵呵的。开头，这个身穿整洁的乡下服装的小伙子做着这种不体面的事，总使伊凡·伊里奇感到困窘。

有一次，他从便盆上起来，无力拉上裤子，就倒在沙发上。他看见自己皮包骨头的大腿，不禁心惊胆战。

盖拉西姆脚登散发着柏油味的大皮靴，身上系着干净的麻布围裙，穿着干净的印花布衬衫，卷起袖子，露出年轻强壮的胳膊，带着清新的冬天空气走进来。他目光避开伊凡·伊里奇，竭力抑制着从焕发的容光中表现出来的生的欢乐，免得病人见了不高兴，走到便盆旁。

"盖拉西姆。"伊凡·伊里奇有气无力地叫道。

盖拉西姆打了个哆嗦，显然害怕自己什么地方做得不对，慌忙把他那张刚开始长胡子的淳朴善良而又青春洋溢的脸转过来对着病人。

"老爷，您有什么吩咐？"

"我想，你做这事一定很不好受。你要原谅我，我是没有办法。"

"哦，老爷，好说，"盖拉西姆闪亮眼睛，露出一排洁白健康的牙齿，"那算得了什么？您有病嘛，老爷。"

他用他那双强壮的手熟练地做着做惯的事，轻轻地走了出去。过了五分钟，又那么轻轻地走回来。

伊凡·伊里奇一直那么坐在沙发上。

"盖拉西姆，"当盖拉西姆把洗干净的便盆放回原处时，伊凡·伊里奇说，"请你帮帮我，你过来。"盖拉西姆走过去。"你搀我一把。我自己爬不起来，德米特里被我派出去了。"

盖拉西姆走过去，用那双强壮的手，也像走路一样轻松、利索而温柔地把主人抱起来，一只手扶住他，另一只手给他拉上裤子，想让他坐下。但伊凡·伊里奇要求把他扶到长沙发上。盖拉西姆一点也不费劲，稳稳当当地把他抱到长沙发上坐下。

"谢谢。你真行，干得真轻巧。"

盖拉西姆又微微一笑，想走。可是伊凡·伊里奇和他在一起觉得很愉快，不肯放他走。

"还有，请你把那把椅子给我推过来。不，是那一把，让我搁腿。腿搁得高，好过些。"

盖拉西姆端过椅子，轻轻地把它放在长沙发前，然后抬起伊凡·伊里奇的双腿放在上面。当盖拉西姆把他的腿高高抬起时，他觉得舒服些。

"腿抬得高，我觉得舒服些，"伊凡·伊里奇说，"你把这个枕头给我垫在下面。"

盖拉西姆照他的吩咐做了，又把他的腿抬起来放好。盖拉西姆抬起他的双腿，他觉得确实好过些。双腿一放下，他又觉得不舒服。

"盖拉西姆，"伊凡·伊里奇对他说，"你现在有事吗？"

"没有，老爷。"盖拉西姆说。他已学会像城里仆人那样和老爷说话。

"你还有什么活要干？"

"我还有什么活要干？什么都干好了，只要再劈点木柴留着明天用。"

"那你把我的腿这么高高抬着，行吗？"

"有什么不行的？行！"盖拉西姆把主人的腿抬起来。伊凡·伊里奇觉得这样一点也不痛了。

"那么劈柴怎么办？"

"不用您老爷操心，这我们来得及的。"

伊凡·伊里奇叫盖拉西姆坐下抬着他的腿，并和他谈话。真奇怪，盖拉西姆抬着他的腿，他觉得好过多了。

从此以后，伊凡·伊里奇就常常把盖拉西姆唤来，要他用肩膀扛着他的腿，并喜欢和他谈天。盖拉西姆做这事轻松愉快，态度诚恳，使伊凡·伊里奇很感动。别人身上的健康、力量和生气往往使伊凡·伊里奇感到屈辱，只有盖拉西姆的力量和生气，不仅没有使他觉得伤心，反而使他感到安慰。

伊凡·伊里奇觉得最痛苦的事就是听谎言，听大家出于某种原因都相信的那个谎言：他只是病了，并不会死，只要安心治疗，一定会好的。可是他知道，不论采取什么办法，他都不会好了，痛苦只会越来越厉害，直到死去。这个谎言折磨着他。他感到痛苦的是，大家都知道，他自己也知道，他的病很严重，但大家都讳言真相而撒谎，还要迫使他自己一起撒谎。谎言，在他临死前夕散布的谎言，把他不久于人世这样严肃可怕的大事，缩小到访问、挂窗帘和晚餐吃鲤鱼等小事，这使他感到极其痛苦。说也奇怪，好多次当他们就他的情况编造谎言时，他差一点大声叫出来："别再撒谎了，我快要死了！这事你们知道，我也知道，所以大家别再撒谎了！"但他从来没有勇气这样做。他看到，他不久于人世这样严肃可怕的事，被周围的人看成只是一件不愉快或者不体面的事（就像一个人走进会客室从身上散发出臭气一样），还要勉强维持他一辈子苦苦撑住的"体面"。他看到，谁也不可怜他，谁也不想了解他的真实情况。只有盖拉西姆一人了解他，并且可怜他。因此只有和盖拉西姆在一起他才觉得好过些。盖拉西姆有时通宵扛着他的腿，不去睡觉，嘴里还说："您可不用操心，老爷，我回头会睡个够的。"这时他感到安慰。或者当盖拉西姆脱口而出亲热地说："要是你没病就好了，我这样伺候伺候你算得了什么？"他也感到安慰。只有盖拉西姆一人不撒谎，显然也只有他一人明白真实情况，并且认为无须隐讳，但他怜悯日益消瘦的老爷。有一次伊凡·伊里奇打发他走，他直截了当地说：

"我们大家都要死的。我为什么不能侍候您呢？"他说这话的意思就是，现在他不辞辛劳，因为侍候的是个垂死的人，希望将来有朝一日轮到他的时候也有人侍候他。

除了这个谎言，或者正是由于这个谎言，伊凡·伊里奇觉得特别痛苦的是，没有一个人像他所希望的那样可怜他。伊凡·伊里奇长时期受尽折磨，有时特别希望——尽管他不好意思承认——有人像疼爱有病的孩子那样疼爱他。他真希望有人疼他，吻他，对着他哭，就像人家疼爱孩子那样。他知道，他是个显赫的大官，已经胡子花白，因此这是不可能的，但他还是抱着这样的希望。他和盖拉西姆的关系近似这种关系，因此跟盖拉西姆在一起，他感到安慰。伊凡·伊里奇想哭，要人家疼他，对着他哭，不料这时他的法院同事谢贝克走来了，伊凡·伊里奇不仅没有哭，没有表示亲热，反而板起脸，显出严肃和沉思的神气，习惯成自然地说了他对复审的意见，并且坚持自己的看法。他周围的这种谎言和他自己所做的谎言，比什么都厉害地毒害了他生命的最后日子。

八

有一天早晨。伊凡·伊里奇知道这是早晨，因为每天早晨都是盖拉西姆从书房里出去,男仆彼得进来吹灭蜡烛,拉开一扇窗帘,悄悄地收拾房间。 早晨也好,晚上也好,星期五也好,星期天也好,反正都一样,反正没有区别: 永远是一刻不停的难堪的疼痛;意识到生命正在无可奈何地消逝,但还没有完全消逝;那愈益逼近的可怕而又可恨的死,只有它才是真实的,其他一切都是谎言。 在这种情况下,几天、几个星期和几小时有什么区别?

"老爷,您要不要用茶?"

"他还是老一套,知道老爷太太每天早晨都要喝茶。"他想,接着回答说:"不用了。"

"您要不要坐到沙发上去?"

"他得把屋子收拾干净,可我在这里碍事。 我太邋遢,太不整齐了。"他想了想回答说:"不,不用管我。"

男仆继续收拾屋子。 伊凡·伊里奇伸出一只手。 彼得殷勤地走过去。

"老爷,您要什么?"

"我的表。"

彼得拿起手边的表,递给他。

"八点半了。 她们还没有起来吗?"

"还没有,老爷。 瓦西里·伊凡内奇(这是儿子)上学去了,普拉斯柯菲雅·费多罗夫娜关照过,要是您问起,就去叫醒她。 要去叫她吗?"

"不,不用了。"他回答,接着想:"要不要喝点茶呢?"于是就对彼得说:"对了,你拿点茶来吧。"

彼得走到门口。 伊凡·伊里奇独自留着觉得害怕。 "怎么把他留住呢? 有了,吃药。"他想了想,说:"彼得,给我拿药来。"接着又想:"是啊,说不定吃药还有用呢。"他拿起匙子,把药吃下去。"不,没有用。一切都是胡闹,都是欺骗。"他一尝到那种熟悉的甜腻腻的怪味,就想。"不,我再也不能相信了。可是那个疼,那个疼,要是能停止一会儿就好了。"他呻吟起来。彼得向他回过头来。"不,你去吧,拿茶来。"

彼得走了,剩下伊凡·伊里奇一个人。他又呻吟起来。他疼得很厉害,可呻吟主要不是由于疼痛,而是由于悲伤。"老是那个样子,老是那样的白天和黑夜。但愿快一点。什么快一点?死,黑暗。不,不!好死不如赖活!"

彼得托着茶盘进来,伊凡·伊里奇茫然看了他好一阵,认不出他是谁,不知道他是来干什么的。他这种目光弄得彼得很狼狈。彼得现出尴尬的神色,伊凡·伊里奇才醒悟过来。

"噢,茶……"他说,"好的,放着。你帮我洗洗脸,拿一件干净衬衫来。"

伊凡·伊里奇开始梳洗。他断断续续地洗手,洗脸,刷牙,梳头,然后照照镜子。他感到害怕,特别是看到他的头发怎样贴着苍白的前额。

彼得给他换衬衫。他知道他要是看到自己的身体,一定会更加吃惊,因此不往身上看。梳洗完毕了,他穿上晨衣,身上盖了一条方格毛毯,坐到扶手椅上喝茶。有么一会儿他觉得神清气爽,但一喝茶,立刻又感到那种味道、那种疼痛。他勉强喝完茶,伸直腿躺下来。他躺下,让彼得走。

还是那个样子。一会儿出现了一线希望,一会儿又掉进绝望的海洋。老是疼,老是疼,老是悲怆凄凉,一切都是老样子。独个儿待着格外悲伤,想叫个人来,但他知道和人家待在一起更难受。"最好再来点儿吗啡,把什么都忘记。我要请求医生,叫他想点别的办法。这样可真受不了,真受不了!"

一小时、两小时，就这样过去了。忽然前厅里响起了铃声。会不会是医生？果然是医生。他走进来，精神饱满，容光焕发，喜气洋洋。那副神气仿佛表示：你们何必这样大惊小怪，我这就来给你们解决问题。医生知道，这样的表情是不得体的，但他已经习惯了，改不掉，好像一个人一早穿上大礼服，就这样穿着，一家家去拜访，没有办法改变了。

医生生气勃勃而又使人宽慰地搓搓手。

"啊，真冷，可把我冻坏了。让我暖和暖和身子。"他说这话时的神气仿佛表示，只要稍微等一下，等他身子一暖和，就什么问题都解决了。

"嗯，怎么样？"

伊凡·伊里奇觉得，医生想说："情况怎么样？"但又觉得不该那么问，就说："晚上睡得怎么样？"

伊凡·伊里奇望着医生的那副神气表示："您老是撒谎，怎么不害臊？"但医生不理会他的表情。

伊凡·伊里奇就说：

"还是那么糟。疼痛没有消除，也没有减轻。您能不能想点办法……"

"啊，你们病人总是这样。嗯，这会儿我可暖和了，就连普拉斯柯菲雅·费多罗夫娜那么仔细，也不会对我的体温有意见了。嗯，您好。"医生说着握了握病人的手。

接着医生收起戏谑的口吻，现出严肃的神色给病人看病：把脉、量体温、叩诊、听诊。

伊凡·伊里奇清清楚楚地知道，这一切都毫无意思，全是骗人的，但医生跪在他面前，身子凑近他，用一只耳朵忽上忽下地细听，脸上显出极其认真的神气，像体操一般做着各种姿势。伊凡·

伊里奇面对这种场面,屈服了,就像他在法庭上听辩护律师发言一样,尽管他明明知道他们都在撒谎,以及为什么撒谎。

医生跪在沙发上,还在他身上敲着。这当儿门口传来普拉斯柯菲雅·费多罗夫娜绸衣裳的窸窣声,还听见她在责备彼得没有及时向她报告医生的来到。

她走进来,吻吻大夫,立刻振振有词地说,她早就起来了,只是不知道医生来了,才没有及时出来迎接。

伊凡·伊里奇对她望望,打量着她的全身,对她那白净浮肿的双手和脖子、光泽的头发和充满活力的明亮眼睛感到嫌恶。他从心底里憎恨她。她的亲吻更激起他对她的难以克制的憎恨。

她对待他和他的病还是老样子。正像医生对病人的态度都已定型不变那样,她对丈夫的态度也已定型不变:她总是亲昵地责备他没有照规定服药休息,总是怪他自己不好。

"嗳,他这人就是不听话!不肯按时吃药。尤其是他睡的姿势不对,两腿搁得太高,这样睡对他不好。"

她告诉医生他怎样叫盖拉西姆扛着腿睡。

医生鄙夷不屑而又和蔼可亲地微微一笑,仿佛说:"有什么办法呢?病人总会做出这样的蠢事来,但情有可原。"

检查完毕,医生看了看表。这时普拉斯柯菲雅·费多罗夫娜向伊凡·伊里奇宣布,不管他是不是愿意,她今天就去请那位名医来,让他同米哈伊尔·达尼洛维奇(平时看病的医生)会诊一下,商量商量。

"请你不要反对。我是为我自己才这样做的。"她嘲讽地说,让他感到这一切都是为她而做的,因此他不该拒绝。他不做声,皱起眉头。他觉得周围是一片谎言,很难判断是非曲直。

她为他做的一切都是为了她自己。她对他说这样做是为了她自己，那倒是真的，不过她的行为叫人很难相信，因此必须从反面来理解。

十一点半，那位名医果然来了。又是听诊，又是当着他的面一本正经地交谈，而到了隔壁房间又是谈肾脏，谈盲肠，又是一本正经地问答，又是避开他现在面临的生死问题，大谈什么肾脏和盲肠有毛病，米哈伊尔·达尼洛维奇和名医又都主张对肾脏和盲肠进行治疗。

名医临别时神态十分严肃，但并没有绝望。伊凡·伊里奇眼睛里露出恐惧和希望的光芒仰望着名医，怯生生地问他，是不是还能恢复健康。名医回答说，不能保证，但可能性还是有的。伊凡·伊里奇用满怀希望的目光送别医生，他的样子显得那么可怜，以至普拉斯柯菲雅·费多罗夫娜走出书房付给医生出诊费时都忍不住哭了。

被医生鼓舞起来的希望并没有持续多久。还是那个房间，还是那些图画，还是那些窗帘，还是那种墙纸，还是那些药瓶，还是他那个疼痛的身子。伊凡·伊里奇呻吟起来，给他注射了吗啡，便迷迷糊糊睡着了。

他醒来时，天色开始发黑。仆人给他送来晚餐，他勉强吃了一点肉汤。于是一切如旧，黑夜又来临了。

饭后七点钟，普拉斯柯菲雅·费多罗夫娜走进他的房间。她穿着晚礼服，丰满的胸部被衣服绷得隆起，脸上有扑过粉的痕迹。早晨她就提起，今晚她们要去看戏。萨拉·贝娜到这个城里做访问演出，她们定了一个包厢。那也是他的主意。这会儿，他把这事忘记了，她那副打扮使他生气。不过，当他记起是他要她们定包厢去看戏的，认为孩子们看这戏可以获得美的享受，他就把自己的愤怒掩饰起来。

普拉斯柯菲雅·费多罗夫娜进来的时候得意洋洋,但仿佛又有点负疚。 她坐下来,问他身体怎么样,不过他看出,她只是为了应酬几句才问的,并非真的想了解什么,而且知道也问不出什么来。接着她就讲她要讲的话:她本来说什么也不愿去,可是包厢已经定了,爱伦和女儿,还有彼特利歇夫(法院侦讯官,未来的女婿)都要去,总不能让他们自己去,她其实是宁可待在家里陪他的。 现在她只希望她不在家时,他能照医生的嘱咐休息。

"对了,费多尔·彼得罗维奇(未来的女婿)想进来看看你,行吗? 还有丽莎。"

"让他们来好了。"

女儿走进来。 她打扮得漂漂亮亮,露出部分年轻的身体。 对比之下,他觉得更加难受。 她却公然显示她健美的身体。 显然她正在谈恋爱,对妨碍她幸福的疾病、痛苦和死亡感到嫌恶。

费多尔·彼得罗维奇也进来了。 他身穿燕尾服,头发烫出波纹,雪白的硬领夹着青筋毕露的细长脖子,胸前露出一大块白硬衬,瘦长的黑裤紧裹着两条强壮的大腿,手上套着雪白的手套,拿着大礼帽。

一个中学生在他后面悄悄走进来。 这个可怜的孩子穿一身崭新的学生装,戴着手套,眼圈发黑——伊凡·伊里奇知道怎么会这样。

他总是很怜悯儿子。 儿子那种满怀同情的怯生生目光使他心惊胆战。 伊凡·伊里奇觉得除了盖拉西姆以外,只有儿子一人了解他、同情他。

大家都坐下来,又问了一下病情。 接下来是一片沉默。 丽莎问母亲要望远镜。 母女俩争吵起来,不知是谁拿了,放在什么地方。 这事弄得大家都很不高兴。

费多尔·彼得罗维奇问伊凡·伊里奇有没有看过萨拉·贝娜。伊凡·伊里奇起初没听懂他问什么,后来才说:

"没有,您看过吗?"

"看过了,她演《阿德里安娜·莱科芙露尔》①。"

普拉斯柯菲雅·费多罗夫娜说,她演那种角色特别好。女儿不同意她的看法。大家谈到她的演技又典雅又真挚——那题目已谈过不知多少次了。

谈话中间,费多尔·彼得罗维奇对伊凡·伊里奇瞧了一眼,不做声了。其他人跟着瞧了一眼,也不做声了。伊凡·伊里奇睁大眼睛向前望望,显然对他们很生气。这种尴尬的局面必须改变,可是怎么也无法改变。必须设法打破这种沉默,谁也不敢这样做,大家都害怕,唯恐这种礼貌周到的虚伪做法一旦被揭穿,真相就会大白。丽莎第一个鼓起勇气,打破了沉默。她想掩饰大家心里都有的感觉,却脱口而出:

"嗯,要是去的话,那么是时候了。"她说,瞧了瞧父亲送给她的表。接着,她对未婚夫会意地微微一笑,衣服窸窣响着站了起来。

大家都站起来,告辞走了。

等他们一走,伊凡·伊里奇觉得好过些,因为虚伪的局面结束了,随着他们一起消失了,但疼痛如旧。依旧是那种疼痛,依旧是那种恐惧,一点也没有缓和,而是每况愈下。

时间还是一分钟又一分钟、一小时又一小时地过去,一切如旧,没完没了,而无法避免的结局却越来越使人不寒而栗。

"好的,你去叫盖拉西姆来。"他对彼得说。

---

① 17世纪法国剧作家斯克里布的剧本。

九

妻子深夜才回家。她踮着脚悄悄进来，但他还是听见她的脚步声。他睁开眼睛，连忙又闭上。她想打发盖拉西姆走开，自己陪他坐一会儿。他却睁开眼睛，说：

"不，你去吧。"

"你很难受吗？"

"老样子。"

"服点鸦片吧。"

他同意了，服了点鸦片。她走了。

直到清晨三时，他一直处在痛苦的迷糊状态中。他仿佛觉得人家硬把他这个病痛的身子往一个又窄又黑又深的口袋里塞，一个劲地往下塞，却怎么也塞不到袋底。这件可怕的事把他折磨得好苦。他又害怕，又想往下沉，不断挣扎，越挣扎越往下沉。他突然跌了下去，随即惊醒过来。依旧是那个盖拉西姆坐在床脚跟，平静而耐心地打着瞌睡。他却躺在那里，把那双穿着袜子的瘦腿搁在盖拉西姆肩上；依旧是那支有罩的蜡烛，依旧是那种一刻不停的疼痛。

"你去吧，盖拉西姆。"他喃喃地说。

"不要紧，老爷，我坐坐。"

"不，你去吧。"

他放下腿，侧过身子来睡。他开始可怜自己。他等盖拉西姆走到隔壁屋里，再也忍不住，就像孩子般痛哭起来。他哭自己的无依无靠，哭自己的孤独寂寞，哭人们的残酷，哭上帝的残酷和冷漠。

"你为什么要这样做？为什么把我带到这儿来？为什么？为什么这么狠心地折磨我？……"

他知道不会有回答，但又因得不到也不可能得到回答而痛哭。疼痛又发作了，但他一动不动，也不呼号。他自言自语："痛吧，再痛吧！可是为了什么呀？我对你做了什么啦？这是为了什么呀？"

后来他安静了，不仅停止哭泣，而且屏住呼吸，提起精神来。他仿佛不是在倾听说话声，而是在倾听灵魂的呼声，倾听自己思潮的翻腾。

"你要什么呀？"这是他听出来的第一句明确的话。"你要什么呀？你要什么呀？"他一再问自己，"要什么？"——"摆脱痛苦，活下去。"他自己回答。

他又全神贯注地倾听，连疼痛都忘记了。

"活下去，怎么活？"心灵里有个声音问他。

"是的，活下去，像我以前那样活得舒畅而快乐。"

"像你以前那样，活得舒畅而快乐吗？"心灵里的声音问。于是他开始回忆自己一生中美好的日子。奇怪的是，所有那些美好的日子现在看来一点也不美好，只有童年的回忆是例外。童年时代确实有过欢乐的日子，要是时光能倒转，那是值得重温的。但享受过当年欢乐的人已经不存在了，存在的似乎只有对别人的回忆。

自从伊凡·伊里奇变成现在这个样子以来，过去的欢乐都在他眼里消失了，或者说，变得不足道了，变得令人讨厌了。

离童年越远，离现在越近，那些欢乐就越显得不足道、越可疑。这是从法学院开始的。在那里还有点真正美好的事：还有欢乐，还有友谊，还有希望。但读到高年级，美好的时光就越来越少。后来开始在官府供职，又出现了美好的时光：那是对一个女人的倾慕。后来生活又浑浑噩噩，美好的时光更少了，越来越少，越来越少。

结婚……是那么意外，那么叫人失望。妻子嘴里的臭味、放纵情欲、装腔作势！死气沉沉地办公、不择手段地捞钱，就这样过了一年、两年、十年、二十年——始终是那么一套。而且越是往后，就越是死气沉沉。我在走下坡路，却还以为在上山。就是这么一回事。大家都说我官运亨通，步步高升，其实生命在我脚下溜掉……如今瞧吧，末日到了！

这究竟是怎么一回事？为什么会这样？生活不该那么无聊，那么讨厌。不该！即使生活确是那么讨厌，那么无聊，那又为什么要死，而且死得那么痛苦？总有点不对头。

"是不是我的生活有些什么地方不对头？"他忽然想到，"但我不论做什么都是循规蹈矩的，怎么会不对头？"他自言自语，顿时找到了唯一的答案：生死之谜是无法解答的。

如今你到底要什么呢？要活命？怎么活？像法庭上听到民事执行吏高呼"开庭了！"时那样活。"开庭了，开庭了！"他一再对自己说。"喏，现在要开庭了！可我又没有罪！"他恨恨地叫道。"为了什么呀？"他停止哭泣，转过脸来对着墙壁，一直思考着那个问题：为什么要忍受这样的恐怖？为什么？

然而，不管他怎样苦苦思索，都找不到答案。他头脑里又出现了那个常常出现的想法：这一切都是由于他生活过得不对头。他重新回顾自己规规矩矩的一生，立刻又把这个古怪的想法驱除掉。

+

又过了两个星期。伊凡·伊里奇躺在沙发上已经起不来了。

他不愿躺在床上,就躺在长沙发上。 他几乎一直面对墙壁躺着,孤独地忍受着那难以摆脱的痛苦,孤独地思索着那难以解答的问题:"这是怎么一回事? 难道真的要死吗?"心灵里有个声音回答说:"是的,这要死的。"——"为什么要受这样的罪?"那声音回答说:"不为什么,就是这样。"除此以外,就什么也没有了。

自从伊凡·伊里奇开始生病,自从他第一次看医生以来,他的心情就分裂成两种对立的状态,两种状态交替出现:一会儿是绝望地等待着神秘而恐怖的死亡,一会儿是希望和紧张地观察自己身上的器官。 一会儿眼前出现了功能暂时停止的肾脏或者盲肠,一会儿又出现了无可避免的神秘而恐怖的死亡。

这两种心情从一开始生病就交替出现;但随着病情的发展,他就觉得肾脏的功能越来越可疑,越来越虚幻,而日益逼近的死亡却越来越现实。

他只要想想三个月前的身体,再看看现在的情况,看看他怎样一步步不停地走着下坡路,任何侥幸的心情就自然而然土崩瓦解了。

近来,他面向沙发背躺着,感到异常孤寂,那是一种处身在闹市和许多亲友中间却没有人理睬他而感到的孤寂,即使跑遍天涯海角都找不到的孤寂。 处身在这种可怕的孤寂中,他只能靠回忆往事度日。 一幕幕往事像图画般浮现在他眼前。 他总是从近期的事开始,一直回忆到遥远的过去,回忆到童年时代,然后停留在那些往事上。 譬如他从今天给他端来的李子酱,就会想到童年吃过的干瘪法国李子,觉得别有风味,吃到果核,满口生津。 同时他又会想到当年的种种情景:保姆、兄弟、玩具。 "那些事别去想了……太痛苦了。"伊凡·伊里奇对自己说,思想又回到现实上来。 他瞧着羊皮沙发上的皱纹和沙发背上的钮扣。 "山羊皮很贵,又不牢;有一次就为这事争吵过。还记得当年我们撕坏父亲的皮包,因此受罚,但那是另一种山羊皮,是另一次争吵……妈妈还送包子来给我们吃。"他的思想又停留在童年时代,他又感到很难过。他竭力驱散这种回忆,想些别的事。

在一系列往事的回忆中,他又想到了那件事:他怎样生病和病情怎样恶化。他想到年纪越小,越是充满生气。生命里善的因素越多,生命力也就越充沛。两者互为因果。"病痛越来越厉害,整个生命也就越来越糟,"他想,"生命开始还有一点光明,后来却越来越暗淡、消逝得越来越快,离死越来越近。"他忽然想到,一块石子落下总是不断增加速度,生命也是这样,带着不断增加的痛苦,越来越快地掉落下去,掉进痛苦的深渊。"我在飞逝……"他浑身打了个哆嗦,试图抗拒,但知道这是无法抗拒的。他的眼睛虽已疲劳,却依旧瞪着前面,瞪着沙发背。他等待着,等待着那可怕的坠落、震动和灭亡。"无法抗拒,"他自言自语,"真想知道,为什么会这样?可是无法知道。要是说我生活得不对头,那还有理由解释,可是不能这么说,"他对自己说,想到自己一辈子奉公守法,过着正派而体面的生活,"不能这么说。"他嘴上露出冷笑,仿佛人家会看到他这个样子,并且会因此受骗似的。"可是找不到解释!折磨,死亡……为了什么?"

这样过了两个星期。在这期间发生了伊凡·伊里奇夫妇所希望的那件事:彼特利歇夫正式来求婚。这事发生在一天晚上。第二天,普拉斯柯菲雅·费多罗夫娜走进丈夫房间,考虑着怎样向他宣布彼特利歇夫求婚的事,但就在那天夜里,伊凡·伊里奇的病情又有新的发展。普拉斯柯菲雅·费多罗夫娜发现他又躺在长沙发上,但姿势跟以前不同。他仰天躺着,呻吟着,眼睛呆滞地瞪着前方。

她谈起吃药的事。他把目光转到她身上。她没有把话说完,因为她发现他的目光里充满对她的愤恨。

"看在基督份上,让我安安静静地死吧!"他说。

她正想出去,但这当儿女儿进来向他请安。他也像对妻子那样对女儿望望,而对女儿问候病情的话只冷冷地说,他不久就会让她们解脱的。母女俩默不做声,坐了一会儿走了。

"我们究竟有什么过错呀?"丽莎对母亲说,"仿佛都是我们弄得他这样似的!我可怜爸爸,可他为什么要折磨我们?"

医生按时来给他看病。伊凡·伊里奇对他的问题只回答"是"或者"不是",并愤怒地盯住医生,最后说:

"您明明知道毫无办法,那就让我去吧!"

"我们可以减轻您的痛苦。"医生说。

"这点您也办不到,让我去吧!"

医生走到客厅,告诉普拉斯柯菲雅·费多罗夫娜情况很严重,只有一样东西可以减轻他的痛苦,就是鸦片。

医生说,他肉体上的痛苦很厉害,这是事实,但精神上的痛苦比肉体上的痛苦更厉害,而这也是他最难受的事。

他精神上的痛苦就是,那天夜里他瞧着盖拉西姆睡眼惺忪、颧骨突出的善良的脸,忽然想:我这辈子说不定真的过得不对头。

他忽然想,以前说他这辈子生活过得不对头,他是绝对不同意的,但现在看来可能是真的。他忽然想,以前他有过轻微的冲动,反对豪门权贵肯定的好事,这种冲动虽然很快就被他自己克制住,但说不定倒是正确的,而其他一切可能都不对头。他的职务,他所安排的生活,他的家庭,他所献身的公益事业和本职工作,这一切可能都不对头。 他试图为这一切辩护,但忽然发现一切都有问题,没有什么可辩护的。

"既然如此,那么现在我将离开世界的时候,发觉我把上天赋予我的一切都糟蹋了,但又无法挽救,那可怎么办?"他自言自语。 他仰天躺着,重新回顾自己的一生。 早晨他看到仆人,后来看到妻子,后来看到女儿,后来看到医生,他们的一举一动、一言一语,都证实他夜间所发现的可怕真理。 他从他们身上看到了自己,看到了他赖以生活的一切,并且明白这一切都不对头,这一切都是掩盖着生死问题的可怕的大骗局。 这种思想增加了他肉体上的痛苦,比以前增加了十倍。 他不断呻吟,辗转反侧,扯着身上的衣服。 他觉得衣服束缚他,使他喘不过气来。 他为此憎恨它们。

医生给了他大剂量鸦片,他昏睡过去,但到吃晚饭时又开始折腾。 他把所有的人都赶走,不断地翻来覆去。

妻子走过来对他说:

"伊凡,心肝,你就为了我(为了我?)这么办吧。 这没有什么害处,常常还有点用。 真的,这没什么。 健康的人也常常……"

他睁大眼睛,问:

"什么事? 进圣餐吗? 干什么呀? 不用了! 不过……"

她哭了。

"好吗,我的亲人? 我去叫我们的神父来,他这人挺好。"

"好,太好了。"他说。

神父来了,听了他的忏悔,他觉得好过些,疑虑似乎减少些,痛苦也减轻了,刹那间心里看到了希望。 他又想到了盲肠,觉得还可以治愈。 他含着眼泪进了圣餐。

他进了圣餐,又被放到床上,刹那间觉得好过些,并且又出现了生的希望。他想到他们曾建议他动手术。"活下去，我要活下去！"他自言自语。妻子走来祝贺；她敷衍了几句，又问：

"你是不是感到好些？"

他眼睛不看她，嘴里说："是。"

她的服装，她的体态，她的神情，她的腔调，全都向他说明一个意思："不对头。你过去和现在赖以生活的一切都是谎言，都是对你掩盖生死大事的骗局。"他一想到这点，心头就冒起一阵愤恨，随着愤恨又感觉到肉体上的痛苦，同时意识到不可避免的临近的死亡。接着又增加了一种新的感觉：拧痛、刺痛和窒息。

当他说"是"的时候，他的脸色是可怕的。他说了一声"是"，眼睛直盯住她的脸，接着使出全身的力气迅速地把脸转过去，伏在床上嚷道：

"都给我走，都给我走，让我一个人待着！"

十二

从那时起，他连续三天一刻不停地惨叫，叫得那么可怕，就是隔着两道门听了也觉得毛骨悚然。当他回答妻子的时候，他明白他完了，无法挽救了，末日到了，生命的末日到了，可是生死之谜始终没有解决，永远是个谜。

"哎哟！哎哟！哎哟！"他用不同的音调惨叫着。他开始嚷道："我不要！"接下去又是哎哟哎哟地惨叫。

整整三天，他一刻不停地在那个黑口袋里拼命挣扎，而一个肉眼看不见的力量却无可抗拒地把他往口袋里塞。他好像一个死刑犯，落到刽子手手里，知道没有生路了。他每分钟都感觉到，不管他怎样挣扎，他是越来越接近那恐怖的末日了。他觉得他的痛苦在于他正被人塞到那个黑窟窿里去,而更痛苦的是他不能爽爽快快落进去。 他所以不能爽爽快快落进去,是因为他认为他的生命是有价值的。 这种对自己生命的肯定,阻碍了他,不让他走,使他特别痛苦。

突然,他的胸部和腰部受到猛烈的打击,呼吸更加困难,他掉到窟窿里。 在窟窿底里有一道亮光。 他觉得自己仿佛处身在火车车厢里,你以为火车在前进,其实却在后退。 这时他突然辨出了方向。

"是的,一切都不对头,"他自言自语,"但没有关系,可以纠正的。 可怎样才算'对头'呢?"他问自己,接着突然沉默了。

第三天傍晚,他临终前两小时,念中学的儿子悄悄地进来,走到父亲床跟前。 垂死的人一直在惨叫,挥动双臂。 他的一只手落在儿子头上。 儿子捉住他的手,把它贴在嘴唇上,哭了起来。

就在这时候,伊凡·伊里奇掉了下去,看见了光。 他领悟到他的生活过得不对头,但还可以纠正。 他问自己:怎样才"对头",接着一动不动地留神听着。 他感到有人在吻他的手。 他睁开眼睛,对儿子瞧了一眼。 他可怜起儿子来。 妻子走到他跟前。 他对她瞧了一眼。 她张开嘴,鼻子上和面颊上挂着眼泪,露出绝望的神情瞧着他。 他为她难过。

"是的,我把他们害苦了,"他想,"他们真可怜,但等我一死,他们就会好过些。"他想把这话说出来,可是没有力气说。 "不过,何必说呢,应该行动。"他想。 他对着儿子用目光示意说:

"带他走……可怜……你也……"他还想说"原谅我",但却说了"原来我"。 他已经没有力气纠正,只摆了摆手,知道谁需要听懂自然会懂的。

他恍然大悟，原来折磨他的东西消失了，从四面八方消失了，从一切方面消失了。他可怜他们，应该使他们不再受罪。应该使他们，也使自己摆脱种种痛苦。"多么简单，多么快乐。"他想。"疼痛呢？"他问自己，"它哪儿去了？嗳，疼痛，你在哪儿啊！"

他留神倾听。

"噢，它在这里。好吧，疼就疼吧。"

"那么死呢？它在哪里？"

他寻找着往常折磨他的死的恐惧，可是没有找到。它在哪里？什么样的死啊？他一点也不觉得恐惧，因为根本没有死。

没有死，只有光。

"原来如此！"他突然说出声来，"多么美好！"

对于他，这一切都只是一刹那的事，这一刹那的含义没有再变。但旁人看到，临死前他又折腾了两小时。他的胸膛里咯咯发响，皮包骨头的身体不断抽搐。接着咯咯声越来越少，喘息也越来越微弱。

"过去了！"有人在他旁边说。

他听见这话，心里重复了一遍。"死过去了，"他对自己说，"再也不会有死了。"

他吸了一口气，吸到一半停住，两腿一伸，死了。

草婴　译

乞力马扎罗的雪

[美] 欧内斯特·海明威

欧内斯特·海明威 (Ernest Hemingway 1899—1961)，美国小说家，主要作品有长篇小说《太阳照样升起》《永别了，武器》《丧钟为谁而鸣》、中篇小说《老人与海》和短篇小说集《没有女人的男人》《胜者无所得》等，曾获1954年诺贝尔文学奖。

本篇写于海明威第二次去非洲打猎期间，被许多学者誉为海明威短篇小说的杰作。这是一篇写一个作家之死的小说。毫无疑问，这篇小说和托尔斯泰的一篇写一个法官之死的小说，即《伊凡·伊里奇之死》，有着内在联系——两者不仅有相同的"死亡主题"，而且有相似的内在结构，即：生的堕落，死的救赎。不过，绝对不能说这是模仿之作。为什么？因为这篇小说的叙事形式是绝对独创的，充分显示了海明威独特的叙事风格。

小说的故事框架大体是这样的：一个名叫哈里的作家，带着他的再婚妻子海伦，到非洲狩猎，不慎被荆棘刺伤腿，因没有及时处理而伤口坏疽。这要到医院才能救治，而他却躺在几无人烟的乞力马扎罗山脚下。也就是说，若没有飞机来及时把他接走，他很快就会全身感染而死亡。而此时，他已经发烧，时而昏睡，时而清醒——清醒时情绪恶劣，不停和妻子争吵；昏睡时心神不宁，往事如梦般纷至沓来。最后，他陷入昏迷，在奄奄一息之际，他仿佛看到飞机来了，仿佛觉得自己得救了。然而，这却是死亡前的最后幻觉。

这个故事若让托尔斯泰来写，那就像《伊凡·伊里奇之死》一样，也会有许多细节描写和心理描写。海明威则不然，他知道这样写不是他的强项，肯定比不过托尔斯泰，所以他采用了类似意识流的叙事手法。首先，他把故事时间限制在短短的几小时内，即哈里死前的几个小时，大概从下午两三点钟到天黑——在这段时间（即"现实时间"）里，哈里一直躺在帐篷外面，时而和妻子说话、吵嘴，时而昏睡或者发呆，而等到天黑，他妻子吩咐仆人把他抬进帐篷时，他就死了。其次，海明威在这短短的几小时内几乎插入了哈里一生的经历——这段时间（即"记忆时间"）长达几十年，事情多得茫无头绪，但由于是出现在哈里昏昏沉沉的头脑中的记忆片断，海明威就让这些事情茫无头绪地呈现在那里，惟妙惟肖地模拟了人的意识流动。

为了分清这两种"时间"，在小说中，讲到"现实时间"里的事情时用宋体字（英文原版是正体），这部分主要是简短的对话，这是海明威的强项，讲到"记忆时间"里的事情时用楷体字（英文原版是斜体），这部分仍是第三人称叙述，以示这是他的回忆，而不是胡思乱想。至于从"现实时间"过渡到"记忆时间"，主要是用联想，这也是常用的意识流手法。

小说的题目——"乞力马扎罗的雪"——具有双重象征含义：既是理想的象征，又是死亡的象征。实际上，在整篇小说中，"乞力马扎罗"仅出现过两次：一次出现在小说开头，一次出现在小说的结尾处。

小说开头——"乞力马扎罗是一座海拔一万九千七百一十英尺的长年积雪的高山,据说它是非洲最高的一座山。西高峰叫马萨伊人的'鄂阿奇—鄂阿伊',即上帝的庙殿。在西高峰的近旁,有一具已经风干冻僵的豹子的尸体。豹子到这样高寒的地方来寻找什么,没有人作过解释。"这里,"上帝的庙殿"直接点明了乞力马扎罗代表着一种理想境界,而那具"豹子的尸体",则暗喻主人公哈里的处境:他追求理想,却死在半路上。至于最后一句——"豹子到这样高寒的地方来寻找什么,没有人作过解释。"——是为后文设置的一个悬念,等读者读完小说,自然也就得到了"解释"。

小说结尾处,"乞力马扎罗"再次出现。但这次出现在哈里的幻觉中:他仿佛觉得自己被抬上了飞机,接着飞机向东飞去,"他看到……在阳光中显得那么高耸、宏大,而且白得令人不可置信,那是乞力马扎罗山的方形的山巅。于是他明白,那儿就是他现在要飞去的地方"。这里的"乞力马扎罗",即死亡的象征。

当然,这"理想-死亡"双重象征之间是有联系的。因为对哈里来说,他活着等于死了;因为作为作家,他本应把真实的生活经历——如他在巴黎贫民区的生活、他亲眼目睹的战争,以及他的所见所闻、所作所为——不管是好是坏,都原原本本地写出来,但他什么都没写,而是迷失在金钱和享乐中,特别是被那些有钱的女人诱入了歧途(他的妻子海伦,就是其中之一)。所以,小说一开始,他就躺在那里,看到树上有两只秃鹫正盯着他——这暗示他已是一具"尸体",因为秃鹫是喜欢尸体的食腐动物;后来,到了晚上,又有鬣狗出现,更强化了这一点——因为鬣狗和秃鹫一样,也是喜欢尸体的食腐动物。但是,他心中的理想仍然活着;更重要的是,他的良知仍然活着,所以他对自己悔恨不已(他在昏睡中回忆起那么多事情,就是为了表达这种心情)。然而,迷途知返,也已晚矣——眼前,他面对着死亡。也就是说,他唯一可指望的,就是死亡。于是,死亡成了他的"理想",即:拥抱死亡,以示悔恨之深;因为唯有如此,他才能"赎罪"。这就是"死亡的救赎"。至此,死亡也成了一种象征,一种渴望重生的象征。

海明威曾说:"《乞力马扎罗的雪》里写的都是真事,其中的素材足够完成四部长篇小说。"这句话有两层意思:一是,小说主人公哈里是他(海明威)的自我写照;二是,他(海明威)白活了,那些"素材"(也就是他的好多真正的生活体验)本可以用来"完成四部长篇小说"的,但他却一部也没写。换句话说,这篇小说是海明威的忏悔之作,就如《伊凡·伊里奇之死》是托尔斯泰的忏悔之作。也许,正因为"写的都是真事",这篇小说又多了一层魅力。

乞力马扎罗是一座海拔一万九千七百一十英尺的长年积雪的高山，据说它是非洲最高的一座山。西高峰叫马萨伊人①的"鄂阿奇——鄂阿伊"，即上帝的庙殿。在西高峰的近旁，有一具已经风干冻僵的豹子的尸体。豹子到这样高寒的地方来寻找什么，没有人作过解释。

"奇怪的是它一点也不痛，"他说，"你知道，开始的时候它就是这样。"

"真是这样吗？"

"千真万确。可我感到非常抱歉，这股气味准叫你受不了。"

"别这么说！请你别这么说。"

"你瞧那些鸟儿，"他说，"到底是这儿的风景，还是我这股气味吸引了它们？"

男人躺在一张帆布床上，在一棵含羞草树的浓阴里，他越过树阴向那片阳光炫目的平原上望去，那儿有三只硕大的鸟讨厌地蜷伏着，天空中还有十几只在展翅翱翔，当它们掠过时，投下了迅疾移动的影子。

"从卡车抛锚那天起，它们就在那儿盘旋了，"他说，"今天是它们第一次落到地上来。我起先还很仔细地观察过它们飞翔的姿态，心想一旦我写一篇短篇小说的时候，也许会用得上它们。现在想想真可笑。"

"我希望你别写这些。"她说。

"我只是说说罢了，"他说，"我要是说着话儿，就会感到轻松得多。可是我不想让你心烦。"

"你知道这不会让我心烦，"她说，"我是因为没法出点儿

---

① 马萨伊人（masai），肯尼亚和坦桑尼亚的一个游牧狩猎民族。

力,才搞得这么焦灼的。 我想在飞机来到以前,咱们不妨尽可能轻松一点儿。"

"或者直等到飞机根本不来的时候。"

"请你告诉我能做些什么吧。 总有一些事是我能干的。"

"你可以把我这条腿锯下来,这样就可以不让它蔓延开去了,不过,我怀疑这样恐怕也不成。 也许你可以把我打死。 你现在是个好射手啦。 我教过你打枪,不是吗?"

"请你别这么说。 我能给你读点什么吗?"

"读什么呢?"

"咱们书包里不论哪本咱们没有读过的书都行。"

"我可听不进啦,"他说,"只有谈话最轻松了。 咱们来吵嘴吧,吵吵嘴时间就过得快。"

"我不吵嘴。 我从来就不想吵嘴。 咱们再不要吵嘴啦。 不管咱们心里有多烦躁。 说不定今天他们会乘另外一辆卡车回来的。 也说不定飞机会来到的。"

"我不想动了,"男人说,"现在转移已经没有什么意思了,除非使你心里轻松一些。"

"这是懦弱的表现。"

"你就不能让一个男人尽可能死得轻松一点儿,非得把他痛骂一顿不可吗? 你辱骂我有什么用处呢?"

"你不会死的。"

"别傻了。 我现在就快死了。 不信你问问那些个杂种。"他朝那三只讨厌的大鸟蹲伏的地方望去,它们光秃秃的头缩在耸起的羽毛里。 第四只掠飞而下,它快步飞奔,接着,蹒跚地缓步向那几只走去。

"每个营地都有这些鸟儿。 你从来没有注意罢了。 要是你不自暴自弃,你就不会死。"

"你这是从哪儿读到的？你这个大傻瓜。"

"你不妨想想还有别人呢。"

"看在上帝份上,"他说,"这可一向是我的行当。"

他静静地躺了一会儿,接着越过那片灼热而炫目的平原,眺望灌木丛的边缘。在黄色的平原上,有几只野羊显得又小又白。在远处,他看见一群斑马,映衬着葱绿的灌木丛,显得白花花的。这是一个舒适宜人的营地,大树遮阴,背倚山岭,有清冽的水,附近有一个几乎已经干涸的水穴,每当清晨时分,沙松鸡就在那儿飞翔。

"你要不要我给你读点什么？"她坐在帆布床边的一张帆布椅上问道,"有一阵微风吹来了。"

"不要,谢谢你。"

"也许卡车会来的。"

"我根本不在乎什么卡车来不来。"

"我可是在乎。"

"你在乎的东西多着哩,我可不在乎。"

"并不很多,哈里。"

"喝点酒怎么样？"

"喝酒对你是有害的。在布莱克出版的书里说,一滴酒都不能喝。你不应该喝酒了。"

"莫洛！"他唤道。

"是,先生。"

"拿威士忌苏打来。"

"是,先生。"

"你不应该喝酒,"她说,"我说你自暴自弃,就是这个意思。书上说酒对你是有害的。我就知道酒对你是有害的。"

"不，"他说，"酒对我有好处。"

现在一切就这样完了，他想，现在他再没有机会来了结这一切了。 一切就这样在为喝一杯酒这种小事争吵中了结了。

自从他的右腿开始生坏疽以来，他就不觉得痛。 随着疼痛的消失，恐惧也消失了。 他现在感到的只是一种强烈的厌倦和愤怒： 这居然就是结局。 至于这个结局现在正在来临，他倒并不感到多大奇怪。 多少年来它就一直萦绕着他；但是现在它本身并没有任何意义。 真奇怪，只要你厌倦够了，就能这样轻而易举地达到这个结局。

现在他再也不能把原来打算留到将来写作的题材写出来了，他本想等到自己有足够的了解以后才动笔，这样可以写得好一些。 唔，他也不用在试着写这些东西的时候遭遇失败了。 也许你永远不能把这些东西写出来，这就是你为什么一再延宕，迟迟没有动笔的缘故。 得了，现在，他永远不会知道了。

"我但愿咱们压根儿没上这儿来，"女人说，她咬着嘴唇望着他手里举着的酒杯，"在巴黎你决不会出这样的事儿。 你一向说你喜欢巴黎。 咱们本来可以待在巴黎或者上任何别的地方去。 不管哪儿我都愿意去。 我说过你要上哪儿我都愿意去。 要是你想打猎，咱们本来可以上匈牙利去，而且会很舒服的。"

"你有的是该死的钱。"他说。

"这么说是不公平的，"她说，"那一向是你的，就跟是我的一样。 我撇下了一切，不管上哪儿，只要你想去我就去，你想干什么我就干什么。 可我真希望咱们压根儿没上这儿来。"

"你说过你喜欢这儿。"

"我是说过的，那时你平安无事。 可现在我恨这儿。 我不明白干吗非得让你的腿出岔儿。 咱们到底干了什么，要让咱们遇到这样的事？"

245

"我想我干的事情就是，开头我把腿擦破了，忘了给抹上碘酒，随后又根本没有去注意它，因为我是从不感染的。后来等它严重了，别的抗菌剂又都用完了，可能就因为用了药性很弱的石炭酸溶液，使微血管麻痹了，于是开始生坏疽了，"他望着她说，"除此之外，还有什么呢？"

"我不是指这个。"

"要是咱们雇了一个高明的技工，而不是那个半瓶子醋的吉库尤人①司机，他也许就会检查机油，而决不会把卡车的轴承烧毁了。"

"我不是指这个。"

"要是你没有离开你自己的人……你那些该死的威斯特伯里、萨拉托加和棕榈滩②的老相识……偏偏捡上了我……"

"不，我是爱上了你。你这么说，是不公平的。我现在也爱你。我永远爱你。你爱我吗？"

"不，"男人说，"我不这么想。我从来没有这样想过。"

"哈里，你在说些什么？你昏了头了。"

"没有，我已经没有头可以发昏了。"

"你别喝酒了，"她说，"亲爱的，我求求你别喝酒了。只要咱们能办到的事，咱们就得尽力去干。"

"你去干吧，"他说，"我可是已经累了。"

现在，在他的脑海里，他看见的是卡拉加奇③的一座火车站，他正背着背包站在那里，现在正是辛普伦-奥连特列车的前灯划破了黑

---

① 吉库尤人，非洲班图人的一支。
② 这三个地方都在美国。
③ 卡拉加奇，土耳其西北部，位于欧洲部分的一城市。

暗,当时在撤退以后他正准备离开色雷斯①。 这是他准备留待将来写的一段情景,还有下面一段情节:早晨吃早餐的时候,眺望着窗外保加利亚群山的积雪,南森的女秘书问那个老头儿,山上是不是雪,老头儿望着窗外说,不,那不是雪,这会儿还不到下雪的时候哩。 于是那个女秘书把老头儿的话重复讲给其他几个姑娘听,不,你们看,那不是雪。 她们都说,那不是雪,咱们都看错了。 可是等他提出交换居民,把她们送往山里去的时候,那年冬天她们脚下一步步踩着前进的正是积雪,直到她们死去。

那年圣诞节在高厄塔耳山,雪也下了整整一个星期。

那年他们住在伐木人的屋子里,那口正方形的大瓷灶占了半间屋子,他们睡在装着山毛榉树叶的垫子上,这时那个逃兵跑进屋来,两只脚在雪地里冻得鲜血直流。 他说宪兵就在他后面紧紧追赶,于是他们给他穿上了羊毛袜子,并且缠住宪兵闲扯,直到雪花盖没了逃兵的足迹。

在希伦兹,圣诞节那天,雪是那么晶莹闪耀,你从酒吧间望出去,刺得你的眼睛发痛,你看见每个人都从教堂回到自己的家里去。 他们肩上背着沉重的滑雪板,就是从那儿走上松林覆盖的陡峭的群山旁的那条给雪橇磨得光溜溜的、尿黄色的河滨大路的。 他们那次大滑雪,就是从那儿一直滑到"梅德纳尔之家"上面那道冰川的大斜坡的,那雪看来平滑得像糕饼上的糖霜,轻柔得像粉末似的。 他记得那次阒无声息的滑行,速度之快,使你仿佛像一只飞鸟从天而降。

他们在"梅德纳尔之家"被大雪封了一个星期。 在暴风雪期间,他们挨着灯光,在烟雾弥漫中玩牌。 伦特先生输得越多,赌注

---

① 色雷斯,爱琴海北岸的一个地区,分属希腊、土耳其和保加利亚。

也跟着越下越大。最后他输得精光,把什么东西都输光了,把滑雪学校的钱和那一季的全部收益都输光了,接着把他的资金也输光了。他能看到伦特先生那长长的鼻子,捡起了牌,接着翻开牌说:"不看。"

那时候总是赌博。天不下雪,你赌博,雪下得太多,你又是赌博。他想起他这一生消磨在赌博里的时间。

可是关于这些,他连一行字都没有写;还有那个凛冽而晴朗的圣诞节,平原那边显出了群山,那天加德纳飞过防线去轰炸那列运送奥地利军官去休假的火车,当军官们四散奔跑的时候,他用机枪扫射他们。他记得后来加德纳走进食堂,开始谈起这件事。大家听他讲了以后,鸦雀无声,接着有个人说:"你这个该死的杀人坏种。"

关于这件事,他也一行字都没有写。

他们杀死的那些奥地利人,就是不久前跟他一起滑雪的奥地利人。不,不是那些奥地利人。汉斯,那年一整年跟他一起滑雪的奥地利人,是一直住在"国王—猎人客店"里的,他们一起到那家锯木厂上面那个小山谷去猎兔的时候,他们还谈起那次在帕苏比奥①的战斗和向波蒂卡和阿萨洛纳的进攻。这些,他连一个字都没有写。

关于孟特科尔诺、西特科蒙姆、阿尔西陀②,他也一个字都没有写。

在福拉尔贝格③和阿尔贝格④他住过几个冬天?住过四个冬

---

① 帕苏比奥,意大利东北部一山峰。
② 从波蒂卡到阿尔西陀,这些都是意大利地名。有些地名作者的拼法有错误,如孟特科尔诺(montecorno),正确的译音应为蒙特科尔维诺(montecorvino),阿尔西陀(arsiedo)正确的译音是阿尔西洛(arsiero)。
③ 福拉尔贝格,奥地利西部一州。
④ 阿尔贝格,奥地利西部蒂罗尔州的一乡村。该地以滑雪著称。

天。于是他记起那个卖狐狸的人,当时他们到了布卢登茨①,那回是去买礼物,他记起甘醇的樱桃酒特有的樱桃核味儿,记起在那结了冰的像粉一般的雪地上的快速滑行,你一面唱着"嗨!嗬!罗利说!"一面滑过最后一段坡道,笔直向那险峻的陡坡飞冲而下,接着转了三个弯滑到果园,从果园出来又越过那道沟渠,登上客店后面那条滑溜溜的大路。你敲松缚带,踢下滑雪板,把它们靠在客店外面的木墙上,灯光从窗里照射出来,屋子里,在烟雾缭绕、冒着新醅的酒香的温暖中,人们正在拉着手风琴。

"在巴黎,咱们住在哪儿?"他问女人。女人正坐在他身边一只帆布椅里,现在,在非洲。

"在克里昂。这你是知道的。"

"为什么我知道是那儿?"

"咱们始终住在那儿。"

"不,并不是始终住在那儿。"

"咱们在那儿住过,在圣日耳曼区的亨利四世大楼也住过。你说过你爱那个地方。"

"爱是一堆粪,"哈里说,"而我就是一只爬在粪堆上咯咯叫的公鸡。"

"要是你一定得离开人间的话,"她说,"是不是你非得把你没法带走的都砍尽杀绝不可呢?我的意思是说,你是不是非得把什么东西都带走不可?你是不是一定要把你的马,你的妻子都杀死,把你的鞍子和你的盔甲都烧掉呢?"

"对,"他说,"你那些该死的钱就是我的盔甲,就是我的马

---

① 布卢登茨,奥地利福拉尔贝格州一区,游览胜地。

和我的盔甲。"

"你别这么说。"

"好吧。我不说了。我不想伤害你的感情。"

"现在这么说,已经有点儿晚啦。"

"那好吧,我就继续来伤害你。这样有趣多啦。我真正喜欢跟你一起干的唯一的一件事,我现在不能干了。"

"不,这可不是实话。你喜欢干的事情多得很,而且只要是你喜欢干的,我也都干过。"

"啊,看在上帝的份上,请你别那么夸耀啦,行吗?"

他望着她,看见她在哭了。

"你听我说,"他说,"你以为我这么说有趣吗?我不知道我为什么要这样说。我想,这是想用毁灭一切来让自己活着。咱们刚开始谈话的时候,我还是好好的。我并没有意思要这样开场,可是现在我蠢得像个老傻瓜似的,对你狠心也真狠到了家。亲爱的,我说什么,你都不要在意。我爱你,真的。你知道我爱你。我从来没有像爱你这样爱过任何别的女人。"

他不知不觉地说出了他平时用来谋生糊口的那套说惯了的谎话。

"你对我挺好。"

"你这个坏娘们,"他说,"你这个有钱的坏娘们。这是诗。现在我满身都是诗。腐烂和诗。腐烂的诗。"

"别说了。哈里,为什么你现在一定要变得这样恶狠狠的?"

"任何东西我都不愿留下来,"男人说,"我不愿意有什么东西在我身后留下来。"

现在已是傍晚,他睡熟了一会。夕阳已隐没在山后。平原上一片阴影,一些小动物正在营地近旁吃食;它们的头很快地一起一落,摆动着尾巴。 他看着它们正从灌木丛那边跑掉。 那几只大鸟不再待在地上了。 它们都沉重地栖息在一棵树上。 它们还有很多。 他那个随身侍候他的男仆,正站在床边。

"太太打猎去了,"男仆说,"先生要什么吗?"

"不要什么。"

她打猎去了,想搞一点兽肉,她知道他喜欢看打猎,有心跑得远远的,这样她就不会惊扰这一小片平原而让他看到她在打猎了。她总是那么体贴周到,他想。 只要是她知道的或是读到过的,或是她听人讲过的,她都考虑得很周到。

这不是她的过错,他来到她身边的时候,他已经完了。 一个女人怎么能知道你说的话,都不是真心实意呢? 怎么能知道你说的话,不过是出于习惯,而且只是为了贪图舒服呢? 自从他对自己说的话不再当真以后,他靠谎话跟女人相处,比他过去对她们说真心话更成功。

他撒谎并不都是因为他没有真话可说。 他曾经享有过生命,他的生命已经完结,接着他又跟一些不同的人,而且有更多的钱,在从前那些最好的地方,以及另外一些新的地方重新活了下来。

你不让自己思想,这可真是了不起。 你有这样一副好内脏,因此你没有那样垮下来,他们大部分都垮下来了,而你却没有垮掉,你抱定一种态度,既然现在你再也不能干了,你就毫不关心你经常干的工作了。 可是,在你心里,你说你要写这些人,写这些非常有钱的人;你说你其实并不属于他们这一类,而只是他们那个国度里的一个间谍;你说你会离开这个国度,并且写这个国度,而且是第一次由一个熟悉这个国度的人来写它。 可是他永远不会写了,因为每天什么都不写,贪图安逸,扮演自己所鄙视的角色,就磨钝了他的才能,松懈了他工作的意志,最后他干脆什么都不干了。 他不干工作的时候，那些他现在认识的人都感到惬意得多。非洲是在他一生幸运的时期中感到最幸福的地方，他所以上这儿来，为的是要从头开始。他们这次是以最低限度的舒适来非洲作狩猎旅行的。没有艰苦，但也没有奢华，他曾想这样就能重新进行训练。这样或许他就能够把心灵上的脂肪去掉，像一个拳击手，为了消耗体内的脂肪，到山里去干活和训练一样。

她曾经很喜欢这次狩猎旅行。她说他喜欢这次狩猎旅行，说凡是激动人心的事情，能因此变换一下环境，能结识新的人，看到愉快的事物，她都喜欢。他也曾经感到工作的意志力重新恢复的幻觉。现在如果就这样了结，他知道事实就是如此，他不必变得像一条蛇一样，因为背脊给打断了就啃咬自己。这不是她的过错。如果不是她，也会有别的女人。如果他以谎言为生，他就应该试着以谎言而死。他听到山那边传来一声枪响。

她的枪打得挺好，这个善良的、有钱的娘们，这个他的才能的体贴的守护人和破坏者。废话，是他自己毁了自己的才能。他为什么要嗔怪这个女人，就因为她好好地供养了他？他虽然有才能，但是因为弃而不用，因为出卖了自己，也出卖了自己所信仰的一切，因为酗酒过度而磨钝了敏锐的感觉，因为懒散，因为怠惰，因为势利，因为傲慢和偏见，因为其他种种缘故，他毁灭了自己的才能。这算是什么？一张旧书目录卡？到底什么是他的才能？就算是才能吧，可是他没有充分利用它，而是利用它做了交易。他从来不是用他的才能去做些什么，而总是用它来决定他能做些什么。他决意不靠钢笔或铅笔谋生，而靠别的东西谋生。说来也怪，是不是？

每当他爱上另一个女人的时候，为什么这另一个女人总是要比前一个女人更有钱？可是当他不再真心恋爱的时候，当他只是撒谎的时候，就像现在对这个女人那样，她比所有他爱过的女人更有钱。她有的是钱，她有过丈夫、孩子，她找过情人，但是她不满意那些情人，她倾心地爱他，把他当作一位作家，当作一个男子汉，当作一个伴侣，当作一份引为骄傲的财产来爱他——说来也怪，当他根本不爱她而且对她撒谎的时候，为了报答她为他花的钱，他所能给予她的，居然比他过去真心恋爱的时候还多。

咱们干什么，都是注定了的，他想，不管你是干什么过活的，这就是你的才能所在。他的一生都是出卖生命力，不管是以这种形式或者那种形式。而当你越是没有热情的时候，你越是看重金钱。他发现了这一点，但是他决不会写这些了，现在也不会写了。不，他不会写了，尽管这是很值得一写的东西。

现在她走近来了，穿过那片空地向营地走过来了。她穿着马裤，擎着她的来复枪，两个男仆扛着一只野羊跟在她后面走来。她仍然是很好看的女人，他想，她的身材也很动人，她对床笫之乐很有才能，也很有领会。她并不美，但他喜欢她的脸庞。她读过许多书，她喜欢骑马和打枪，当然，她酒喝得太多。她还是一个比较年轻的女人时，丈夫就死了，在一个很短的时间里，她把心都放在两个刚长大的孩子身上，孩子却并不需要她。她在他们身边，他们就感到不自在。她便专心致志地养马、读书和喝酒。她喜欢在黄昏时、在晚饭前读书，一边读书一面喝威士忌苏打。到晚饭的时候，她已经喝得醉醺醺了，在晚饭桌上再喝一瓶甜酒，常常喝得足以使她昏昏欲睡。

这是她在有情人以前的情况。有了那些情人以后，她就不再喝那么多酒了，因为她不必喝醉了酒去睡觉了。但是情人使她感到厌烦。她嫁过一个丈夫，他从没有使她厌烦，而这些人却使她感到厌烦透了。

接着，她的一个孩子在一次飞机失事中死去了，事件过去以后，她不再需要情人了，酒也不再是麻醉剂了，她必须建立另一种生活。突然间，孤身独处吓得她心惊胆战。但是她要跟一个她所尊敬的人在一起生活。

事情发生得很简单。她喜欢他写的东西，她一向羡慕他过的那种生活。她认为他正是干了他自己想干的事情。她为了获得他而采取的种种步骤，以及她最后爱上了他的那种方式，都是一个正常过程的组成部分，在这个过程中她给自己建立起一个新生活，而他则出售他旧生活的残余。

他出售他旧生活的残余，是为了换取安全，也是为了换取安逸，除此之外，还为了什么呢？他不知道。他要什么，她就会给他买什么。这他是知道的。她也是一个非常温柔的女人。他跟任何人一样，愿意立刻和她同床共枕；特别是她，因为她更有钱，因为她很有风趣，很有欣赏力，而且因为她从不大吵大闹。可是现在她重新建立的这个生活行将结束了，因为两个星期以前，一根荆棘刺破了他的膝盖，而他没有给伤口涂上碘酒，当时他们挨近去，想拍下一群羚羊的照片，这群羚羊站立着，仰起了头窥视着，一边用鼻子嗅着空气，耳朵向两边张开着，只等一声响动就准备奔入丛林。他没有能拍下羚羊的照片，它们跑掉了。

现在她到这儿来了。

他在帆布床上转过头来看她。"你好。"他说。

"我打了一只野羊，"她告诉他，"它能给你做一碗好汤喝，我还让他们捣一些土豆泥拌奶粉。你这会儿觉得怎么样？"

"好多啦。"

"这该有多好？你知道，我就想过，你也许会好起来的。我离开的时候，你睡熟了。"

"我睡了一个好觉。 你跑得远吗？"

"我没有跑远，就在山后面。 我一枪打中了这只野羊。"

"你打得挺出色，你知道。"

"我爱打枪。 我已经爱上非洲了。 说真的，要是你平安无事，这可是我玩得最痛快的一次。 你不知道，跟你一起打猎多么有趣。 我已经爱上这个地方了。"

"我也爱这个地方。"

"亲爱的，你不知道，看到你觉得好多了，那有多么了不起。刚才你难受得那样，我简直受不了。 你再不要那样跟我说话了，好吗？ 你答应我吗？"

"不会了，"他说，"我记不起我说了些什么了。"

"你不是一定要把我毁掉，是吗？ 我不过是个中年女人，可是我爱你。 你要干什么，我都愿意干。 我已经被毁了两三次了。 你不会再把我毁掉吧，是吗？"

"我倒是想在床上再把你毁几次。"他说。

"是啊。 那可是愉快的毁灭。 咱们就是注定要这样毁灭的。明天飞机就会来了。"

"你怎么知道明天会来？"

"我有把握。 飞机一定要来的。 仆人已经把木柴都准备好了，还准备了生浓烟的野草。 今天我又下去看了一下，那儿足够让飞机着陆，咱们在空地两头准备好两堆浓烟。"

"你凭什么认为飞机明天会来？"

"我有把握它准定会来。 现在它已经耽误了。 这样，到了城里，他们就会把你的腿治好，然后咱们就可以搞点儿毁灭，而不是讨厌的谈话。"

"咱们喝点酒好吗？ 太阳落山了。"

"你想喝吗?"

"我想喝一杯。"

"咱们就一起喝一杯吧。莫洛,去拿两杯威士忌苏打来!"她唤道。

"你最好穿上防蚊靴。"他告诉她。

"等我洗过澡再穿……"

他们喝着酒的时候,天渐渐暗下来,在这暮色苍茫没法准确射击的时刻,一只鬣狗穿过那片空地,往山那边跑去。

"那个杂种每天晚上都跑过那儿,"男人说,"两个星期以来,每晚都是这样。"

"每天晚上发出那种声音来的就是它。尽管这是一种讨厌的野兽,可我不在乎。"

他们一起喝着酒。他没有痛的感觉,只是因为一直躺着不能翻身而感到不适。两个仆人生起了一堆篝火,光影在帐篷上跳跃。他感到自己对这种愉快的投降生活所怀有的默认心情,现在又油然而生了。她确实对他很好。今天下午他对她太狠心了,也太不公平了。她是个好女人,确实是个了不起的女人。可是就在这当儿,他忽然想起自己快要死了。

这个念头像一种突如其来的冲击;不是流水或者疾风那样的冲击,而是一股无影无踪的臭气的冲击。令人奇怪的是,那只鬣狗却沿着这股无影无踪的臭气的边缘轻轻地溜过来了。

"干什么,哈里?"她问他。

"没什么,"他说,"你最好挪到那边去坐。坐到上风那边去。"

"莫洛给你换过药没有?"

"换过了。我刚敷上硼酸膏。"

"你觉得怎么样?"

"有点颤抖。"

"我要进去洗澡了,"她说,"我马上就会出来的。我跟你一起吃晚饭,然后把帆布床抬进去。"

就这样吧,他自言自语,咱们不再吵嘴了,这是对的。他跟这个女人从来没有大吵大闹过,而他跟他爱上过的那些女人,却吵得很厉害,最后由于吵嘴的腐蚀作用,总是毁了他们之间的感情:他爱得太深,要求得也太多,这样就把一切都耗尽了。

他想起那次他孤零零地在君士坦丁堡①的情形,从巴黎出走之前,他吵了一场。那一阵他夜夜宿娼,而事后他仍然无法排遣寂寞,相反更加感到难忍的寂寞,于是他给她,他那第一个情人,那个离开他的女人,写了一封信,告诉她,他是怎样始终割不断对她的思恋……怎样有一次在摄政院外面以为看到了她,为了追上她,跑得头昏眼花,心里直想吐。他会在林阴大道跟踪一个外表有点像她的女人,可就是不敢看清楚是不是她,生怕就此失去她在他心里引起的感情。他跟不少女人睡过,但她们不管怎样都只能使他更加想念她,他也不管怎样决不介意她干了些什么,因为他知道他摆脱不了对她的爱恋。他在夜总会冷静而清醒地写了这封信,寄到纽约去,央求她把回信寄到他在巴黎的事务所去。这样似乎比较稳当。那天晚上他非常想念她,觉得心里空荡荡的直想吐。他在街头踯躅,一直溜过塔克辛姆,碰到了一个女郎,带她一起去吃晚饭。后来他到了一个地方,和她跳舞,可是她跳得很糟,于是丢下了她,搞上了一个风骚的亚美尼亚女郎,她把肚皮贴着他的身上摆动,擦

---

① 君士坦丁堡,现名伊斯坦布尔,土耳其最大的城市。

得肚皮都几乎要烫坏了。他跟一个少尉衔的英国炮手吵了一架，就把她从炮手那里带走了。那个炮手把他叫到外面去，于是他们在暗地里，在大街的圆石地面上打了起来。他朝他的下巴狠狠地揍了两拳，可是他没有倒下，这下他知道他免不了要有一场厮打了。那个炮手先打中了他的身体，接着又打中他的眼角。他又一次挥动左手，打中了那个炮手。炮手向他扑过来，抓住了他的上衣，扯下了他的袖子。他朝他的耳朵后面狠狠揍了两拳，接着在他把他推开前，又用右手把他打倒在地。炮手倒下的时候，头先磕在地上，于是他带着女郎跑掉了，因为他们听见宪兵来了。他们乘上一辆出租汽车，沿着博斯普鲁斯海峡①驶向雷米利希萨，兜了一圈，在凛冽的寒夜回到城里睡觉。她给人的感觉就像她的外貌一样，过于成熟了，但是柔滑如脂，像玫瑰花瓣，像糖浆似的，肚子光滑，胸脯高耸，也不需要在她的臀部下垫个枕头。在她醒来前，他就离开了她，在第一线曙光照射下，她的容貌显得粗俗极了。他带着一只打得发青的眼圈来到彼拉宫，手里提着那件没有袖子的上衣。

就在那天晚上，他离开君士坦丁堡动身，到安纳托利亚②去，后来他回忆那次旅行，整天穿行在种着罂粟花的田野里，那里的人们种植罂粟花提炼鸦片，这使你感到多么新奇。最后——不管朝哪个方向走仿佛都不对似的——到了他们曾经跟那些刚从君士坦丁堡来的军官一起打过仗的地方，那些军官啥也不懂，让对方的大炮打到营地里来了。那个英国观察员哭得像个小孩子似的。

就在那天，他第一次看到了死人，穿着白色的芭蕾舞裙子和向上翘起的有绒球的鞋子。土耳其人像波浪般地不断涌来，他看见那

---

① 博斯普鲁斯海峡，位于土耳其欧亚两个部分之间。君士坦丁堡即在该海峡西岸。
② 安纳托利亚，土耳其的亚洲部分。

些穿着裙子的男人在奔跑着，军官们朝他们打枪，接着军官们自己也逃跑了，他和那个英国观察员也跑了，跑得他肺都发痛了，嘴里尽是那股铜腥味。他们在岩石后面停下来休息，土耳其人还在波浪般地涌来。后来他看到了他从来没有想象到的事情，后来他还看到比这些更糟的事情。所以，那次他回到巴黎的时候，这些他都不能谈，只要一提起这些他就受不了。他经过咖啡馆的时候，里面有位美国诗人，面前有一大堆碟子，土豆般的脸上露出一副蠢相，正在跟一个名叫特里斯坦·采拉①的罗马尼亚人讲达达运动。特里斯坦·采拉老是戴着单眼镜，老是闹头痛。接着，当他回到公寓跟他的妻子在一起的时候，他又爱他的妻子了。吵架已经过去了，气恼也过去了。他很高兴自己又回到家里。事务所把他的信件送到了他的公寓。这样，一天早晨，有一封答复他写的那封信的回信被托在一只盘子里送了进来。当他看到信封上的笔迹时，他浑身发冷，想把那封信塞在另一封信下面。可是他妻子说："亲爱的，那封信是谁寄来的？"于是，那件刚开场的事就此了结。

他想起自己和所有这些女人在一起时的欢乐和争吵。她们总是挑选最妙的场合跟他吵嘴。为什么她们总是在他心情最愉快的时候跟他吵嘴呢？关于这些，他一点也没有写过，因为起先是他绝不想伤害她们任何一个人的感情，后来看起来好像即使不写这些，要写的东西就已经够多了。但是他始终认为最后他还是会写的。要写的东西太多了。他目睹过世界的变化，不仅是那些事件而已。尽管他也曾目睹过许多事情，观察过人们，但是他目睹过更微妙的变化，而且记得人们在不同的时刻又是怎样表现的。他自己就曾置

---

① 特里斯坦·采拉（1896—1963），诗人、散文家、编辑，出生于罗马尼亚，长期在巴黎从事文学活动，达达主义的创始人之一。

身于这种变化中,他观察过这种变化。 写这种变化,正是他的责任。 可是,现在他再也不会写了。

"你觉得怎样?"她说。 现在她洗过澡从帐篷里出来了。
"没什么。"
"这会儿就给你吃晚饭好吗?"他看见莫洛在她后面拿着折叠桌,另一个仆人拿着菜盘子。
"我要写东西。"他说。
"你应该喝点肉汤恢复体力。"
"我今天晚上就要死了,"他说,"用不着恢复什么体力了。"
"请你别那么夸张,哈里。"她说。
"你干吗不用你的鼻子闻一闻? 我都已经烂了半截了,现在烂到大腿上了。 我干吗还要跟肉汤开玩笑? 莫洛,拿威士忌苏打来。"
"请你喝肉汤吧。"她温柔地说。
"好吧。"
肉汤太烫了。 他只好把肉汤倒在杯子里,等凉得可以喝了,才把肉汤喝下去,一口也没有噎住。
"你是个好女人,"他说,"你不用关心我。"
她仰起她那张在《激励》和《城市与乡村》①上人人皆知、人人都爱的脸庞望着他。 那张脸因为酗酒狂饮而稍有逊色,因为贪恋床笫之乐而稍有逊色,可是《城市与乡村》从未展示过她那美丽的胸部、她那有力的大腿、她那轻柔地爱抚你的双手。 当他望着她、看到她那著名而动人的微笑时,他感到死神又来临了。 这回没有冲

---

① 《激励》和《城市与乡村》是当时销量很大的娱乐杂志。

击。它是一股气,像一阵使烛光摇曳、使火焰腾起的微风。

"待会儿他们可以把我的蚊帐拿出来挂在树上,生一堆篝火。今天晚上我不想搬到帐篷里去睡了。不值得搬动了。今天是一个晴朗的夜晚。不会下雨。"

那么,你就这样死了,在你听不见的悄声低语中死去。

好吧,这样就再也不会吵嘴了。这一点他可以保证。这是他从未有过的经历,他现在不会去破坏它。但是他也可能会破坏。你已经把什么都毁了。但是,也许他不会。

"你会速记吗?"

"我没有学过。"她告诉他。

"那就算了。"

没有时间了。当然,只要你处理得当,就像经过了压缩,你只消用一小段文字,就可以把一切都写进去。

在湖畔,一座山上,有一所圆木构筑的房子,缝隙都用灰泥嵌成白色。门边的柱子上挂着一只铃,这是召唤人们进去吃饭用的。房子后面是田野,田野后面是森林。一排伦巴底白杨树从房子一直伸展到码头。另一排白杨树沿着这一带迤逦而去。森林的边缘有一条通向山峦的小路,他曾经在这条小路上采摘过黑莓。后来,那所圆木房子烧坍了,在壁炉上面的鹿脚架上挂着的猎枪都烧掉了,枪筒和枪托跟融化在弹夹里的铅弹也都一起烧坏了,搁在那一堆灰上——那堆灰原是给那只做肥皂的大铁锅熬碱水用的,你问祖父能不能拿去玩,他说,不行。你知道那些猎枪仍旧是他的,他从此也再没有买别的猎枪了。他也再不打猎了。现在在原来的地方用木料重新盖了那所房子,漆成了白色,从门廊上你可以看见白杨树和那边的湖光山色;可是再也没有猎枪了。从前挂在圆木房子墙上的鹿脚上的猎枪筒,搁在那堆灰上,再也没有人去碰过。

战后,在黑森林①里,我们租下了一条钓鲑鱼的小溪,有两条路可以到那儿去。 一条是从特里贝格走下山谷,然后绕着那条覆盖在树阴下的山路(靠近那条白色的路),走上一条山坡小道,翻过山脊,经过许多矗立着高大的黑森林式房子的小农场,一直走到小道和小溪交叉处。 我们就在这个地方开始钓鱼。

另一条路是陡直地爬上树林边沿,然后翻过山脊,穿过松林,接着走出林子来到一片草地边沿,下山越过这片草地到那座桥边。小溪边是一溜桦树,小溪并不宽阔,而是窄小、清澈而湍急,在桦树根边冲出了一个个小潭。

在特里贝格的客店里,店主人这一季生意兴隆。 这是使人非常快活的事,我们都是亲密朋友。 第二年通货膨胀,店主人前一年赚的钱还不够买进经营客店必需的物品,于是他上吊死了。

这些你可以口授,但是你无法口授那个城堡护墙广场上的情景,那里卖花人在大街上给他们的花卉染色,颜料淌得路面上到处都是,公共汽车都从那儿出发,老头儿和女人们总是喝甜酒和用果渣酿制的低劣的白兰地,喝得醉醺醺的;小孩子们在寒风凛冽中淌着鼻涕;汗臭和贫穷的气味,"业余者咖啡馆"里的醉态,还有"风笛"舞厅的妓女们,她们就住在舞厅楼上。 还有那个看门女人在她的小屋里接待那个共和国卫队的队员,一张椅子上,放着那个卫队队员的那顶插着马鬃的帽子。 门厅那边还有一家住户,丈夫是个自行车赛手,那天早晨妻子在牛奶房翻开《机动车》报,看到他第一次参加巴黎环城大赛就名列第三,有多么高兴啊。 她涨红了脸,大声笑了出来,接着跑到楼上,手里拿着那张淡黄色的体育报

---

① 黑森林,德国西南部山区,在巴登-符腾堡州,著名的游览胜地。

哭了起来。

　　他，哈里，有一次凌晨要乘飞机出门，经营"风笛"跳舞厅的女人的丈夫驾了一辆出租汽车来敲门唤他起身，动身前他们两个人在酒吧间的长桌边喝了一杯白葡萄酒。那时，他熟悉那个地区的邻居，因为他们都很穷。

　　在城堡护墙广场附近有两种人：酒徒和运动员。酒徒用酗酒打发贫困，运动员在训练中忘却贫困。他们是巴黎公社的后裔，所以对他们来说，懂得他们的政治并不难。他们知道是谁打死了他们的父老兄弟和亲属朋友，知道凡尔赛的军队开进巴黎、占领了这座城市后①，任何人，只要是他们摸到手上有茧的，或者戴着便帽的，或者带有任何其他有劳动者标志的，一律格杀勿论。他当时就住在这个地方，街对面是一家马肉铺和一家酿酒合作社，就是在这样的贫困中，他开始了他此后的写作生涯。在巴黎，再没有他这样热爱的地方了，那蔓生的树木，那白色的泥灰墙，下面涂成棕色的老房子，那圆形广场上的长长的绿色公共汽车，那路面上淌着的染花的紫色颜料，那从山上向塞纳河急转直下的莱蒙昂红衣主教大街，还有那条狭窄、但很热闹的莫菲塔德路。那条通向万神殿的大街，还有另一条他经常骑自行车经过的大街，那是那个地方唯一的一条铺上沥青的大街，车胎在上面滚过，感到光溜平滑，街道两边都是窄而高的房子，还有那家窄而高的下等客店，保尔·魏尔伦②就死在那里。在他们住的公寓里，只有两个房间，所以他在那家客店的顶楼上租了一个房间，每月要付六十法郎房租。他在那里写作，从那个房间里望出去，可以看到鳞次栉比的屋顶和烟囱，那是巴黎的

---

① 巴黎公社起义时，巴黎下层民众占领城市 72 天，后被来自凡尔赛的军队镇压。
② 保尔·魏尔伦 (1844—1896)，法国诗人。

群山。

而在那幢公寓,你只能看到那个卖木柴和煤炭的人的店铺,他也卖酒,卖低劣的甜酒。马肉铺子外面挂着烤黄的马头,铺子的橱窗里挂着烤黄的和煮红的马肉。那涂着绿色油漆的合作社,是他们买酒喝的地方,那里的甜酒味道好,还便宜。其余就是灰泥墙壁和街坊们的窗户。夜里,有人喝醉了躺在街上,那是典型的法国式的酩酊大醉(尽管人们总要你相信,这样的大醉是不存在的),大声哼哼,街坊们听到了会打开窗户,接着是一阵喃喃低语。

"警察上哪儿去了?总是这样,不需要警察的时候,这家伙就来了。他准是跟哪个看门女人睡觉去了。去找警察。"等到不知谁从窗口泼下一桶水,哼哼声才停止。"泼下来的是什么?是水。啊,这是个好办法。"于是,窗户都关上了。他的女仆玛丽,抗议实行八小时工作制:"丈夫上班,要是干到六点钟才下班,回家路上就只能喝一点点酒,花钱也不会太多。可要是他五点钟就下班了,那他每天都会喝得烂醉回家,你就一个子儿也没有了。缩短工时,受罪的是工人的老婆。"

"你要再喝点儿肉汤吗?"女人现在问他。
"不要了,多谢你。味道好极了。"
"再喝一点儿吧。"
"我想喝威士忌苏打。"
"酒对你可没有好处。"
"是啊,酒对我有害。柯尔·波特[1]写过这些歌词,还谱了曲。这种知识正使你在生我的气。"

---

[1] 柯尔·波特(1893—1964),美国作曲家和抒情诗人。

"你知道我是喜欢你喝酒的。"

"啊,是的,不过因为酒是对我有害的。"

等她走开了,他想,我就会得到我所要求的一切。不是我所要求的一切,而只是我所有的一切。唉,他累了。太累了。他想睡一会儿。他静静地躺着,死神不在那儿。它准是上另一条街溜达去了。它成双结对地骑着自行车,静悄悄地在人行道上行驶。

不,他从来没有写过巴黎。没有写过他喜爱的那个巴黎。可是其余那些他从来没有写过的东西又是怎样的呢?

大牧场和那银灰色的山艾灌木丛,灌溉渠里湍急而清澈的流水和那浓绿的苜蓿又是怎样的呢?那条羊肠小道蜿蜒而上向山里伸展,而牛群在夏天胆小得像麋鹿一样。

那吆喝声和持续不断的喧嚷声,那一群行动缓慢的庞然大物,当你在秋天把它们赶下山来的时候,扬起了一片尘土。群山后面,嶙峋的山峰在暮霭中清晰地显现,在月光下骑马沿着那条小道下山,山谷那边一片皎洁。他记得,当你穿过森林下山时,在黑暗中你看不见路,只能抓住马尾巴摸索前进,这些都是他想写的故事。

还有那个打杂的傻小子,那次留下他一个人在牧场,并且告诉他别让任何人来偷干草,从福克斯来的那个老坏蛋,经过牧场停下来想搞点饲料,傻小子过去给他干活的时候,老家伙曾经揍过他。孩子不让他拿,老头儿说他要再给他一顿狠揍。当他想闯进牲口栏去的时候,孩子从厨房里拿来了来复枪,把老头儿打死了,于是等他们回到牧场的时候,老头儿已经死了一个星期,在牲口栏里冻得直僵僵的,狗已经把他吃掉了一部分。但是你把残留的尸体用毯子包起来,捆在一架雪橇上,让那个孩子帮你拖着,你们两个穿着滑雪板,带着尸体赶路,然后滑行六十英里,把孩子解到城里去。他还不知道人家会逮捕他呢。他满以为自己尽了责任,你是他的朋友,他准会得到报酬呢。他是帮着把这个老家伙拖进城来的,这样谁都能知道这个老家伙一向有多坏,他又是怎样想偷饲料,饲料可不是他的啊,等到行政司法官给孩子戴上手铐时,孩子简直不能相信。于是他放声哭了出来。这是他留着准备将来写的一个故事。从那儿,他至少知道二十个有趣的故事,可是他一个都没有写。为什么?

"你去告诉他们,那是为什么。"他说。

"什么为什么,亲爱的?"

"不为什么。"

她自从有了他,现在酒喝得不那么多了。可要是他活着,他决不会写她。这一点现在他知道了。他也决不写她们任何一个。有钱的人都是愚蠢的,他们就知道酗酒,或者整天玩巴加门①。他们是愚蠢的,而且唠唠叨叨叫人厌烦。他想起可怜的朱利安②和他对有钱人怀着的那种罗曼蒂克的敬畏之感,记得他有一次怎样动手写一篇短篇小说,他开头这样写道:"豪门巨富是跟你我不同的。"有人曾经对朱利安说,是啊,他们比咱们有钱。可是对朱利安来说,这并不是一句幽默的话。他认为他们是一种特殊的富有魅力的族类,等到他发现他们并非如此,他就毁了,正好像任何其他事物把他毁了一样。

他一向鄙视那些毁了的人。你根本没有必要去喜欢这一套,因为你了解这是怎么回事。什么事情都骗不过他,他想,因为什么都

---

① 一种双方各有 15 枚棋子,掷骰子决定行棋格数的游戏。
② 此处的"朱利安",系指写《了不起的盖茨比》的美国小说家 S. 菲茨杰拉尔德。

伤害不了他,如果他不在意的话。

好吧。现在要是死,他也不在意。他一向害怕的一点是痛。他跟任何人一样忍得住痛,除非痛的时间太长,痛得他精疲力竭,可是这儿却有一种什么东西曾经痛得他无法忍受,但就在他感觉到有这么一种东西在撕裂他的时候,痛却已经停止了。

他记得在很久以前,投弹军官威廉逊那天晚上钻过铁丝网爬回阵地的时候,给一名德国巡逻兵扔过来的一枚手榴弹打中了,他尖声叫着,央求大家把他打死。他是个胖子,尽管喜欢炫耀自己,有时叫人难以相信,却很勇敢,也是一个好军官。可是那天晚上他在铁丝网里给打中了,一道闪光突然把他照亮了,他的肠子淌了出来,钩在铁丝网上,所以当他们把他抬进来的时候,当时他还活着,他们不得不把他的肠子割断。打死我,哈里。看在上帝的份上,打死我。有一回他们曾经对凡是上帝给你带来的你都能忍受这句话争论过,有人的理论是,经过一段时间,痛会自行消失。可是他始终忘不了威廉逊和那个晚上。在威廉逊身上痛苦并没有消失,直到他把自己一直留着准备自己用的吗啡片都给他吃下以后,也没有立刻止痛。

可是,现在他感觉到的痛苦却非常轻松,如果就这样下去而不变得更糟的话,那就没有什么需要担心的事情了。不过他想,要是能有更好的同伴在一起,该有多好。

他想了一下他想要的同伴。

不,他想,你干什么事情,总是干得太久,也干得太晚了,你不可能指望人家还在那儿。人家全走啦。已经酒阑席散,现在只留下你和女主人了。

我对死越来越感到厌倦，就跟我对其他一切东西都感到厌倦一样，他想。

"真使人厌倦。"他禁不住说出声来。

"你说什么，亲爱的？"

"你干什么事情都干得太久了。"

他瞅着她坐在自己身边和篝火之间。她靠坐在椅子里，火光在她那线条动人的脸上照耀着，他看得出她困了。他听见那只鬣狗就在那一圈火光外发出一声嗥叫。

"我一直在写东西，"他说，"我累了。"

"你想你能睡得着吗？"

"一定能睡着。为什么你还不去睡？"

"我喜欢跟你一起坐在这里。"

"感觉到有什么奇怪的东西吗？"他问她。

"没有。只是我有点困啦。"

"我可是感觉到了。"

就在这时候，他感到死神又一次临近了。

"你知道，我唯一没有失去的东西，只有好奇心了。"他对她说。

"你从来没有失去什么东西。你是我所知道的一个最完美的人了。"

"天哪，"他说，"女人知道的东西实在太少了。你根据什么这样说？是直觉吗？"

因为正是这个时候死神来了，死神的头靠在帆布床的脚上，他闻得出它的呼吸。

"你可千万别相信死神是镰刀和骷髅，"他告诉她，"它很可能是两个从从容容骑着自行车的警察或者是一只鸟儿。或者是像鬣狗一样，有一只大鼻子。"

现在死神已经挨到他的身上来了，可是它已不再具有任何形状了。它只是占有空间。

"告诉它走开。"

它没有走，相反挨得更近了。

"你呼哧呼哧地净喘气，"他对它说，"你这个臭杂种。"

它还是在向他一步步挨近，现在他不能对它说话了，当它发现他不能说话的时候，又向他挨近了一点，现在他想默默地把它赶走，但是它爬到他的身上来了，这样，它的重量就全压到他的胸口了，它趴在那儿，他不能动弹也说不出话来，他听见女人说："先生睡着了，把床轻轻地抬起来，抬到帐篷里去吧。"

他不能开口告诉她把它赶走，现在它更沉重地趴在他的身上，这样他气也透不过来了，但是当他们抬起帆布床的时候，忽然一切又正常了，重压从他胸前消失了。

现在已是早晨，已是早晨好一会儿了，他听见了飞机声。

飞机显得很小，接着飞了一大圈，两个男仆跑出来用汽油点燃了火，堆上野草，这样在平地两端就冒起了两股浓烟，晨风把浓烟吹向帐篷，飞机又绕了两圈，这次是低飞了，接着往下滑翔，拉平，平稳地着陆了，老康普顿穿着宽大的便裤，上身穿一件花呢茄克，头上戴着一顶棕色毡帽，朝着他走来。

"怎么回事啊，老伙计？"康普顿说。

"腿坏了，"他告诉他，"你要吃点儿早饭吗？"

"谢谢。我只要喝点茶就行了。你知道这是一架'银蛾'。我没有搞到那架'夫人'。只能坐一个人。你的卡车正在路上。"

海伦把康普顿拉到旁边去，正在给他说着什么话。康普顿显得更兴高采烈地走回来。

"我们得马上把你抬进飞机去,"他说,"我还要回来接你太太。现在我怕我得在阿鲁沙①停一下加油。咱们最好马上就走。"

"喝点茶怎么样?"

"你知道,我实在不想喝。"

两个男仆抬起了帆布床,绕着那些绿色的帐篷兜了一圈,然后沿着岩石往下走到那片平地上,走过那两股浓烟——现在正亮晃晃地燃烧着,风吹旺了火,野草都烧光了——来到那架小飞机前。好不容易把他抬进飞机,一进飞机他就躺在皮椅子里,那条腿直挺挺地伸到康普顿的座位旁边。康普顿发动了马达,便上了飞机。他向海伦和两个男仆扬手告别,马达的咔哒声变成惯常熟悉的吼声。他们摇摇摆摆地打着转儿,康普顿留神着那些野猪的洞穴,飞机在两堆火光之间的平地上怒吼着,颠簸着,随着最后一次颠簸,起飞了,而他看见他们都站在下面扬手,山边的那个帐篷现在显得扁扁的。平原展开着,一簇簇的树林,那片灌木丛也显得扁扁的,那一条条野兽出没的小道,现在似乎都平坦坦地通向那些干涸的水穴,有一处新发现的水,这是他过去从来不知道的。斑马,现在只看到它们那圆圆的隆起的背脊了。大羚羊像长手指头那么大,它们越过平原时,仿佛是大头的黑点在地上爬行,现在当飞机的影子向它们逼近时,都四散奔跑了,它们现在显得更小了,动作也看不出是在奔驰了。你极目望去,现在平原是一片灰黄色,前面是老康普顿的花呢茄克的背影和那顶棕色的毡帽。接着他们飞过了第一批群山,大羚羊正往山上跑去。接着他们又飞越高峻的山岭,陡峭的深谷里斜生着浓绿的森林,还有那生长着茁壮的竹林的山坡。接着又是一

---

① 阿鲁沙,坦桑尼亚一城市。

大片茂密的森林，他们又飞过森林，穿越一座座尖峰和山谷。 山岭渐渐低斜，接着又是一片平原，现在天热起来了，大地显出一片紫棕色，飞机热烘烘地颠簸着，康普顿回过头来看看他在飞行中情况怎样。 接着前面又是黑压压的崇山峻岭。

接着，他们不是往阿鲁沙方向飞，而是转向左方，很显然，他揣想他们的燃料足够了，往下看，他见到一片像筛子里筛落下来的粉红色的云，正掠过大地，从空中看去，却像是突然出现的暴风雪的第一阵飞雪，他知道那是蝗虫从南方飞来了。 接着他们爬高，似乎他们是往东方飞，接着天色晦暗，他们碰上了一场暴风雨，大雨如注，仿佛像穿过一道瀑布似的。 接着他们穿出水帘，康普顿转过头来，咧嘴笑着，一面用手指着，于是在前方，极目所见，他看到，像整个世界那样宽广无垠，在阳光中显得那么高耸、宏大，而且白得令人不可置信，那是乞力马扎罗山的方形的山巅。 于是他明白，那儿就是他现在要飞去的地方。

正是这个当儿，鬣狗在夜里停止了呜咽，开始发出一种奇怪的几乎像人那样的哭声。 女人听到了这种声音，在床上不安地反侧着。 她并没有醒。 在梦里她正在长岛的家里，这是她女儿第一次参加社交的前夜。 似乎她的父亲也在场，他显得很粗暴。 接着鬣狗的哭声把她吵醒了，一时她不知道自己身在何处，她很害怕。 接着她拿起手电照着另一张帆布床，哈里睡着以后，他们把床抬进来了。 在蚊帐的木条下，他的身躯隐约可见，但是他似乎把那条腿伸出来了，在帆布床沿耷拉着，敷着药的纱布都掉落了下来，她不忍再看这副景象。

"莫洛，"她喊道，"莫洛！ 莫洛！"
接着她说："哈里，哈里！"接着她提高了嗓子："哈里！ 请你醒醒，啊，哈里！"

　　没有回答，也听不见他的呼吸声。

　　帐篷外，鬣狗还在发出那种奇怪的叫声，她就是给那种叫声惊醒的。但是因为她的心在怦怦跳着，她听不见鬣狗的哭声了。

夏至　译

林 中 之 死

[美] 舍伍德·安德森

舍伍德·安德森 (Sherwood Anderson 1876—1941)，美国小说家，重要作品有长篇小说《暗笑》、短篇小说集《俄亥俄，温士堡》《鸡蛋的胜利及其他》和《林中之死》等。

本篇是短篇小说集《林中之死》的标题作品，是安德森的短篇名作之一，充分体现了安德森的叙事风格。小说讲述一个农妇的一生，特别是她的死。不过，关于这个农妇的一生，以及她的"林中之死"，是由故事讲述者"我"用回忆的口吻讲述的；而且，这个"我"并不直接认识这个农妇，只是在童年时代听说过关于她的一些事情，后来又偶然看到她死在树林里——如此而已。也就是说，小说用"我"的一些零星的、模糊的印象构成一个农妇一生的大致轮廓；而且，这些零星的、模糊的印象还来自"我"的遥远的童年时代：这个农妇，据说婚前遭男主人糟蹋、受女主人虐待；婚后，丈夫和儿子整天酗酒、不务正业，她不得不单独操持家务，为生计而奔波于村镇之间。像这样的农妇，"乡下人和小镇居民都很熟悉……然而谁都不了解她们"。其实，"我"也不太了解，只知道："她养活牛，养活马，养活猪，养活狗，养活人"；只记得：后来，在一个冬天的夜里，她死在树林里的雪地上，身边围着一群狗,很奇怪,很神秘。

小说名为《林中之死》,小说的主题无疑就是死亡,或者说,死亡的神秘。那个年老的农妇死在月光下的雪地上,为什么"我"会觉得她裸露的尸体像少女般洁白而光滑?为什么那些狗要绕着她的尸体转了一圈又一圈?为什么人们看到那具尸体后会显得很诡秘?为什么他们把尸体送到殡仪员那里后不让"我"进去?……一切都很神秘,但并不可怕。因为,那时"我"还是个孩子,而且第一次看到死亡。但是,事隔多年,当回想起这件事情时,"我"依然觉得很神秘,要想讲清楚也讲不清楚,最后只好让读者自己去想——"你们大概也已经明白了,我为什么要费这么大劲来重讲这个简单的故事。"

我们明白了吗?明白了,他重讲这个故事的意思就是:那个老妇人的林中之死,就是她一生的象征,而她的一生,又是无数下层女人的象征——她们养活别人,自己却从未真正活过!

一

她是个老妇人,住在我住的小镇附近的农庄上。乡下人和小镇居民都很熟悉这样的老妇人,然而谁都不了解她们。这样的一个老妇人,她赶着一匹病弱的老马到镇上来,要不就是挎着一只篮子徒步走来。她可能养了几只鸡,所以有些鸡蛋可以出卖。她把鸡蛋放在篮子里带到镇上交给杂货商。在那儿,她把鸡蛋廉价卖掉。她买些咸肉和蚕豆。随后她买一磅或者两磅砂糖,还有一些面粉。

随后,她到屠夫那儿,向他要些狗肉。她也许要花十美分或者十五美分，但她边买边还要讨点东西。一般说来，如果有人要，屠夫总把牛肝随便送人。我们家就老吃这个东西。有一次，我的一个哥哥从镇火葬场附近的屠宰场里拿回来整整一只牛肝。我们吃这个东西吃得腻烦了。这是不用花一分钱的。我后来一想起这东西就恼怒。

老农妇要了些牛肝，还有一根煮汤的骨头。她从不拜访什么人，所以拿了所要的东西便匆匆回家了。那些东西对她这样一个老弱的人来说，也可算是一种负担。没有人替她提一下。人们驾着车沿路而过，但对这样一个老妇人是谁也不会注意的。

那年的夏天和秋天，当时我还是个小孩子并且在生一种叫做风湿发炎症什么来着的病，那时就有这样一个老妇人，经常到镇上来，还打我们家门前走过。她要到很晚才回家，背上背着一只沉甸甸的口袋。在她身后，有两三只瘦骨嶙峋的狗跟着。

那老妇人没有什么令人注意的地方。她属于那种简直无人知晓的无名人，然而，正是她，闯进了我的思想。纵然到了现在，虽然那么多年过去了，我还是会突然想到她，想到那些事情。说来成了一个故事。她姓格赖姆斯，和丈夫、儿子一起住在镇外四英里处的一条小河边上一所没有粉刷过的小屋里。

丈夫和儿子都很粗暴。儿子虽然只有二十一岁，却已经坐过一次牢。人们暗地里传说，说这女人的丈夫偷马，把马弄到别的县去卖掉。时常，有人家的马不见了，那男人也就找不到了。谁也没有抓住过他。有一次，我在汤姆·瓦德海的马棚里玩耍，那个男人来了，坐在一张长凳上，那儿还有两三个人坐着，不过没有一个人理他。他坐了一会儿，站起身来走了。在他离开时，还转身对那几个人瞪了一会儿。他眼睛里有一种像是挑衅的目光。"好吧，我是想客客气气的。你们不想理睬我。我到这镇上来，到处都这个样子。等着瞧，要是你们的一匹好马不见了，哼，那时看你们怎么样！"实际上他什么也没说。"我真想给你们来个耳刮子。"这是他眼光里透出来的意思。我记得，他的眼光真叫我害怕得发抖。

这个年长的男人祖上曾一度很有钱。他叫杰克·格赖姆斯。现在事情都弄清楚了。他父亲约翰·格赖姆斯在当地刚开发时曾拥有一个锯木工场，赚过钱。后来，他就酗酒、追女人。他死的时候，没留下多少钱。

杰克把留下的一点钱用光。没多久，这儿没有什么木料要锯了，他的地产也几乎全卖光了。

六月里收麦子时，他给一个德国农场主打工，从德国人那儿，他弄了个老婆。那时她还是个黄花闺女，吓得要死。我想，她是个养女，那农场主一定对她干过什么事，农场主的妻子在疑神疑鬼。她趁自己男人不在时，从姑娘嘴里得知了事情。但是，农场主趁自己妻子不得不到镇上去看病时，又狠狠地教训她。她告诉年轻的杰克说，其实压根儿没有那回事，但是他却不知道相信好呢，还是不相信好。

他第一次和她一起出去，就叫她感到轻松愉快。要不是那个德国农场主要他滚蛋的话，他是不会娶她的。那时他在场地上打谷，一天晚上，他让她和自己一块儿坐在马车上赶车，这样，到第二个星期天晚上他又去叫她。

她想法走出了屋子，没有让主人看见，但正当她爬上马车时，主人发觉了。天已经很暗，主人一下子冲到马头跟前。他一把抓住马嚼子，这时杰克抽出了赶车的鞭子。

事情一团糟！那个德国佬也是个粗人。他可能不会在乎妻子是否会知道这事情。杰克用赶车鞭子揍他的脸和肩，这时马却受惊了，走动起来，于是她又不得不跳下车来。

两个男人就这样打了起来。姑娘没有看见。马奔跑起来,沿路跑了近一英里,才被姑娘给止住。她接着想法把马拴在路旁的一棵树上。(真怪,我怎么会知道这些?一定是我小时候在镇上听了些谣传又记在心上了。)杰克甩掉了德国佬,到那儿找到了她。她正蜷缩在马车坐垫上,在哭,怕得要死。她对杰克讲了许多废话,说那德国佬怎样想奸污她,有一回他怎样把她骗到牲口棚里,还有一回他们两人正巧单独在一起,他怎样把她胸前的衣服全撕开。她说,要不是那德国佬听到自己那个老婆娘的车已到了大门口,他也许会把她给奸污了。那老婆娘是到镇上看病去的。啊,她就要到牲口棚里来拴马了。德国佬想溜到田野里去,不让他的女人发现。他对姑娘说,要是她讲出去,他就杀死她。她怎么办呢?她撒了个谎,说她在牲口棚喂牲口,不小心钩破了自己的衣服。我现在记起来了,她是个养女,不知道自己的父母在哪儿。说不定她根本就没有父亲。你知道我的意思是什么。

这种寄养的孩子常常受尽虐待。他们是些没爹没娘的孩子,其实是奴隶。那时还没有什么孤儿院。他们就根据法律寄养在有些家庭里。这样的处理还算是件幸运透了的事啊。

二

她嫁给杰克,生了一个儿子和一个女儿。不过,女儿死了。

她于是便安心喂养牲口。那是她的职业。在德国佬那儿,她给德国佬和他女人煮饭。德国佬的女人是个大屁股的壮女人,大多数时间和她男人一块在田里干活。姑娘喂养他们,又要喂养牲口棚里的母牛,喂养猪、马和鸡。每日每时,年轻的姑娘老是在喂养着什么。

她现在嫁给了杰克·格赖姆斯，也得喂养他。她是个瘦弱的人，结了婚三四年，又生过两次孩子，瘦削的肩膀很佝偻了。

杰克总要在屋子旁边养许多大个的狗，那屋子呢，就盖在小河旁边那个报废了的锯木场边上。他不偷东西时就做着马匹买卖，自己也养了许多皮包骨头的瘦马。他还养了三四只猪和一头牛。这些个东西全放养在格赖姆斯家祖传下来的那一小块地上，杰克又很少到那儿去干活。

因为歉收，他背了债，拖欠了好几年也没有还清。人家又不相信他。他们老担心他会在夜里偷谷子。他不得不到老远的地方去找活干，但是又没有到那儿去的路费。冬天，他打打猎，砍些柴，到附近镇上去卖。儿子长大了，长得挺像父亲。他们俩一块儿喝酒。他们回家时，要是屋里没什么可吃的，那年老的男人就会在那年老的女人头上啪的一巴掌。她自己养了几只鸡，这时就只好匆匆忙忙去杀一只。等到鸡都杀光了，她也就没有鸡蛋可卖了，那时她再到镇上来还有什么事可做呢？

她费尽心机想弄些东西喂养，弄些猪养养，因为猪会长肥，到秋天就能宰了。可到猪宰了后，她的男人拿了大部分肉到镇上去，自个儿卖了。要是他不先这样做，那儿子就会这样做。他们有时打架，在他们打架时，那老妇人就站在一边浑身哆嗦。

她对什么事都沉默惯了——那不会变。有时，她看上去很老——她还不到四十岁——有时，男人和儿子都出去了，做马匹买卖去了，或者喝酒去了，或者偷东西去了，这时她就绕着屋子和牲口棚直打转转，嘴里又咕咕哝哝。

她将怎样喂养好每种东西呢？——这是她的烦恼。狗得喂养。牲口棚里马和牛吃的干草也不多了。那些鸡要是不喂，它们怎么会下蛋呢？没有蛋卖，她在镇上又用什么去买东西，买那些维持生计所必需的东西呢？ 谢天谢地，丈夫总算不要她喂养了。 他们婚后，尤其生了孩子以后，就没有长久呆在一起过。 他离家远走，上哪儿去她不知道。 有时，他一出门就一个星期，到孩子长大后，爷儿俩一起外出。

他们把屋里的事全扔给她操劳，她却身无分文。 她不认识一个人。 镇上谁也不和她讲话。 到冬天，她得去拾柴来生火，又得靠一丁点粮食，将就着喂牲口。

牲口在牲口棚里饥肠辘辘地对着她啼叫，狗缠着她打转。 鸡在冬天很少生蛋。 它们蜷缩在鸡棚角落里，她得看住它们。 冬天鸡要是在棚里下蛋而你没有发觉，蛋就会冻坏，碎裂。

那年冬天里有一天，老妇人带了些鸡蛋，出门到镇上去，几只狗跟着她。 她是将近三点钟才出发的，雪下得太大。 这些天来，她一直感到不舒服，所以一路上她嘴里咕咕哝哝，衣衫单薄，驼着背。 她带着一只谷子袋，袋里的谷子已经吃得精光，所以她把鸡蛋放在袋里。 鸡蛋不多，不过在冬天，鸡蛋的价钱很贵。 她用鸡蛋可以换回一些东西，一些咸肉啦，一点砂糖啦，或许还有一点咖啡。 很可能，屠夫还会给她一块牛肝。

她到了镇上，三钱不值两钱卖了鸡蛋，那些狗就躺在门外。 还算不错，需要的东西都买好了，比她希望的还多了一些。 她随后到屠夫那儿，屠夫给了她一些牛肝和一些狗肉。

这是很久以后第一次有人和她客客气气地谈话。 她进去时，屠夫正一个人在铺子里，想到这么个样子的又病又老的女人在这么个天气跑到外面来，心里很纳闷。 天冷得很，下午雪稍停了一阵，眼下又在纷纷扬扬。 屠夫说到她的男人和儿子，咒骂他们，老妇人眼睁睁地看着他，一边听他说话，一边眼睛里露出微微吃惊的神情。 屠夫说，要是她的男人或儿子想来拿点牛肝，或者想要点像她刚才装进谷子袋里的上面还挂了些碎肉的大骨头,他宁愿先看到他们挨饿。

挨饿,嗯? 牲口得喂了。 人也得喂,那些马实在很糟,不过大概还能卖掉,那头可怜的瘦母牛已经有三个多月没有挤出一滴奶了。

马,牛,猪,狗,人。

三

只要有可能,老妇人总是趁天还没黑就回家。 狗跟在她屁股后面,嗅着驮在她背上的沉甸甸的谷子袋。 她走到镇口,在一道篱笆旁边停下,拿出一根绳子把谷子袋缚在自己背上,那根绳子也就是为了这个目的才放在她上衣口袋里的。

这样轻多了。 她感到两条胳膊又酸又疼。 她得从那道篱笆下面钻过去,这真不容易。 不过她没有迟疑,趴下身子在雪地上爬着。 那些狗在旁边跳来跳去。 她还得跟跟跄跄站起身来,她也这样做了。 爬过这道篱笆,有一条近路直通到一座小山旁的一片树林里。 要是她沿大路绕着走,得多走一英里。 她怕自己走不动。 再说,牲口也到了该喂的时候了。 剩下的干草已经不多,谷子也不多了。 她的男人和儿子回家时也许会带上一点。 他们驾着格赖姆斯家唯一的那辆马车出门去了。 那辆马车已经摇摇晃晃,上面套着一匹同样摇摇晃晃的马。 还有两匹马也戴着笼头套在上面,也是摇摇晃晃的。 他们在做马匹买卖,要是可能,想赚一点钱。 他们会喝得醉醺醺的回家。 他们回家时,屋里最好要准备好一点吃的东西。

儿子和一个住在十五英里外县城里的女人有勾搭,那是个很粗鲁的女人,一个泼妇。 有一回,在夏天,儿子曾把她带到家里来过。儿子和她一起喝酒。杰克·格赖姆斯不在家里。儿子和那女人就像使唤仆人一样使唤老妇人。她并不在乎：她这样惯了。无论怎样，她从来不吭一声。她就是这样过日子的。当她还是个姑娘在德国佬那儿时，她就这样过日子了。嫁给格赖姆斯以后，也还照样。她儿子把那女人带到家里住了一整夜，两个人就像结过婚一样睡在一起。这并没有使老妇人吃惊，没有。她对生活早就不会吃惊了。

她背着口袋，踩着雪，跟跟跄跄穿过开阔的田野，进了树林。

那儿有一条小路，不过这条路很难走。一过山顶，那儿树木长得特别浓密，中间却有一块空地。是不是曾有人想在这儿造房子？空地的大小和镇上房子的地基大小差不多，足够造一间屋和一个院子。小路正好打空地旁经过，老妇人到了那儿，便在一棵树下坐下来休息。

这是件蠢事。她把口袋抵住树干，歇下身子，这当然轻松多了，但是她还能重新站起来吗？她为此忧虑了一会儿，接着就安静地闭上了眼睛。

她很想睡一会儿。人冷到一定的时候也就不觉得冷了。下午稍微温和一点，雪也下得小多了。又过了一会儿，天气转晴了。月亮也出来了。

跟着这位格赖姆斯夫人一起上镇的是四只格赖姆斯家的狗，都是些高大而又瘦骨嶙嶙的家伙。像杰克·格赖姆斯和他儿子这号人，也只配养这样的狗。他们打它们，骂它们，而这些狗倒没有逃走。因为老是忍饥挨饿，格赖姆斯家的狗就得自己设法寻食，它们趁老妇人背靠着树干没有积雪的一面睡着了的时候，便寻食去了。它们在树林里，在附近田野里追逐野兔，它们吠叫的声音又引来了另外三只乡下狗。

过了一会儿，所有的狗都回到了空地上。它们觉得有点兴奋。这样的时候，寒冷、明净，天上一轮明月，这正是狗的好时光。也许是某种往日的本能吧，那种来自当初还是狼并成群结队在冬夜的树林里漫游时的本能，现在又在它们身上复萌了。

狗在空地上，在老妇人前面，抓到两三只野兔，急迫的饥饿感得到了解决。它们开始玩耍，在空地上团团奔跑。它们一圈又一圈地奔跑，一只狗的鼻子触到另一只狗的尾巴。在积着雪的树枝下，在冬日的月光里，空地上呈现出一幅奇妙的景象，它们这样一声不响地奔跑着，松软的雪地上被踏出了一大圈脚印。狗没有发出声响。它们绕着圈子奔跑，跑了一圈又一圈。

也许，老妇人在临死前看见了它们在这样奔跑吧。她大概醒过一两回，用朦胧而衰弱的目光注视过这种奇妙的景象。

现在，她不会再觉得冷了，因为她昏昏欲睡。生命恍恍惚惚地持续了很久。也许，老妇人的灵魂已经出窍。也许，她在梦见自己的少女时代，梦见在德国佬那儿时的情景，梦见在那以前，她还是个孩子时的情景，那时她母亲还没有突然逝去，还没有把她扔下。

她的梦不可能做得很快活。她从未遇到过什么快活的事情。

时不时地，格赖姆斯家的狗中间有哪一只会离开奔跑着的圈子，走到她面前站着。那只狗会用自己的脸贴近她的脸。它红红的舌头伸到了嘴外面。

也许，狗的奔跑就是一种哀悼的仪式吧。也许是，在这夜晚，在这样的奔跑中，那原始的狼的本能也就复萌了，这使它们总显得有点可怕。

有时，一只狗走到老妇人背靠树干而坐的地方，把鼻子凑到她脸上嗅着，显出满足的样子，接着又回到狗群里奔跑起来。在这天夜里，格赖姆斯家的每一只狗在她临死前都轮流用鼻子嗅过她。关于这样的事，我是后来才知道的，那时我已长大成人。有一次，也是一个冬天的夜里，我在伊利诺斯的一个树林里看到一群狗也是这样做的。那群狗等着我死去，就像这天夜里（那时我还是个小孩）它们等着老妇人死去一样。不过，我碰到这种事的时候，正当年轻力壮，什么叫死，我是毫不关心的。

老妇人慢慢地、平静地死了。

她死了，格赖姆斯家的一只狗走到她旁边。这时，所有的狗都停止了奔跑。

它们围在她旁边。

哦，现在她死了。她活着的时候，曾喂养过格赖姆斯家的这些狗，现在又怎样呢？

在她背上，有一只口袋，一只谷子袋，里面装着那咸肉，装着屠夫送给她的牛肝，还有狗食和煮汤的骨头。镇上的那个屠夫，因为一时动了恻隐之心，竟把她的谷子袋装得那样沉甸甸的。这曾是老妇人的一大收获。

现在，成了狗的一大收获。

四

有一只格赖姆斯家的狗突然从狗群里跳出来，去拱老妇人背上的口袋。要是狗真的成了狼，那么就有一只要成为狼群的头领。它怎么做，其他所有的狗也就怎么做。

它们一起啃咬老妇人曾用绳子缚在自己背上的谷子袋。

它们把老妇人的尸体拖到空地上。本来就破旧的衣服一下子被它们撕破，露出了双肩。当一两天后她的尸体被人发现时，她的衣服已经被全部撕掉，露出了屁股。 不过，那些狗并没有动她的身体。 它们把谷子袋里的肉拖出来，吃得精光。 人们发现她时，她的身体已经冻得硬邦邦的，两只肩膀是那样削瘦，身体是那样纤细，虽然已经死了，看上去却像一个少女迷人的身体。

这样的事情，在中西部的各个小镇上，在小镇附近的农庄上，是时常发生的。 不过，那时我还是个孩子。 是一个猎人在追赶野兔时发现老妇人的尸体的，他没有走近她。 在那块白雪覆盖的小小空地上，有一条成圆形的不知是谁踏出来的小路，周围一片死寂，而就在这地方，那些狗曾拱着老妇人的尸体，用劲把谷子袋从尸体上拖下来或者把它咬破——这样的情景使那个猎人大吃一惊，他赶紧跑回镇上。

我那时和我的一个哥哥正巧在大街上，我哥哥是镇上的报童，正在给杂货铺送晚报。 那时大概已经入夜了。

那个猎人走进一家铺子，把自己看见的事情告诉别人。 接着，他走进一家五金店，随后又走进一家烟纸店。 人们开始围聚在路旁。 接着，他们沿着大路向林子的那个地方走去。

我哥哥本应该继续送他的报纸的，他却扔下不做了。 大伙儿都向树林走去。 承办丧事的殡仪员也去了，还有镇长。 有几个人驾了一辆马车，不走大路却走那条通往树林的小路，因为马打着很硬的铁蹄，在滑溜溜的大路上走不快。 所以，他们并不比我们步行的人走得快一点。

镇长是个大个子，一条腿在内战时受过伤。 他拄着一根粗大的拐杖，沿着大路一拐一拐地大步走。 我哥哥和我跟在他后面，一路上，又有些男人和孩子加入我们的行列。

我们走到老妇人当初离开大路的地方时，天越来越黑了，不过月亮已经升起。 镇长怀疑这可能是谋杀。 他一再询问那个猎人。

那个猎人扛着枪也和我们在一起走,身后跟着一只狗。 一个打野兔的猎人是不大有机会受人重视的,他滔滔不绝地讲着,一边给镇长引路。"我没看见她身上有伤。 她是个好看的小姑娘。 脸埋在雪里。 不,我不认识她。"事实上,那个猎人并没有仔细看过尸体。他害怕了。 她可能是被人暗杀的,说不定有谁还躲在树后面冷不防跳出来,杀了他。 那时是黄昏,树林里一片死寂,人在那里总有点心惊胆战,毛骨悚然的。 再说,看到别人遇到什么不测之祸,人们考虑到的也总是拔腿逃跑。

大伙儿走到当初老妇人穿过田野的地方,接着又跟着镇长和那个猎人走上倾斜的坡地,进了树林。

我哥哥和我都默不做声。 我哥哥肩上挂着一只口袋,里面装着一捆报纸。 那个猎人走进杂货铺时,我们正好在那儿。 那个猎人是个乡下佬。 我们俩过去谁也没有见过他。

大伙儿现在到了空地上。 冬天的晚上,照例来说这儿很快就会一片漆黑,不过一轮满月又使那儿的每一样东西都清晰可辨。 我哥哥和我站在那棵树旁边,老妇人就死在这棵树下。

她看上去并不很老,在月光、冰雪和宁静里躺着。 有个男人把她在雪地上翻了个身,我什么都看见了。 一阵奇怪而神秘的感觉向我袭来,我浑身战栗了,我哥哥也和我一样。 这也许是寒冷的缘故吧。

我们俩过去从来没有看见过女人的身体。 也许是因为雪粘在冻硬的肉体上,老妇人的尸体看上去是那么洁白,那样可爱,那样像鹅卵石般地光滑。 和我们一起从镇上来的人中间没有一个女人;不过,有一个男人,镇上的铁匠,脱下自己的外套盖在她身上。 接着,他又把她抱起来,转身向镇上走去,其他人都默默地跟在后面。 那时,还没有一个人知道她是谁。

五

我什么都看见了,我看到了雪地上那个像微型跑道似的椭圆形圈子,那些狗就是沿着这个圈子奔跑的,我看到人们怎样地显出诡秘的神色,看到了那两只像少女似的洁白而光滑的肩膀,还听到了人们窃窃的议论声。

人们都显得很诡秘。他们把尸体送到殡仪员那儿去,当铁匠、猎人、镇长和另外几个人进了屋之后,他们就把门关上了。要是上帝在那儿的话,他或许可以进去,可我们是孩子,进不去。

我和我哥哥一起把剩下的报纸送完,随后回到家里,我哥哥和我谈起了那件事。

我没做声,很早就上了床。这大概是我对他讲到那些事情时的态度感到不满的缘故吧。

后来,我在镇上当然也听到了有关老妇人的其他一些零零星星的事。她是在第二天被人认出来的,于是就把通知发了出去。

人们不知在什么地方找到了她的丈夫和儿子,还把他们带到镇上,试图把老妇人的死和他们联系起来。不过这是徒劳。他们有足够的理由表明他们当时并不在场。

不过,镇上的人对他们很反感。他们只好离开这儿。他们上哪儿去了,我一点也不知道。

我只记得树林里的情景,记得站在那儿的人们,记得那具赤裸裸的、像少女似的尸体,脸埋在雪地里。还记得那条狗奔跑时踩出来的小路,和头顶上清明而寒彻的夜空。空中正飘过一朵朵浮云。云朵很快越过那小小的林中空地的上空。

就是这林中的情景,在我不知不觉中,成了我现在正在讲给你们听的这个真实故事的原始材料。 你们知道，我是在很久以后才慢慢收集到其他一些零星材料的。

事情就是这样。 我后来长大了，成了一个小伙子，也在一个德国佬的农庄里干活。 那个雇来的姑娘也很怕主人。 那个农庄主的女人也恨那个姑娘。

我在那儿明白了许多事情。 后来有一次，也是一个清朗有月的冬夜，我在伊利诺斯的树林里还真有点不可思议地遇到过那些狗。在我是个学生的时候，夏日里有一天，曾和一个小伙伴一起从镇上出发，沿小河走好几英里路来到那所老妇人曾经住过的屋子前。 她死后，这屋子就没人来住过。 门都东倒西歪，窗棂也破败不堪。我和我的伙伴一起站在那条路旁边，这时就有两只狗，毫无疑问是无家可归的乡下野狗，正在屋子边上奔跑，团团地打转。 两只狗都很高大，也很瘦，它们走到篱笆前，透过篱笆朝我们张望，那时我们站在路上。

后来，我长得更大了，对我来说，那件关于老妇人之死的事情变得就像从远处飘来的音乐声，每一个音符都得慢慢琢磨才听得清楚。 其中有些东西还得慢慢理解。

那个死去的女人生来注定要喂养牲畜。 不管怎样，她所做的也仅仅如此。 她未成年时就在喂养牲畜。 在她童年时代和少女时代，在德国佬的农庄上干活时，还有在她嫁人之后又一天天衰老时，甚至在她临死之际，她一直在喂养着牲畜。 她养活牛，养活马，养活猪，养活狗，养活人。 她的女儿年幼时就死了，而她和她的独生子在一起时，又一点也没有做母亲的地位。 就在她死的那个夜晚，她还在匆匆赶回家，背上还背着可以养活那些牲畜的食物。

她死在林中的空地上，她直到死后还继续在养活牲畜。

你们知道，那天晚上我们回家后，我哥哥和我说起这件事。 我母亲和我姐姐当时也坐在一边听着,而我似乎觉得,他并没有把事情真正讲清楚。他太年轻,我也是。那时,有一个有头有尾的故事,也够动听了。

我并不想强调什么。我只是想解释一下,我当时为什么会感到不满。现在,我既然已经讲了,你们大概也已经明白了,我为什么要费这么大劲来重讲这个简单的故事。

刘文荣　译

死于威尼斯

[德] 托马斯·曼

托马斯·曼(Thomas Mann 1875—1955),德国小说家,曾获1929年诺贝尔文学奖,重要作品除本篇外,还有《布登勃洛克一家》《约瑟和他的兄弟们》和《魔山》等著名长篇小说。

本篇是托马斯·曼于1911年从意大利归国后所写,1912年发表。小说发表后备受推崇,被誉为"20世纪小说杰作"。托马斯·曼自己也将其视为得意之作,曾说:"《死于威尼斯》的确是一个名副其实的结晶品。这是一种结构,一个形象,从许许多多的晶面上放射出光辉。它蕴含着无数隐喻;当作品成型时,连作者本人也为之目眩。"

小说的故事很简单,甚至可以说,没有什么故事。一个名叫阿申巴赫的著名作家,人到中年而陷入创作危机,于是前往威尼斯度假;在那里的海滨旅馆,他看到一个名叫塔齐奥的英俊少年,不由得为之入迷,于是天天尾随他,欣赏他,但又没有任何其他举动;不久,威尼斯流行瘟疫,他依然不愿离去;一天,他坐在一把沙滩椅上,凝视着在海滩上玩耍的塔齐奥,死了。

这就是"死于威尼斯",其中到底含有多少"连作者本人也为之目眩"的"隐喻"？或者说，具有多少象征意义？确实有"无数"，包括小说中的景物描写，也大多具有象征意味。不过，最重要的"隐喻"或者说象征，是来自构成这篇小说的"四大要素"及其相互关系。

所谓"四大要素"，包括两个"人物要素"（即一个作家和一个美少年）和两个"环境要素"（即一座文化名城和一场瘟疫）。这"四大要素"本身就具有象征意义：阿申巴赫是"欲念"的象征，他在寻求某种他自己也不太清楚的东西①（是创作灵感？还是无意识冲动？好像都是）；塔齐奥是"纯美"的象征（至少对阿申巴赫来说是如此）；威尼斯是欧洲古典艺术文化的象征（它既是优雅的，又是淫荡的）；瘟疫是灾难与危机的象征（这很浅显，不用解释）。

同时，这"四大要素"的相互关系也具有象征意义。别的不说，就说最重要的，以阿申巴赫为中心，有三条关系线索，即：阿申巴赫和威尼斯的关系、阿申巴赫和塔齐奥的关系，以及，阿申巴赫和瘟疫的关系。简单说来，阿申巴赫到威尼斯去，是他想从古典艺术中获取创作灵感的象征；阿申巴赫迷恋塔齐奥，是他在那里似乎找到了"纯美"的象征，而且这种对"纯美"（即"理性之美"或"形式之美"）的追求，又似乎有"同性恋"之嫌②（如果说，一般的或者说"正常的"美感来自"异性恋"的话）；至于阿申巴赫明知那里瘟疫肆虐而又不愿离去，则是他受制于"欲念"而不可自拔的象征，如

---

① 有人认为是他内心的"狄奥尼索斯情结"寻求满足。
② 这一点，请注意小说中大段写到的关于古希腊神话的内容，以及苏格拉底和菲德拉斯的谈话。这些既暗示阿申巴赫混杂的思绪，又暗示古希腊神话、艺术乃至哲学中的同性恋因素。不过，不能因此认为这篇小说是"同性恋小说"，因为没有具体内容，只有一点暗示，而且这种暗示也是象征的，即：另有所指。

此等等。

此外,小说中的其他人物或者和人物关系,以及这些人物和主人公、和周围事物的关系,也无不具有象征含义。也就是说,整篇小说就如一张错综复杂的象征网络,而这,就是托马斯·曼自己所说的"一种结构"。

这种"结构"的意义何在?毫无疑问,是为了营造出托马斯·曼自己所说的"一个形象"。这个"形象",不是指"人物形象",而是指"小说形象",即小说给人的总体印象,或者说,一种"意象",一种美与死的"复合意象"。简单说来,就是小说中有两条交织在一起的主线索,即:"美"的追求和"死"的到来。换句话说,阿申巴赫的威尼斯之旅,即是寻美之旅,又是死亡之旅;因为那里既有超凡脱俗的"美"(塔齐奥),又有意想不到的"死"(瘟疫)。阿申巴赫的肉体之死,是他的精神之死的象征,而他的精神,是死于对"纯美"的迷恋和满足——因为,就精神而言,满足了,等于死了[1]。

那么,阿申巴赫之死又意味着什么?或者说,这篇小说的主题是什么?是理智与情欲的冲突(阿申巴赫)?是古典文化的没落(威尼斯)?还是,美就是死(塔齐奥)?也许,三者都是?也许,三者加在一起才是?——反正,至今没有权威定论。

---

[1] 关于这一点,可参见歌德的《浮士德》。托马斯·曼深受歌德的影响,尤其是本篇,据说就是受歌德的启发而写。

二十世纪某年的一个春日午后，古斯塔夫·阿申巴赫从慕尼黑摄政王街的宅邸里独个儿出来漫步。在他五十岁生日以后，他在正式场合就以冯·阿申巴赫闻名。当时，欧洲大陆形势险恶，好几个月来阴云密布。整整一个上午，作家被繁重的、绞脑汁的工作累得精疲力竭，这些工作一直需要他以缜密周到、深入细致和一丝不苟的精神从事。午饭以后，他又感到自己控制不住内心汹涌澎湃创作思潮的激荡——或者说是"motus animi continnus①"，根据西塞罗②的意见，雄伟有力的篇章就是由此产生的——想午睡一会以消除疲劳，可又睡不着（由于体力消耗一天比一天厉害，他感到每天午睡确实非常必要），于是喝过茶后不一会，他就想到外边去逛逛，希望空气和活动能帮助他消除疲劳，以便晚上再能好好地工作一会。

时光已是五月上旬，在几星期湿冷的天气之后，一个似是而非的仲夏来临了。虽然英国花园里的树叶才出现一片嫩绿，可是已像八月般的闷热，市郊一带熙熙攘攘，挤满了车辆和行人。但通往奥迈斯特的一些道路却比较幽静，阿申巴赫就在那儿徜徉，眺望一会以热闹出名的餐厅公园的景色。公园周围停着一些出租马车和华丽的私人马车。他从公园外围取道回家，穿过了落日余晖掩映着的田野。当他走到北部墓园时，他累了。这时在弗林公路上空又出现暴风雨的征兆，于是他等着电车，让电车直接带他回城。

想不到他在车站和车站附近没有看到什么人。不论在铺过地面的翁格勒街——那儿，电车轨道无声无息地、亮油油地一直伸展到施瓦平地方——还是弗林公路上，都看不到一辆车子。在石匠铺子的围篱后边，也没有一个影子在晃动。石匠铺子里陈设着各种各

---

① 拉丁文：思潮如涌
② 西塞罗（公元前106—公元前43），古罗马政治家、演说家。

样待卖的十字架、神位牌、纪念碑之类，宛如另一个不埋葬尸体的坟场。 对面是拜占庭式结构的殡仪馆，它在夕阳中默默地闪着微弱的光辉。 建筑物的正面，装饰着希腊式十字架和模仿埃及古代书法的浅色图案，上面镂刻着对称地排列的几行金字，内容均和来世有关；例如"彼等均已进入天国"，或者是"愿永恒之光普照亡灵"。 候车的阿申巴赫专心默读、欣赏这些字迹有好几分钟，让自己整个心灵沉浸在对它们神秘意义的探索之中。 正在这时，他瞥见守护在阶梯口两只圣兽上面的门廊里站着一个人，他顿时清醒过来。 这个人的外表颇不平常，把他的思路完全带到另一个方向。

这个人究竟是穿过青铜门从厅堂里出来，还是从外边悄悄地溜到这上面，谁也说不准。 阿申巴赫对这个问题不加深思，就倾向于第一个假设。 他中等身材，瘦嶙嶙的，没有胡子，鼻子塌得很显眼。 他是那种红发型的人，皮肤呈奶油色，长着雀斑。 他显然不是巴伐利亚人，因为他头上戴着一顶边缘宽阔而平直的草帽，至少从外表看去是一个远方来客，带几分异国情调。 不过他肩上却紧扣着一只本地常用的帆布背包，穿的是一件缠腰带的淡黄色绒线衫一类的紧身上衣，左臂前部挟着一件灰色雨衣，手臂托着腰部，右手则握着一条端部包有铁皮的手杖，手杖斜撑着地面，下身紧靠着手杖的弯柄，两腿交叉。 他仰起了头，因而从松散的运动衫里露出的瘦削脖子上赫然呈现出一个喉结；他用没有光泽的、红睫毛的眼睛凝望着远方，中间两条直而明显的皱纹与他那个塌鼻子衬托着，显得相当古怪。 也许是他站着的位置较高，使阿申巴赫对他有这么一个印象：他有一种盛气凌人的、勇悍的甚至是目空一切的神态，这可能是因为他被夕阳的光辉照得眼睛发花，显出一些怪相，或者面部有些畸形的地方；他的嘴唇太短而向后翘起，从牙龈里露出一排又长又白的牙齿。

阿申巴赫用一半是观赏、一半是好奇的眼光凝神注视着这位陌生人，但这种注视似乎缺乏考虑，因为他猛然发觉那个人直愣愣地回瞪他一眼，目光恶狠狠地富有敌意，有一种迫使他的眼锋缩回的威力。这下子可刺痛了阿申巴赫，他转过身来开始沿着围篱走去，暂且决定不去注意这个人。不一会，他就把他忘了。不知是那个陌生人的逍遥姿态对他的想象力起了作用呢，还是某种肉体因素或精神因素在起作用，他只是十分惊异地觉得内心有一种豁然开朗之感，心里乱糟糟的，同时滋长着一种年轻人想到远方去漫游的渴望，这种意念非常强烈，非常新奇——这是一种早已磨灭、久已淡忘的意愿——因而他两手反剪在背后，一动不动地呆立在那里，目不转睛地瞧着地面，审察着自己的心绪和意向。

这不过是对旅行的热望而已，别的没有什么。但它确实来得那么突然，那么激动人心，甚至近乎一种幻觉。他的欲望显得一清二楚了。他早晨工作时起一刻也不能平息的那种想象力，描摹出——企图一下子展现出——五花八门人世间的种种惊险面。他看着。他看到了一幅景色，看到了热带地区烟雾弥漫天空下的一片沼泽，潮湿、丰饶而又阴森可怖。这是一片荒原，布满了岛屿、沼泽和淤泥冲积的河道。在长满蕨类植物的繁茂丛林中，在肥沃、泉水涌流和奇花异卉竞相争妍、草木丛生的土地上，他看到一棵棵毛茸茸的棕榈树到处挺立着，还看到一棵棵奇形怪状的大树，树根有的外露在土壤上，有的向下伸到河水里，粘滞不动的河水反映出绿色的树阴，那里飘动着乳白色的、碗口般大的鲜花，而肩肉高耸、嘴形奇特的怪鸟则站立在浅滩上，一动不动呆呆地向旁瞧着。在竹林深处节节疤疤的树干中间，一只老虎蹲伏着，两眼闪闪发光——他感到内心因恐惧和神秘的渴望而颤动。这时幻象消失了。阿申巴赫摇摇头，又沿着石匠铺子的围篱走着他的路。

过去——至少从他有机会能任意享受社交的种种好处时起——他一直认为,旅行不过是一种养生之道,有时不得不违背心愿去敷衍一下。他为他自己和欧洲广大人士所提出的繁重任务忙得喘不过气来,创作的责任感沉重地压在他的心头;他非常厌恶娱乐,以致对外面的花花世界感不到任何兴趣。他已非常满足于那些不必远离自己小天地的人们所能获得的世间各种见识,因而离开欧洲的事,他一刻也不曾想过。尤其是他的生命力已渐渐衰退,他艺术家的那种深恐大功不能告成——即担心工作半途而废,不能鞠躬尽瘁献身于事业——的忧虑已再不能轻易排除以后,他几乎只在家居所在的那个可爱的城市里露面,足迹也不出他那座简陋的乡间别墅;那座别墅坐落在山区,他常在那儿度过多雨的夏天。

不过刚才那种心血来潮的念头,他很快就用理智和青年时代就养成的自制力压抑下去,内心恢复了平静。他的本意是在出国之前,先把工作——工作就是他生命的寄托——完成到某一个阶段,至于在世界各地漫游,就得好几个月放弃他的工作,这种想法太不痛快、太不着边际了,不值得认真去考虑。然而他如此意外地受到感染,其原因他可一清二楚。迫切想去远方遨游,追求新奇事物,渴望自由、解脱一切和到达忘我境界——他承认这些无非是逃避现实的一种冲动,企图尽力摆脱本身的工作和刻板的、冷冰冰的、使人头脑发胀的日常事务。可是他还是眷恋着这样的工作,同时也几乎喜欢去作那种使人伤透脑筋的、每天都有一番新鲜内容的斗争,这是顽强、骄傲、久经考验的意志力同这一与日俱增的疲劳之间的一场斗争,这种疲劳任何人都不会觉察到,而他的作品中也决不会流露出他头脑失灵或灵感枯竭的任何痕迹。但是弓弦不能绷得太紧,而强烈地激发出来的愿望又不能硬加压制,这似乎也是理所当然的。他想到自己的工作,想到昨天和今天不得不离开的地方,因为无论你怎样煞费苦心，或者发生什么突如其来的变故，你还是得离开的。他一再想打开或解开这个疙瘩，但最后还是怀着一阵战栗的厌恶心情退缩了。这里并没有特殊的困难。不过他精神涣散的原因，却是畏首畏尾，鼓不起劲儿，这表现在他的要求愈来愈高，永远感不到满足。当然，这种不满足从他年轻时起就被看作是他天才的禀性和特质，正因为如此，他的情感才能受到约束，并冷静下来，因为他知道，人们是容易为轻易得来的收获和半点成就而心满意足的。难道他那种硬加压制的情感现在已开始报复，想远远离开他，不愿再为他的艺术增添翅膀，同时还要夺去他表现形式上的一切快慰与欢乐吗？他的创作并不坏，这至少是他长年累月的成果，他的作品确实可以随时稳稳地达到登峰造极的境地。但即使整个国家崇仰他，他也并不引以为乐。在他看来，他的作品似乎已缺乏热情洋溢的特色；热情洋溢是欢乐的产物，它比任何内在的价值更为可贵，是一个更为重要的优点，能使广大读者感受到欢乐。他害怕在乡间过夏，害怕在小屋子内单独与为他备伙食的女佣和侍候他的男仆在一起；也害怕看到他所熟悉的山峰和悬崖，它们又会把他团团围住，使他透不过气来。因此他很需要换换环境，找某个临时性的憩息之所，消磨消磨时光，呼吸远方的新鲜空气，汲取一股新的血液，使夏天过得稍稍满意些，丰富些。这样看来，作一番旅行会叫他称心如意。但不必走得那么远，不必一直到有老虎的地方去。在卧车里睡一夜，在可爱的南方任何一个游乐场所痛痛快快地歇上三四个星期……

他这么想着的时候，电车丁丁当当的响声渐渐逼近翁格勒街。上车时，他决心今晚专心研究一下地图和旅行指南。一上车，他就想回头看看刚才逗留时戴草帽的那个游伴，这片刻的逗留毕竟是很有收获的。可是那个人已行踪不明，因为不论在他以前站着的地方,还是下一个车站或车厢里,都找不到他的影子。

古斯塔夫·阿申巴赫出生在西里西亚省的 L 县城。他是一个高级法官的儿子。他的祖先都是军官、法官、行政长官之流,这些人为君王和国家服务,过着严谨而相当俭朴的生活。他们中间只有一个有比较热忱的心灵,具体的职业是传教士;至于机敏而富于情感的素质,则是从先辈方面诗人的母亲——她是波希米亚一位乐队指挥的女儿——家族中得来的。他的脸部有外国人的特征,这也得自他的母亲。刻板拘谨与捉摸不定、热情奔放的个性相结合,便产生了一个艺术家,一个不凡的艺术家。他是那篇描写普鲁士腓特烈大帝生活的笔调明朗、气势磅礴的史诗的作者,同时也是一个勤勉的艺术家,以他孜孜不倦的精神精心创作了一部名为《马亚》的长篇小说,这部小说形象鲜明,把人类各种各样的命运都归结到一个主题思想上;另外他还创作过一部颇有感染力的小说《不幸的人》,它告诉整个年轻的一代(他们是应当感恩的):即使一个人的知识到了顶,他仍旧可能保持道德上的坚定性。最后,也是他成熟时期的代表作,是题名为《心灵与艺术》的那篇激动人心的论著,层次井然,修辞工整,富有说服力,因而一些严肃的评论家把它与席勒的《论质朴与伤感之诗》[①]并列。

阿申巴赫一心追求名誉,因而他虽不早熟,但由于笔调精辟犀利,很早就具备成名的条件。几乎还是一个中学生时,他已出了名。十年以后,他已学会坐在写字台面前用优美的、意味深长的词句,处理成批的信件,使自己的英名保持不衰;信件的内容非简短不可,因为人们对这位有成就、有威望的作家硬是提出许多要求。

[①] 席勒(1759—1805),德国诗人、剧作家,与歌德齐名,《论质朴与伤感之诗》为其著名论文。

四十岁时，尽管实际工作的重担与种种变迁使他劳瘁不堪，他还得每天处理一批从世界各地寄来的颂扬他的邮件。

他的才能既不同凡响，又毫无怪僻之处，因而赢得广大读者的信赖，同时又博得爱挑眼儿的那些行家们的鼓励与同情。从少年时代起，各方面都希冀他干一番事业而且是不平凡的事业，因而年轻人那股懒懒散散、逍遥自在的劲儿，他可从来不曾有过。当他三十五岁在维也纳病倒时，一位同他结交的细心观察家曾发过这样的议论："你们看，阿申巴赫的生活老是这个样子，"说到这里，讲话人把他左手几个手指捏成一个拳头，"永远不可能像这个样子。"说罢，他张开的那只手就漫不经心地从安乐椅的靠背上垂下来。这真是一针见血。由于阿申巴赫生来体格并不结实，更显得他在道德上是一个勇者——他只是由于责任感才经常从事紧张的工作，并非生来就能如此。

遵从医师的劝告，他在童年时代没有上学，不得不在家里受教育。他孤独地成长，没有同伴，但他一定很早就认识到他是属于那种类型的人——这种人欠缺的不是才智，而是才智赖以发挥的体魄。换句话说，他是属于往往很早崭露头角而才华难以持续到晚年那种类型的人。然而他的格言乃是"坚持到底"；在他那本描写腓特烈大帝的小说里，他所看到的只是那位老英雄"坚持到底"这一嘱咐的超凡入圣之处，他认为这句话集中体现了在苦难面前坚韧不拔的品德。他非常希望活得长久一些，因为他认为只有当一个艺术家在人生各个阶段都能取得典型的成就时，他的艺术造诣才可说是真正伟大的，有普遍意义的，同时也是真正值得尊敬的。

由于他荏弱的肩膀上担负着天才应负的种种重任，而且有十分远大的志向，他非常需要纪律——幸而纪律是父族方面遗传下来的素质。在四十岁或五十岁的时候，一般人都在挥霍无度，沉湎于酒色，或者醉心于远大的计划而迟迟未能如愿，但他却不是这样。每天一早就用冷水淋洗他的胸部和背部，然后擎起一对银座的长蜡烛，将它们放在稿纸上面，把他从睡眠中积聚起来的精力热诚地、专心致志地贡献给艺术，一次就是两三小时。某些局外人以为，显现在《马亚》中的各种景物以及展示腓特烈大帝英雄业绩的波澜壮阔的史诗，都是作者在某种力量的鞭策下以巨大的精力一气呵成的明证，这也难怪，事实上，这些作品却是凭着无数片断的灵感，靠每时每刻一砖一瓦地辛勤累积的结果，因而无论就整体或细节来说，都很优美，这是因为创作者有着象征他出生地西里西亚那样的顽强意志与坚忍不拔的毅力，能专门为一部作品长年累月呕心沥血，把自己最宝贵的时间一心一意地奉献给创作事业。这样更显得他在道德上的过人之处。

要使一部杰出的作品能立即发挥深远的影响，作者的个人命运与同时代广大群众的命运之间，必须有某种内在的联系，甚至彼此间能引起共鸣。人们不懂得，为什么他们专把名誉奉送给某些艺术作品。他们远没有鉴别力，他们只发觉作品中有成千上万的优点，因而博得他们的好感是理所当然的。但他们赞扬的真正理由却难以捉摸，只是同情而已。有一次，阿申巴赫在一个不很引人注目的地方直截了当地发表过这样的意见，差不多所有伟大的事物都是"敢于藐视"的，是在跟忧患、痛苦、穷困、孤独、病弱、道德败坏、七情六欲以及各种各样的障碍作斗争而诞生出来的。这不仅仅是一种见解，而是经验之谈。这正好是他生活的信条，成名的圭臬，也是他工作的诀窍。如果说这些都是最能体现出他的个性的品格与风貌，又有什么值得惊奇的呢？

关于这位作家所偏爱的、在他的作品中反复出现的那种新型英雄，一位目光敏锐的评论家早已作过这样的分析：他的面貌应当是

"智力发达、淳朴、有丈夫气概","能在刀光剑影中咬紧牙关、巍然屹立、临危不惧"。 这是美丽的、才气横溢的、确切的,尽管这种提法似乎太消极些。 不过在命运面前能自我克制,在痛苦中仍能保持风雅,并非只是一种屈从。 这是一种积极的成就,一个明确的胜利;塞巴斯蒂安①的形象乃是艺术中最美的象征——即使就整个艺术而论不一定这样,但就我们这里谈到的艺术而言,却确是如此。 只要我们透视一下他所描写的那个世界,就可看出这一主题的种种形态:例如一种在世人面前一直隐瞒自己腐化堕落的身心的高傲自制力;因情欲而毁容的丑陋——这种丑陋可以将闷烧着的情感余烬化成一团纯洁的烈火,甚至在美的王国里达到至高无上的境界;即使身体衰弱无能为力,但心灵深处却迸发着光和热,它的力量足以使整个骄傲的民族在他的感召下投身到十字架前;在干着枯燥、刻板的事务时,仍不失其亲切、优雅的举止、诈骗成性者那种狡诈而充满风险的生活,以及煞费心机的阴谋诡计——只要我们想一想人类所有的这些命运(而且类似的命运还有好多),就会禁不住提出这样的疑问:除了"弱者"的英雄主义之外,究竟是否还有其他的英雄主义。 然而不管怎么说,除了这种英雄主义之外到底还有什么更能代表时代精神的呢? 古斯塔夫·阿申巴赫确实是所有那些辛勤工作、心力交瘁而仍能挺起腰板的人的代言人,是现代一切有成就而道德高尚的人的代言人——他们尽管病弱瘦削,财源匮乏,但还是凭借自己顽强的意志力和智能,设法使自己的业绩至少在一个时期内放射出异彩。 这些人很多,他们是时代的英杰。 他们全都在他的作品中反映出来。 他们的地位获得肯定;他们被赞

---

① 塞巴斯蒂安,基督教早期殉难者,因有人告发他的教徒身份而被判死刑,但弓箭手行刑时未将其马上射死,被一个名叫艾琳的女人救活;但他后来仍到皇帝面前去说理,被乱棍打死。

扬,被歌颂。他们对他感恩,把他的声名传扬。

他年轻幼稚,不识时务;他曾在公众面前跌过跤,犯过错误,暴露出自己的弱点,在言论和著作中不讲策略,违反常情。但他毕竟赢得了荣誉,而荣誉,正如他所说,是每个伟大的天才孜孜以求的当然目标。是的,人们可以说,他的整个生涯都是有意识地、顽强地为名誉而努力攀登的一生,把人们的猜忌与讥讽等种种障碍都置之脑后。

市民群众感到兴趣的,是生动活泼而并不诉诸理智的通俗易懂的描写,但热情奔放、追求绝对真理的年轻人,却只是为作者提出的问题所吸引。阿申巴赫像任何年轻人一样,是热衷于研究问题的,是信奉绝对真理的。他崇奉理智,在知识的土壤上辛勤耕耘,好容易收获了播下的种子;他摈弃神秘主义,怀疑天才,对艺术嗤之以鼻——不错,正当信徒们对他的作品欣赏不已、推崇备至时,他这个年轻的艺术家,却对艺术的值得争论的性质和艺术技巧方面发表一些玩世不恭的意见,使二十岁的年轻人大惊失色。

可是一颗崇高活泼的心灵,在知识尖利而严酷的锋芒面前似乎会比在其他事物面前更加迅速、更加急剧地萎缩下去。确实,年轻人一心所追求的目标哪怕如何苦心孤诣,诚心诚意,与大师深邃而果断的决心相比,就显得浅薄可笑。大师对知识既排斥又抗拒,掉头不屑一顾,唯恐知识会使他的意志、行动、感情甚至激情(哪怕是最低限度)变得麻木不仁,一文不值。《不幸的人》那篇著名的小说,难道不是对当代风靡一时的那种颓废心理的谴责吗?小说体现出来的人物,是一个任凭命运拨弄的软弱愚钝的蠢汉,由于昏聩无能,意志薄弱,竟把自己的妻子推入一个面容光洁的年轻人的怀抱里去,在卑微的境地中了却残生。作者这里用怒不可遏的语言唾弃了受遗弃的人,对道德上的犹疑不决公然表达了他的深恶痛绝之情，对自作自受所招致的苦难不寄予丝毫同情。有一句婆婆妈妈的好心肠话，说什么"了解一切，就是原谅一切"，他认为这句话丝毫没有骨气，曾公然加以驳斥。这里所呈现的，或者已清晰地展示出来的，乃是"公正无私的品质重现的奇迹"。不久，这就明确地成为作者谈话的主题，而且带着某种玄妙的色彩加以强调。多么奇特的思路啊！莫非正是由于这种品质的"重现"，由于这种新的品德和严谨的态度，才使他在智力上有如此成就，因而人们从那个时候起观察到他的文风似乎过于华丽秀美，简洁明澈而又工整，使他的作品此后具有明显的、甚至是刻意模仿的名家大师和经典著作的风味？然而超出了知识界限、又为知识（它起阻碍作用和解体作用）所束缚的那种德行——难道它不是又把世界和人们的心灵看得过于简单化的一种倾向，因而也助长了恶势力，鼓励了那些该受禁止的和不合伦常的行径？这样，形式上不是有两重性了吗？难道"德行"和"缺德"可以同时并存——德行是教养的结果及表现，而缺德，甚至违反德行，则在本质上意味着善恶不分，而且力图使德行屈膝于自己无限而傲慢不可一世的统治权之下？

不管怎样，发展本身就是一种命运；那么，博得广大公众同情和信赖的那些人，在行动方面为什么不该和那些默默无闻的人有区别呢？当一个伟大的天才艺成脱颖而出，能经常明确地意识到他才智的价值，但同时却装出一副孤芳自赏的姿态——其实内心充满着无法排遣的痛苦与斗争——而且还设法让世人也知道他的才智和名声时，只有冥顽不灵的吉卜赛人才感到无聊，会发出嘲笑之声。此外，在天才的自我形成过程中，有多少喜怒哀乐和恶风逆浪啊！随着时间的推移，古斯塔夫·阿申巴赫的文章中有一些官腔和教训人的味儿，他后几年的笔调失去了敢想敢说的犀利风格和微妙清新的色彩，变得一本正经，精雕细琢，循规蹈矩，甚至有些公式化。像人们对路易十四的传统说法那样,这位年事渐长的作家在文体方面摈弃了一切普通的词句;也就是在这个时候,学校当局把他的一些著作选载在规定的教科书中。 当一个刚即位的德意志君王在腓特烈大帝史诗作者的五十寿辰授以贵族头衔时,他认为受之无愧,并不拒绝。

他辛辛苦苦地奔波了几年,在各处寻找安居的地方,后来才不失时机地选中慕尼黑作为他永久栖身之所。 他住在那里,学到市民们对社会名流那种稀有的尊敬。 他很年轻时就和一个学者家庭出身的姑娘结了婚,但婚后只有一段短暂的幸福生活,不久妻子就去世了。 他身边有一个已婚的女儿,可从来没有一个儿子。

古斯塔夫·冯·阿申巴赫身材在中等稍下,皮肤黝黑,剃修整洁。 他的脑袋同他纤弱的身材相比,显得太大了些。 他头发向后梳,分开的地方比较稀疏,鬓角处则十分浓密而花白,从而衬托出一个高高的、皱纹密布而疤痕斑斑的前额。 他戴着一副玻璃上不镶边的金质眼镜,眼镜深陷在粗厚的鼻梁里,鼻子弯成钩状,有一副贵族气派。 他的嘴阔而松弛,有时往往突然紧闭,腮帮儿瘦削而多皱纹,长得不错的下巴稍稍有些裂开。 看来,变化多端的命运已在他的头部留下了印记,因为他的头老是伤感地歪向一边。 不过使作家面容变形的不是繁重劳碌的事务和生活,而是艺术。 在这个额角后面,传出了伏尔泰和腓特烈大帝对于战争问题的精辟言论和动人的答辩;一对困倦而深陷的眸子透过眼镜向外凝望,曾亲眼看到过七年战争时期病院中种种血淋淋的恐怖景象。 不错,从个人角度来说,艺术使生活更为充实。 它使人感到更大的欢乐,但也更快地令人衰老。 艺术在它的信奉者面上镌刻着奇妙的幻想与高超的意境,即使这些信徒表面上过着一种幽静恬淡的生活,但到头来还会变得吹毛求疵、过分琢磨、疲乏困倦、神经过敏,而纵情于声色之娱的人们是不致落到这步田地的。

　　从那次散步以后,尽管他急于想作一次旅游,但一些实际事务和文学方面的事务使他又在慕尼黑待上两星期左右。 终于他通知乡下,他四星期内就可回到乡间别墅里来。 他在五月下半月的某一天将乘夜车去的里雅斯特。 在部里只逗留二十四小时,第二天早晨就乘船到波拉去。

　　他所追求的,只是新奇的事物和无牵无挂的境界。 这个目的却是很快地就能达到的,因此他在亚得里亚海离伊斯特拉半岛海岸不远的一个小岛上住下来。 这个小岛闻名已有多年,当地居民衣着虽然破烂,但却五光十色,说话的音调怪里怪气的。 那里的悬崖峭壁十分绮丽,下面就是一片大海。 但那里经常下雨,空气沉闷,旅馆里住的都是些见识浅薄、胸襟褊狭的奥地利人,而且没有机会接近他所向往的大海,因为只有在松软的沙滩上才能走近它。 这些都很使他不快,他感到这里并不是他应当来的地方。 他内心一阵激动,焦躁不安,不知上哪儿去才好。 他细心了解轮船的来往路线,留神注视周围的一切:突然间,他的目的地油然呈现在他的眼前。 如果有人一夜之间决定想去一个无与伦比的、神话般的地方,那么他该去哪儿呢? 这是一清二楚的。 他到这儿来干什么呢? 他错了。 本来他是想到那种地方去旅行的。 待在这儿可不对头,他毫不迟疑地取消原来的打算。 他来到岛上大约十天以后,一艘飞快的汽艇在晨光熹微中经过海面把他和他的行李带回到军港,他在这里登陆以后,只需马上经过栈桥到一艘轮船的湿漉漉的甲板上去就行。 这艘船是开往威尼斯去的。

　　这是一只使用已久的意大利轮船,很旧,被烟灰熏得又黑又脏。 阿申巴赫一上船,就有一个脏脏的驼背船员满脸堆笑地引他到船身深处一间洞穴状的小舱内,小舱有灯光照明。 在小舱的桌子后面，坐着一个嘴角叼着烟头、帽子一直歪戴到脑后并且长着山羊胡子的人，他的脸相有几分像旧时的马戏团老板。他用做生意的那种装腔作势的姿态接待旅客，签发票证。"到威尼斯去！"他重复地念着阿申巴赫的申请，一面伸出手臂，把钢笔浸到斜摆着的墨水瓶中去蘸粘滞滞的墨水。"乘头等舱到威尼斯去！就这么办吧，先生。"他胡乱地写了一通，拿起一只匣子把蓝色的沙子撒在纸上，然后把沙子放到泥罐里去，用焦黄的、瘦骨嶙峋的手指把纸折好，重新写起来。"到威尼斯去旅行，这个地方拣得好！"他一面写，一面喋喋不休地说，"啊！威尼斯！多美的城市！对有教养的人来说，这个城市有一种不可抗拒的吸引力，因为它过去有一段光荣的历史，现在还是很有魔力！"他行动敏捷，空话连篇，有些招摇撞骗的味儿，好像他担心那位旅客威尼斯之行的决心还会动摇似的。他匆匆忙忙地算账，把找剩的钱放在污迹斑斑的台布上，干起来像赌场里收储金的那样利落。"先生，愿您称心如意！"他像演戏般的鞠了一躬，"能够侍候您，我感到不胜荣幸！……再来一位！"他接下去马上扬起胳膊喊着，像有一大批旅客鱼贯地等在门口，虽然，实际上再也没有什么人要办手续。于是，阿申巴赫回到甲板上。

他把一只手臂靠在栏杆上，望着到码头来徜徉的、想目送轮船开出的闲散的人群，然后再回头观察同船的旅客。二等舱的男男女女都蹲在甲板上，他们拿箱子和行李包当作座位。头等舱的旅伴中还有一群年轻人，看去像是波拉城里商业部门的伙计，他们聚在一起嬉笑，闹哄哄的，为意大利之行显得兴高采烈。他们叫叫嚷嚷地谈着本行工作，说着笑着，手舞足蹈，洋洋自得，而且还大声呼喊那些挟着公文包沿港口大街去办公事的同事们；对于这些凭着栏杆油嘴滑舌打趣的伙计们，他们也挥动手杖做出吓唬的姿态。其中有一个人穿着过时的淡黄色夏衣，系着一条红领带，戴着一顶引人注目的巴拿马草帽；他欢腾雀跃，拉开嗓门直叫，声音比任何人都响。但阿申巴赫还不及稍稍定神细细打量他一下，就大吃一惊地发现他可不是一个年轻人。不容怀疑，他是一个老头儿。他的眼圈和嘴角都布满了皱纹。他面颊上的那层淡红色不过是胭脂；周围镶有彩色花边的巴拿马草帽下面棕色的头发，其实却是假发；脖子萎缩，青筋毕露，一根根翘起的胡子和下巴下面的小络胡须，都是染过色的；他笑时露出的一口黄牙，只不过是一副起码的假货；两只食指上戴着印章戒指，一双手完全像老年人一样。阿申巴赫瞅着这个老家伙和他的同伙，心里泛起了一阵反感。难道他们看不出他已是一个老人，已没有资格穿起奢华绚丽的衣服，也没有资格去扮演年轻人的角色？看来，他们对杂在中间的这个老头儿已习以为常，把他看作是同一类人。他打趣地用肘子推撞他们的胸部，他们也毫不厌恶地报以同样的玩笑。这是怎么一回事呢？阿申巴赫把手托在额角上，闭着眼睛，这说明他睡得太少了。在他看来，这一切似乎并不那么寻常，仿佛他所理解的那个世界已开始像梦境般的渐渐远去，变得奇形怪状，只要他稍稍遮一会儿脸，然后再张开眼睛看，这一切似乎都会停止。但正在这当儿，他猛然有一种浮荡的感觉，睁眼一看，惊奇地发觉灰黑笨重的船体已慢慢离开筑堤的海岸。在机器的往复运动下，码头与船身之间污浊的、闪闪发光的海水像一条条的波带，一英寸一英寸地向四面扩展，轮船经过一番笨拙的掉头动作，就昂首驶往大海。阿申巴赫走到右舷，这里，驼背船员已为他准备好一把躺椅，同时，工作衣上油迹斑斑的一个服务员问他要吃些什么。

天是灰沉沉的，风中带着一股潮润的味儿。港口和小岛渐渐落在后面，陆地的各部分很快消失在烟雾迷蒙的地平线上。一团团为水气胀大的烟灰，纷纷飘落在洗过的、尚未干透的甲板上。不到一小时,船上已张开帆篷,因为天开始下雨了。

我们的旅行者把斗篷裹在身上,衣兜上放着一本书,休息着。时间不知不觉地在流逝。 雨停了,篷布也开始卸下。 天边一望无垠。 在幽暗的苍穹下,展现着一片空旷寂寥、无边无际的大海。可是在广漠无垠的空间里,我们无法凭感觉来衡量时间,我们对时间的概念只是一片混沌,无从捉摸。 在阿申巴赫躺着休息时,奇形怪状、模糊不清的身影——充作花花公子的老头儿,内舱里那个长山羊胡子的管理员——在他的脑海里晃来晃去,他们做着莫名其妙的手势,发出梦呓般的胡言。 他睡着了。

中午时,人们叫他到一间走廊模样的餐厅里吃午饭,餐厅与卧室的门相通。 他在一张长桌的尽头处用餐,在桌子前端则坐着商行的那批伙计们,其中还有那个老头儿,他们从十点钟起就和那位兴致勃勃的船长开怀痛饮。 这餐饭他吃得很不开心,他匆匆忙忙就吃完了。 他不得已走到甲板上,仰望长空,看威尼斯是否即将在远处闪现。

他一心一意所想的,只是快快望见威尼斯,因为这个城市在他的心目中一直保持着光辉的形象。 但天空和海水却暗淡无光,一片铅灰色、有时还下着雾蒙蒙的细雨。 他暗自思量,取道水路时望见的威尼斯,也许与他过去取道陆路时所见到的不同吧。 他站在前桅旁,眺望着远方,眼巴巴等着陆地的出现。 他想起了某一位曾看到自己所神往的圆屋顶和钟楼从海浪里浮现的沉郁而热情的诗人,他默诵了诗人的一些佳句,这是诗人当时怀着崇敬和悲喜交集的心情恰到好处地吟咏出来的。 某种思绪一旦孕育出来,他就很容易为之激动。 他省察了自己那颗真挚而疲乏的心,问漫游者的内心深处究竟是否还蕴含着某种新的激情和迷惘不安,是否还有什么新的惊险荒唐的想法。

海岸线终于在右面浮现了,海里有许多渔船活跃起来,海滨浴场也清晰可见。 这时轮船放慢了速度,穿过了以威尼斯命名的狭窄港湾,海滨浴场就掉在背后。 它在咸水湖里一排杂乱粗陋的房子面前戛然停住,因它得等待卫生艇前来检验。

一小时过去了,终于开来一艘船。 人们赶来一看,原来不是卫生艇。 虽然人们并不急,但感到很不耐烦。 这时,嘹亮的军号声从公园一带越过水面传来,这声音似乎激起了波拉年轻人的爱国热情,于是纷纷来到甲板上,兴奋地喝起许多阿斯蒂①酒,一面为那边操演着的步兵②纵情欢呼,大声喝彩。 可是那个涂脂抹粉的老头儿和年轻人混在一起的情景,看去委实太不顺眼。 他那副老骨头的酒量当然及不上那批年轻力壮的小伙子们,这时已醉得十分可怜。 他站着,摇摇晃晃,目光痴呆,一支香烟夹在瑟瑟发抖的手指中间,醉得前俯后仰,好容易才维持住身体的平衡。 他再走一步恐怕就要跌倒,动也不敢动一下;但可怜的是他依然兴致勃勃,谁走近他的身边,他就拉住谁的衣扣,结结巴巴地说些什么,扭动着身子,咻咻地笑着,并且伸出那只戴戒指的、皱纹密布的食指,显得又蠢又可笑。 他莫名其妙地用舌尖舔着嘴角,令人作呕。 阿申巴赫看到这副景象,不禁皱起眉头,心里怪不自在。 这时他又感到一阵昏眩,仿佛周围的世界又稍稍地、无可阻挡地换了一个样,变得光怪陆离,丑恶可笑。 环境不允许他再仔细想下去,因为机舱的引擎又砰然一声发动起来,轮船经过圣马科运河,又继续它那临近目的地时遽然中止的航行。

这样,他又一次看到那令人叹赏不已的登陆地点。 建筑群的结

---

① 意大利地名,以产酒闻名。
② 此处指意大利的特种步兵。

构灿烂夺目,绚丽多彩,这是共和国为前来观光的海员们兴建的,好叫他们看了五体投地:宫殿和"奈何桥"轻巧华丽;海岸边矗立着刻有狮子和圣像的柱子,仙人庙的侧翼高高耸起,绚丽动人,大门的过道和巨钟则又是一番壮观——他环顾四周,感到从陆路搭火车到威尼斯就好比从后门跨入宫殿似的,只有像他现在那样乘轮船穿过大海,才能窥见这个城市难以想象的瑰丽全貌。

引擎停止了。平底船①争先恐后地划过来,上岸的舷梯也搭好了。海关人员登上轮船,执行任务;旅客现在可以开始上岸。阿申巴赫要雇一只平底船,以便把他本人和行李带到来往于威尼斯与海滨浴场之间的汽船的浮码头里,因为他想在海滨住下来。他们同意了他的建议,并把他的要求大声向水面上传达。水面上,平底船船夫正操着本地方言争论不休。他下船的事又为了箱子问题延搁下来,他们竟然费了很大的力气才把它从梯子般的扶梯上拖下来。因此有好几分钟工夫,他无法摆脱那位面目可憎的老头儿的纠缠。老头儿已喝得神志不清,居然要向这位陌生人正式道别。"我们祝您住在这儿一切最最称心如意!"他打躬作揖喃喃地说,"请发好心,不要忘记我们!Anrevoir, excusez und bonjour②,我尊敬的先生!"他嘴里淌着口水,眨巴着眼睛,舔着嘴角,下巴上染过色的胡子在衰老的嘴唇旁边一根根直竖起来。"请代向我们问好,"他嘟哝着,两个手指尖头一直放到嘴边,"请代向我们为那个亲爱的美人儿问好,为那个……最最……可爱的、最最……漂亮的小亲亲问好……"说到这里,他上面的假牙突然从上颚落到下唇边。阿申巴赫就乘此溜之大吉。"向亲爱的……亲爱的美人儿问好!"他

---

① 威尼斯特有的一种小船,船身狭长,底部平坦,船首与船尾翘起,也称"贡多拉"。
② 法文:再见,抱歉,早安。但这里的 und 仍是德语。

背后还听到空荡荡的、含糊不清的声音和格格的笑声,但这时他已扶住绳子结成的栏架,爬下舷梯了。

谁第一次坐上威尼斯的平底船,或者在长时期不坐以后再登上它,恐怕谁都免不了感到一阵瞬时的战栗和神秘的激动吧? 这是一种从吟咏民谣的时代起就一直传下来的稀有交通工具,船身漆成一种特殊的黑色,世界上只有棺木才能同它相比——这就使人联想起在船桨划破水面溅溅作响的深夜里,有人会悄悄地干着冒险勾当;它甚至还使人想到死亡,想到灵柩,想到阴惨惨的葬礼和默默无言的最后送别。 人们可曾注意到,这种小船的座位,船里这种漆得像棺木一样的、连垫子也是黑油油的扶手椅,原来是世界上最柔软、最奢华、同时也是最舒适的座位? 当阿申巴赫在划船人的下方坐下来时——他的行李整整齐齐地堆在对面的船头上——他就意识到这一点。 这时摇桨的船夫们还在吵吵闹闹地争执,声音粗鲁,含糊不清,还做着威吓性的手势。 但这座水城异乎寻常的寂静,似乎把他们的声音吸收、游离,并且散播到海浪里去了。 港口这边十分和暖。 从炎热地区吹来的风一阵阵地拂在他的脸上,温凉宜人。 我们的旅行者悠闲地靠在坐垫上,闭目养神,陶醉在无忧无虑的境界里,这种境界对他来说是生平难得的,也是十分甜蜜的。 乘船的时间是不会长的,他想;但愿能长此待着,永不离开! 在船身轻微的颠簸中,他感到尘世的烦嚣和吵吵嚷嚷的声音似乎早已烟消云散。

周围是多么静啊! 而且越来越静。 除了船桨拍打湖水的汩汩声外,除了波浪在船头上重浊的击拍声外,什么都听不见。 船头是黑色的,坡度很大,顶部像一支画戟一样矗立在水中。 这时还可以听到另一种声音,这是一种话音,一种低语——这是划船人断断续续地发出的喃喃自语,声音似乎是从他挥动胳膊摇桨时迸出来的。阿申巴赫抬头一看,发觉他周围的咸水湖湖面越来越宽,船儿一直向大海划去，不免有些吃惊。因此他不能认为万事大吉，要实现他的愿望，他还得花一番心思。

"你把我划到汽船码头去。"他一面说，一面把身子稍稍转向后面。划船人的喃喃声停止了。他没有听到回答，直愣愣地睨视着划船人。这时对方站在他后面稍稍高出的甲板上，铅灰色的天空下面赫然耸现出他的身影。这个人的容貌不惹人喜欢，甚至有些凶相，穿的是一件蓝色水手式服装，扣着一条黄色佩带，戴的是一顶不像样的草帽，草帽不很规矩地歪戴在头上，帽瓣已开始松散。从他的面相和塌鼻子下一抹淡黄色卷曲的胡须看来，他一点也不像意大利人。尽管他的体格不大魁梧，因而不能指望他的摇船本领特别高强，但他使劲地划着，每打一次桨都施展出全身力气。有时由于用力过度，他的嘴角翘向后面，露出一排雪白的牙齿。他皱起淡红色的眉毛，用坚定的、几乎是粗鲁的语调两眼朝天地冲着乘客说："您到海滨浴场去。"

阿申巴赫回答说："真是这样。可是我乘这艘船的目的，只是为了能摆渡到圣马科去。我要在那边乘小汽艇。"

"您不能乘小汽艇，先生。"

"为什么不能？"

"因为小汽艇不能载行李。"

这倒是不错的——阿申巴赫现在记起了。他一言不发。不过这个人这么粗暴傲慢，不像他本国的习俗那样对待外国人总是彬彬有礼，他可受不了。他接着说："这是我的事。也许我可以把行李寄存一下。你再摇回去。"

划船人不吭声。船桨仍在泼泼地划着水，水浪闷声闷气地拍着船头。嘀咕又开始了：划船人又在齿缝里自言自语。

他该怎么办呢？我们这位旅客在水面上独个儿与这个神秘莫

测、一意孤行的人在一起,对如何实现自己的愿望感到一筹莫展。如果他不像现在那么激动,他该休息得多么甜美啊! 他本来不是巴望在船里能多待一会儿,但愿此景常在吗? 看来,最聪明的办法莫过于听其自然,而且这毕竟也是最舒坦的。 他感到一阵倦怠,这似乎是座椅引起的;这是一种低低的、有黑垫子的扶手椅,他后面那位专横的船老大摇起桨来,椅子就轻轻地向左右摇摆。 一个异想天开的念头从阿申巴赫的脑海中闪过,也许我已落入一个歹徒之手,而要采取防卫行动却又无能为力。 更麻烦的似乎是这样一种可能性:他的目的无非是为了敲诈勒索。 一种责任感或自尊心——也可说是要尽力防止此事发生的某种意念——促使他又一次振作精神。 他问:"你要多少船钱?"

划船人的眼睛越过他的头顶瞪着前方,回答说:"反正您会付的。"

他顶多回答一句,语气显得相当强硬。 阿申巴赫干巴巴地说:"要是你把我摇到我不想去的地方,我就不付钱,一分钱也不付。"

"您是要到海滨浴场去吧。"

"可不是搭你的船去。"

"我摇你去吧,我摇得不错哪。"

阿申巴赫想,这话倒不错,于是宽了心。 确实,你替我摇得不错。 即使你想要我的钱,而且用桨朝我背后猛击一下送我入地狱,你还得好好地替我划船。

不过这类事没有发生。 不仅如此,他们还有些交往:有一只坐满男男女女、载歌载舞的小船迎面而来,把平底船拦住,硬要挨在一起彼此靠着向前行驶;他们奏着吉他和曼陀林,纵情歌唱,本来湖面上一片宁静,现在却荡漾着有异国情调的、以赢利为目的的抒情歌声。阿申巴赫把钱币投在他们伸手拿着的帽子里,于是他们一声不响地摇走了。这时又可以听到划船人的咕哝声,他还是在断断续续地自言自语。

船儿就这样继续向前摇去,一艘汽船驶往城里去,船后激起的水波使小船颠簸起来。岸上有两个公务人员反剪双手踱来踱去,脸朝着咸水湖。阿申巴赫在一个老头儿的帮助下走跳板上岸,老头儿手里拿着一条有钩的篙子;威尼斯每个码头上都有这种老人。因为他手边缺乏一些零款,他就过去到浮码头附近的一家饭店里兑一下,准备随手付些钱给船老大。他在门厅里换好了钱,回到原处,不料看到他的旅行用品都已放在码头的一部手推车上,而平底船和船老大已无影无踪。

"他溜走了,"手里拿着有钩的船篙的那个老头儿说,"他是一个坏蛋,没有执照,老爷。没有执照的船老大只有他一个人。有人打电话通知这儿,他看出有人守着他,于是逃跑了。"

阿申巴赫耸耸肩膀。

"那位老兄白白地划了一阵船。"老头儿说,接着就拿下帽子向他递去。阿申巴赫投下一些钱币。他吩咐把行李送往海滨浴场的饭店里,自己则跟着手推车沿一条林阴道走去,林阴道上开满了白花,两旁有小吃部、货摊及供膳宿的地方。这条路横穿小岛一直通到海滩。

他取道花园的草坪从后面走进宽敞的饭店,经过大厅、前厅一直到办公室。饭店里已预先知道他要来,因此热情接待。经理是一个矮小、和气而善于献殷勤的人,长着一脸黑胡髭,穿着一件法国式燕尾服。他亲自乘电梯陪他上三层楼,领他进一个房间。这是一间舒适、幽雅的卧室,家具用樱桃木制成,房里供着花儿,香气扑鼻,一排长窗朝大海那面开着。经理走了后,他踱到一扇窗边，这时人们在他背后把行李搬来，在房间里安顿好。他就凭窗眺望午后人影稀少的沙滩和没有阳光的大海。那时正好涨潮，海水把连绵起伏的波浪一阵阵推向海岸，发出均匀而安闲的节奏声。

个性孤独、沉默寡言的人，在观察和感受方面没有像合群的人那样清晰敏锐，但比他们却更为深刻。前者的思路较为迟钝，但却神采飞扬，而且不无忧伤之情。在别人可以一顾了之、一笑置之或三言两语就可轻易作结论的景象和感受，却会盘踞在这种人的脑际，久久不能忘怀；它们默默地陷在里面，变得意味深长，同时也就成为经验、情感以及大胆的冒险精神。孤寂能产生独创精神，酝酿出一种敢作敢为、令人震惊的美丽的创作，也就是诗。但孤寂也会促成相反的东西，会养成人们不近人情、荒唐怪僻的性格，也会使人萌生非法之念。因此，旅途中的种种景象——那个奇装异服、招摇过市、嘴里"小亲亲呀"说个不停的面目可憎的老头儿，那个被禁止营业、船钱落空的船老大，到现在还印在这位旅行者的心坎里，使他久久不能平静。尽管这些都不妨害他的理智，而且委实也不值得仔细思索，但它们从本质上说都是一些怪现象，这种矛盾心里使他焦躁不安。不过在这样的心绪中，他还是举目眺望大海，为体会到威尼斯近在眼前而高兴。过一会儿他终于转过身来，洗了脸，叫女服务员作好一番布置，让自己舒服一会，然后乘电梯下楼。开电梯的是一个穿绿色制服的瑞士人。

他在朝向大海的露台上喝茶，然后走向下面，在海滨的散步场所走了一阵，方向朝着至上饭店。当他回来时，看来已是换衣服、吃晚饭的时间了。他更衣的动作一向慢条斯理，因为他惯于在盥洗室里构思，但尽管如此，他到休息室的时间还是稍稍早些。这时，饭店里已有许多客人聚集在休息室里，他们互不相识，彼此都装得很冷淡，但实际上大家都在等饭吃。他从桌上拿起一张报纸，在一只有扶手的皮椅里坐下,张眼察看周围的同伴们。 这些人看上去十分舒服,和第一阶段旅途上所见到的人物迥然不同。

这里令人有一种见识丰富、眼界开阔之感。 人们压低了声音在交谈,讲的是一些大国的语言。 时髦的夜礼服,温文尔雅的风度,使这里各种人物的仪表显得落落大方。 这儿可以看到干巴巴的美国人,家人前拥后簇的俄国人,英国的太太们,以及法国保姆陪伴着的德国孩子。 宾客中看来以斯拉夫人占优势。 在阿申巴赫身旁,有人在讲波兰话。

在一张柳条桌周围,聚集着一群少年男女,他们由一位家庭女教师或伴娘照管着,三个是少女,年龄看来不过十五到十六岁光景,还有一个头发长长的男孩子,大约十四岁。 这个男孩子长得非常俊,阿申巴赫看得呆住了。 他脸色苍白,神态幽娴,一头蜜色的鬈发,鼻子秀挺,而且有一张迷人的嘴。 他像天使般的纯净可爱,令人想起希腊艺术极盛时代的雕塑品。 他秀美的外貌有一种无与伦比的魅力,阿申巴赫觉得无论在自然界或造型艺术中,他从未见过这样精雕细琢的可喜的艺术作品。 更使他惊异的,则是他姐姐的教养方式跟他的形成极其鲜明的对照,这从她们的衣着和举止上表现出来。 这三个姑娘中最大的一个看去已经成人,她们的装束都很朴素严肃,失去了少女应有的风度。 三人穿的都是修道院式半身长的朴实的蓝灰色衣服,像是随随便便剪裁出来的,很不合身;翻转的白色衣领,算是她们身上唯一耀眼的地方。 这种装束把身材上的优美线条都硬给压抑下去了。 她们头发平梳着,紧贴在脑袋上,这就使脸蛋儿显得像修女一样,奄奄无生气。 当然,这一切都是做母亲的在指挥;不过她这种对三位姑娘学究式的严格要求,却一点也不想加在那个男孩子身上。 他显然是娇生惯养的。 家里人从来不敢拿剪刀去剪他漂亮的头发,他的头发在额角上一绺绺卷曲着,一直垂到耳际和脖子边。 他穿着一件英国的海员上衣，打裥的袖子在下端稍稍紧些；他的手还像孩子一般的小，袖子正好遮住了他纤弱的腕部。 衣服上的丝带、网眼和刺绣，使这个娇小的身躯看去带几分阔气和骄纵。 他坐着，半边身影面向着观察他的阿申巴赫，一只穿黑漆皮鞋的脚搁在另一只前面，肘子靠在藤椅的扶手上，腮帮儿紧偎在一只合拢的手里；他神态悠闲，完全不像他那几个毫无女人气的姐姐那样，看去老是那么古板、拘谨。 他体弱多病吧？ 因为在一头金色浓密鬈发的衬托下，他脸上的肤色白得像雕琢成的象牙一般。 或者他只是一个在大人们不正常的偏爱下宠坏了的孩子？ 阿申巴赫认为后面这种想法似乎对头些。 几乎每个艺术家天生都有一种任性而邪恶的倾向，那就是承认"美"所引起的非正义性，并对这种贵族式的偏袒心理加以同情和崇拜。

一位侍者进来在周围跑了一圈，用英语通知说晚饭已准备好了。 这群人渐渐散开，经过玻璃门一直走进餐厅。 迟到的人也纷纷从前厅或电梯上过来。 里面，人们已开始用餐，但这些年轻的波兰人仍在柳条桌旁呆着。 阿申巴赫安闲地坐在低陷的安乐椅里，举目欣赏他眼前的美色，和他们一起等着。

家庭教师是一个面色红润的年轻矮胖女人，她终于做出站起来的姿态。 她扬起眉毛拿椅子一把推向后面，向走进休息室来的一个高大女人俯身致意。 这个女人穿一件银灰色的衣服，打扮得珠光宝气。 她冷若冰霜，端庄稳重，她略施香粉的头发发型和衣服式样却别具一种淳朴的风格，凡是把虔诚看作是一种高贵品德的那些圈子里，人们是往往崇尚这种风格的。 她可能是某一位德国高级官员的夫人，她的豪华气派只是从一身饰物中显现出来，它们几乎都是无价之宝——一副耳环，一副长长的三股式项链，上面饰着樱桃般大小的、隐隐闪光的珍珠。

三个姐姐霍地站了起来。她们弯下身子去吻妈妈的手，她却漠然一笑，掉头跟女教师用法文说些什么话。她的脸是花过一番保养功夫的，但鼻儿尖尖，有些憔悴。这时她向玻璃门走去。三个姐姐跟在她后面，姑娘们按照年龄大小先后走着，后面是女教师，最后才是那个男孩子。在他正要跨出门槛之前，不知怎的回头一望。这时休息室里已空无一人，他那双独特的、蒙蒙胧胧的灰色眸子正好与阿申巴赫的视线相遇。阿申巴赫端坐着，膝上摊着一张报纸，目不转睛地看着这群人离去。

当然，他所看到的没有丝毫异常的地方。他们在母亲未到之前不去坐席，他们等着她，彬彬有礼地向她致意，进餐厅时遵守礼仪，规矩十足。只是这一切都是那么富于表情，充分体现出优秀的教养、责任感和自尊心，使阿申巴赫不禁深受感动。他又滞留片刻，然后走进餐厅。当他发觉指定他用膳的那张桌子离波兰一家人很远时，他不免感到一阵惆怅。

他很累，但情绪十分激动，在这段长而沉闷的就餐时间内，他用一些抽象的、甚至是超然的主题来排遣自己。他对自然法则与个人之间所必然存在的关系沉思默想——人世间的美莫非就是由此产生的，他考察了形式和艺术方面的普遍性问题，最后觉得他的种种思考和发现只不过像睡梦中某些令人快慰的启示，一待头脑清醒过来，就显得淡而无味，不着边际。饭后他在散发着黄昏清香气息的花园里休息，一会儿坐着抽烟，一会儿又来回漫步，后来及时上床，夜里睡得很熟，没有醒过，但却梦魂颠倒。

第二天天气看来并不怎么好。陆地上吹来阵阵微风。在阴云密布的铅灰色的天空下，海洋显得风平浪静，没精打采，好像已萎缩了似的。地平线上是阴沉沉、黑压压的一片。岸边的海水差不多已经退尽，露出了一排狭长的沙滩。当阿申巴赫开窗凭眺时，他似乎闻到咸水湖湖水腐臭的气息。

他感到很不自在。这时他已打算离开这儿了。几年前也有那么一次：当他在这里度过几星期明朗的春日后，也是这种天气使他萌生回乡之念，他感到住在这儿实在太闷气，因而像一个逃犯似的非离开威尼斯不可。当时那种像害热病一般的不愉快的心情，太阳穴上隐隐的胀痛，眼睑沉甸甸的感觉，现在不是又在侵袭着他吗？再次换一个环境，那可太麻烦了；但如果风向不变，他也不想再呆下去。为稳当起见，他暂时不把行李全部打开。九时左右，他在休息室与餐厅之间供早膳的餐室里吃早饭。

餐室里肃静无哗，这是大饭店里所特有的气派。服务员们踮起脚尖来来去去。除了茶具碰撞时轻微的叮当声和低低的耳语声外，什么都听不见。在斜对着房门和阿申巴赫隔开两张桌子的一个角落里，他看到这几位波兰姑娘和她们的女教师。她们直挺挺地坐在那儿，睡眼惺忪，灰黄色的头发刚刚梳平，穿着僵硬的蓝色亚麻布上衣，衣领和袖口又白又小。她们把一碟果酱递来递去，早饭差不多已吃完了。可那个男孩子还没有来。

阿申巴赫微笑起来。嗨，你这个爱享福的小鬼！他想。比起你的姐姐们来，你似乎有任意睡大觉的特权！他突然兴致勃发，信口背诵起一首诗来：

> 你的装饰时时变花样；
> 一会儿洗热水浴，
> 一会儿又往床上躺。

他从容不迫地吃早饭。门房脱下了花边帽走进餐室。他从他手中接过一叠刚到的邮件，于是抽起烟来，拆开几封信读着。因此，当那个睡大觉的孩子进来时，他还在餐室里，而别人也还在等着这个迟到的人呢。

他穿过玻璃门进来，悄悄地斜穿过餐厅走到姐姐们坐着的桌子旁。 他的步态——无论上身的姿势、膝部的摆动或穿着白皮鞋的那只脚举步的姿态——异常优美、轻巧，显得既洒脱又傲慢，他走进餐室时两次回头上顾下盼，这种稚气的羞赧又平添他的几分妩媚。 他笑盈盈地坐下，轻声地、含糊不清地说了些什么话。 这时他侧过身子正好朝向欣赏着他的阿申巴赫，因而对方看得特别清楚。 这时，阿申巴赫又一次对于人们容貌上那种真正的、天神般的美感到惊讶，甚至惊异不止。 今天，孩子身上穿着一件薄薄的蓝白条子的棉布海员上装，胸口扎着一个红丝带的衣结，脖子周围翻出一条普通的白色竖领。 这种衣领就其质地来说并不能算特别高雅，但上面却衬托出一个如花如玉，俊美无比的脑袋。 这是爱神的头颅，有帕罗斯岛①大理石淡黄色的光华。 他的眉毛细密而端庄，一头鬈发浓密而柔顺地一直长到鬓角和耳际。

妙啊，妙！ 阿申巴赫用专家那种冷静的鉴赏眼光想着，像艺术家对某种杰作有时想掩饰自己欣喜若狂、忍俊不禁的心情时那样。 他又接下去思忖：要不是大海和海滩在等着我，只要你在这儿待多久，我也想在这儿待多久！ 然而他还是在饭店服务员的众目睽睽之下穿过客厅，走下台阶，经过木板小路，一直来到海滩上专为旅客休憩的那块地方。 一个赤脚老头儿陪他到一间供他租用的小屋里，他穿着一条麻布裤和一件水手上装，戴着草帽，是这儿的浴室老板。 阿申巴赫要他把桌子和安乐椅摆到沙滩里搭起的木板平台上，于是随手提起一只靠背椅，把它一直带到海滨蜡黄色的沙坪上，让

---

① 希腊的一个岛屿，以产大理石闻名。

自己舒舒服服地坐着休息。

海滩的景色像往常一样给他以欢娱之感。他极目眺望，心旷神怡，陶醉在大自然的怀抱里。这时灰蓝色的浅海上已是闹盈盈的，孩子们在涉水，有人在游泳，还有些人穿着花花绿绿的衣裳，两只手臂交叉着搁在头底下，躺在沙滩上；再有一些人则在没有龙骨的小船上划着桨，船身漆成蓝色或红色，船翻身时就哈哈大笑。海滩上伸展着一排排的凉屋①，人们坐在凉屋的平台上就好像坐在阳台上一样；人们在凉屋面前有的喧嚷嬉笑，有的伸开四肢懒洋洋地躺着，他们互相访问，谈笑风生。还有一些人在讲究地理晨妆，半裸着身子，尽情享受海滨上自由自在的乐趣。在前面近海处湿而坚实的沙滩上，有些人穿着白色的浴衣或宽松的、鲜艳夺目的衬衫，安闲地溜达着。右边，孩子们搭起一座层层叠叠的沙丘，周围插满了各个国家的彩色小旗。卖贝壳、糕饼、水果的小贩蹲在地上，把货物摊在一旁。左面有一排小屋，小屋斜对着别的屋子和海洋，在一侧与沙滩隔开；在其中一间小屋前面，有一家俄国人搭起了帐篷：这里有几个长着胡子、露出一排阔牙的男人，一些娇懒的女人，还有一位波罗的海的小姐，她坐在一副画架面前，描绘着大海的风光，嘴里不住发出绝望的惊叹声。此外还有两个丑陋而温厚的孩子，一个缠着头布的、奴颜婢膝的老年女佣。他们住在那里自得其乐，不知疲倦地喊着不服管束、蹦蹦跳跳的孩子们，说几句意大利话跟那个幽默的、卖甜食的老头儿不住打趣，有时一家人相互亲着面颊——家庭生活的细节落在旁人眼里，他们也满不在乎。

阿申巴赫想，我还是待下去吧。哪里比得上这儿呢？他双手叉着放在衣兜里，两眼出神地看着一望无际的大海。他的眼神渐渐

---

① 意大利的一种小建筑，墙壁与屋顶均用树叶遮蔽，因而比较凉爽。

散乱迷茫，在一片单调、广漠、烟雾蒙蒙的空间里显得模糊不清。他爱大海有很深的根源：艺术家繁重的工作迫使他追求恬静，希望能摆脱各种恼人的、眼花缭乱的景象，使自己的心灵能达到质朴纯净和海阔天空的境界；他还热烈地向往着逍遥、超脱与永恒，向往着清净无为，这些都和他所肩负的任务恰恰相反，都是不许可的，但正因为如此，对他却是一个诱惑。他所孜孜以求的是出类拔萃，因而渴望着尽善尽美，但清净无为难道不是尽善尽美的一种形式吗？他正在想入非非的当儿，突然从岸边掠过一个人影；当他从无垠的远方收住视线定神看时，原来是那个俊美的少年从左面沿沙滩向他走来了。他光着脚准备涉水，裤脚一直卷到膝盖处，露出了细长的小腿。他慢慢地跨着步，但脚步非常轻巧自负，仿佛习惯于不穿鞋子跑路似的。这时他朝着一排横屋望去。当他看到那家俄国人在屋里悠闲地过着日子时，他顿时怒容满面，现出极度轻蔑的神色。他额上阴沉沉的，嘴角向上翘起，嘴唇恨恨地歪向一方，连腮帮儿也变了形；眉头紧皱得似乎连眼睛也陷下去，眼锋射向下面，显出怒不可遏的模样。他瞧着地面，又恶狠狠地向后一瞥，然后使劲地耸了耸肩膀表示不屑一顾，就把他的冤家们扔在后面。

一种微妙的感觉或某种近乎敬畏和羞愧的惶惑不安的心情，促使阿申巴赫转过脸去，装作什么也没有看到的样子，因为他只是偶然而严肃地观察到这幅激情流露的景象，他不愿趁机把这一感受取过来加以利用。尽管如此，他又高兴，又激动，也就是说，他的情绪很好。孩子流露的是一种幼稚的狂热情绪，对听天由命、得过且过的生活态度表示不满，而对神圣的、无法表达的超然意境，则赋予了人情味。这个孩子本来只是造物者一件赏心悦目的艺术珍品、现在却博得人们更深的同情；同时，这个刚发育的少年秀外慧中，不同凡俗，使人们有足够理由把他看成是早熟的。

这时响起了那孩子清脆而不太洪亮的嗓音，招呼着远处正在搭沙丘玩的伙伴们。阿申巴赫漫不经心地听着。伙伴们回答他，好几次喊着他的名字或爱称；阿申巴赫不无好奇地谛听，可是除了悠扬悦耳的两个音节外——声音有些像"阿德吉奥"，但喊"阿德吉乌"的次数似乎更多些，发"乌"的尾音时音调有些拖长——却什么也听不清。他爱听这种清越的声音，认为这种和谐的音调十分美妙，于是反复默念了几遍，又回头踌躇满志地去看他的书信和文件。

他把旅行用的书写夹放在膝盖上，拿起钢笔开始处理各种信札。但不一会儿，他又觉得不去领略这番景象实在可惜，同时也认为因处理这些无谓的信件而错过机会也不值得——这毕竟是他心目中最值得欣赏的场面啊。他把纸笔扔在一边，又回头眺望海洋。不一会，他为堆沙丘的少年们的谈话声所吸引，于是把头转向右面（他的头本来舒坦地枕在椅子脊上），张大眼睛又去找漂亮的阿德吉奥，看他究竟忙些什么。

阿申巴赫一眼就看到了他。他胸口的红丝带结准不会认错，他正和别的孩子们忙着在沙丘潮润的小沟上用宽木板搭起一座桥，他发号施令、摇头晃脑地在指挥这项工作。跟他一起玩着的大约有十个伙伴，男孩子、女孩子都有，年龄跟他差不多，有的还要小些。他们用波兰话、法国话叽叽喳喳地交谈着，有的还讲巴尔干半岛国家的方言。但在他们的谈话中，他的名字被提到的次数最多。他显然是他们所需要、所追求、所仰慕的人物。看来，其中有一个身体结实的男孩——像他一样也是波兰人，名字叫起来有些像亚斯胡——特别是他的心腹和好友，他长着一头亮油油的黑发，穿着一件用皮带束紧的粗布衣。堆沙丘的工作告一段落，他们俩就搂着腰沿海滩散步；这当儿，叫亚斯胡的那个小伙子竟吻了漂亮的阿德吉奥一下!

　　阿申巴赫真想伸出一根指头吓唬他一下。"不过我要奉劝你,克里多布卢斯,"他微笑着想,"还是到外国去旅行一年吧! 你至少要花这么长的时间才能复原。"他从一个草莓小贩那儿买了一些大的、熟透了的饱吃一顿充当早点。 虽然阳光无法透过空中重重的雾气照射下来,但天气已很炎热。 他感到懒洋洋的,整个心灵溶化在令人沉醉的大海的宁静气氛中。 对于听起来有些像"阿德吉奥"这个名字究竟如何拼法,我们这位认真的诗人在猜测和推敲方面煞费苦心地花了一番功夫。 凭着他对波兰文的某些记忆,他终于确定应当是"塔齐奥",它是"塔德乌斯"的简称,叫喊时听来就像"塔齐乌"了。

　　塔齐奥在洗澡。 阿申巴赫有片刻时间没有看到他。 接着在远处海面上,他看到了他的脑袋,他的胳膊;他的胳膊像一柄船桨那样在击水。 这时从岸边到远处的海水似乎很浅。 可是家里人已担心起他来,小屋里已经传出了女人们唤他的声音,她们连声喊他的名字,"塔齐乌!""塔齐乌!"这声音几乎像集合时的口号一样,在沙滩上到处回荡。 它带着柔绵的和音,尾音的"乌"字余音袅袅,听起来有一种甜润、狂放之感。 他回过身去逆着海浪划游,激起了一阵泡沫,在水面上雄赳赳地高昂着头,看去生气勃勃,纯洁而又庄严;他一绺绺的鬈发湿漉漉地淌着水,像大自然怀抱中脱颖而出的、从天上飞下或海底钻出的天使那样娇美可爱——在这派景象面前,人们仿佛置身于神话般的境界里,换句话说,他像远古时代人类起源或天神降生时那种传奇般的人物。 阿申巴赫闭起眼睛细听着自己心灵深处默默地唱着的赞歌,这时他又认为这里是个好地方,还想再多待一会儿。

　　过了些时,塔齐奥洗好了澡,在沙滩上休息。 他裹着一条白色的浴巾，浴巾一直披到右面的肩胛下，脑袋枕在光裸着的胳臂上，即使阿申巴赫不去留神看他而只是翻着书本默读，他也念念不忘那边有一个孩子躺着，只要他向右稍稍转过头去，就能看到这个奇妙的形象。他坐在这里，仿佛是为了保护这个正在休息的人儿似的；尽管他忙着做自己的事，但对右面离他不远的这个娇贵的人物，他总是一心一意地守着。他的心激荡着慈父般的深情，只有像他那样把整个心灵都奉献给美的创造事业的人，才会对美艳的人物流露出这种感人的真情。

午后，他离开海滩回到饭店，然后乘电梯进房。他待在房里，对着镜子照了好多时候，端详着自己花白的头发和清癯憔悴的面容。这时他想起了自己的名望，想起了街上有那么多的人认识他，尊敬地注视着他——这都是因为他的文章确切中肯，笔调优美生动。他的脑际浮现出他所能想起的、凭他的天才创造出的种种成绩，甚至想起了自己高贵的头衔。然后他下楼到餐厅吃午饭，在一张小桌子上用膳。在他吃完了饭乘电梯上楼时，一群也吃过早点的年轻人一哄而上，把他拥入电梯间内，塔齐奥也走了进来。他正好站在阿申巴赫身边，距离从来没有这样近过，因而这回阿申巴赫看到的不只是一个轮廓，而是线条分明地看清了整个的人。有人在跟孩子谈话，他回答时微笑着、笑起来美得无法形容，接着就在二楼跨步走出电梯间，身子朝后，眼睛向下瞧着地面。"美会使人怕羞。"阿申巴赫想，同时一个劲儿思忖着这究竟是什么原因。不过他也注意到，塔齐奥的牙齿长得并不好，有些参差不齐，白里带青，缺乏健康的珐琅质，显示出贫血患者牙齿上常见的那种脆而透明的特色。"他体弱多病，"阿申巴赫想，"他也许活不到老。"他不去理会为什么他在这么想着时，反而有一种心安理得之感。

他在房间里消磨了两小时，下午就乘小汽艇经气味难闻的咸水湖到威尼斯。 他在圣马科登岸,走到广场上喝了一会茶,然后按照他在本国时的习惯到街上逛逛。 但这次散步却使他的情绪起了一个突变,完全推翻了原来的决定。

在狭隘的街巷里,天气闷热难当,气压也很低,因而住房里、店铺里、菜馆里都发出各种气味。 油腥和其他各种香气混杂在一起,烟雾腾腾,无法散逸。 香烟的烟雾似乎在空中凝住了,好久飘散不开来。 狭街小巷里熙熙攘攘的人群,一点也引不起这位散步者的兴趣,反而使他烦躁不安。 他路走得越多,就越是心烦意乱,这也许是海边的空气和内地吹来的热风造成的结果,因而他又激动,又困倦。 他一阵阵淌着汗,怪难受的。 他的眼睛不听使唤,胸口闷得发慌,好像在发烧,一股血直往额角上冲。 他急急忙忙离开了拥挤不堪的商业街巷,跨过几座桥一直来到贫民区。 乞丐们向他纠缠不休,河道上散发着恶浊的气味,他连呼吸也感到不舒畅。 终于,他来到威尼斯中心一个静僻的地方,这里无人问津,但却引人入胜。 他在喷泉旁边休息一会,擦着额上的汗珠。 他觉得非动身回去不可。

他又一次感觉到——现在再也清楚不过了——这座城市就气候来说,对他的健康是非常不利的。 硬要在这儿住下去看来是不明智的,而以后风向会不会转变也很难说。 应当马上作出决定。 现在立刻就回家,他办不到。 那边,无论夏天或冬天,都没有他适宜的住处。 不过海洋和沙滩并非只有威尼斯才有,其他地方可没有臭熏熏的咸水湖和热浪逼人的烟雾。 他记起离的里雅斯特不远的地方有一个小小的海滨浴场,人家在他面前曾称赞过它。 为什么不到那边去呢? 马上就动身吧,这样,他再换一个环境住下来也许还是值得的。 他主意已定,于是站起身来。 他在离这里最近的停船处雇一只平底船,船儿经过好几条阴沉沉的、曲曲折折的河道向圣马科摇去。 平底船在用大理石雕成而两侧刻有狮子图案的华丽的阳台下划过，从滑溜溜的墙角边绕过，又从一些凄凉的、宫殿式的屋宇门前经过，店铺的大幅招牌倒映在晃动着的水波中。 他好不容易到了目的地，因为船老大和织花边的、吹玻璃的小商贩勾结在一起，一会儿在这儿、一会儿在那儿停下船来，诱他上岸观光，买些小玩意儿。 这样，这番别有风味的威尼斯之行刚刚在他身上产生了魅力，就因海上霸王的求利心切而黯然失色，使他的心又冷了下来。

他回到饭店来不及晚餐，就到账房间打招呼：因为某些意料不到的事，他明天一早就得离开。 账房深表遗憾，把他的账目一一结清。 他吃好饭后，就在后面露台的一把摇椅上坐着看报，度过不凉不暖的黄昏。 在上床休息以前，他把行李全部整理好，准备明天动身。

他睡得不是最好，因为一想到往后的旅行，他就感到焦灼不安。 当他早上打开窗户时，天空依旧一片阴霾，但空气似乎清新些了——就在这时，他开始有些后悔。 他匆匆宣布动身不是操之过急，有些失策吗？ 难道它不是他当时身体欠佳、心神恍惚所造成的后果吗？ 要是他能稍稍再忍耐一下，不这么快就灰心丧气，让自己努力适应威尼斯的气候，静待天气好转，那么他现在就能和昨天一样，在海滩上度过这个早晨，不必为动身的事劳累忙碌。 太晚了。现在他不得不再希冀着他昨天所希望获得的东西。 他穿好衣服，八点钟时下楼吃早饭。

他走进餐厅时，里面还空无一人。 当他坐着等菜时，稀稀落落地来了一些人。 在喝茶的当儿，他看到波兰姑娘们随着她们的女教师出现了：她们一本正经地走到窗口的桌子旁坐下，容光焕发，但眼睛里还有一些红丝。 接着，门房毕恭毕敬地向他走来，通知他可以动身了。 汽车等在外面，准备把他和其他旅客送到至上饭店，从那里，这些客人可再乘汽艇经过公司的私开运河到达火车站。时间很紧。但阿申巴赫却不以为然，火车开的时间，离现在还有一小时多。对于旅馆里过早地催客人离开的那种习惯，他感到很不满意，他要门房让他再在这里安安静静地吃一顿早饭。那人犹疑不决地回去了，五分钟后又出现了。他说，汽车不能再等下去。"那么就让它开走吧，只是要把箱子带走！"阿申巴赫激动地回答。他本人到时间可以乘公共汽艇去，动身的事情他们不必操心，让他自己决定吧。服务员欠着身子走了。阿申巴赫摆脱了服务员的絮叨，感到很高兴，他从容不迫地吃完早饭，还从侍者那里接过一张报纸来看看。最后他总算站起身来，时间委实十分局促。正在这时，塔齐奥跨过玻璃门走进餐室来。

他跑到自己的餐桌去时，在正要动身的阿申巴赫面前走过。在这位头发花白、天庭饱满的长者面前，他谦逊地垂下了眼睛，然后以他惯有的优雅风度抬起头来，温柔地凝视着阿申巴赫的脸，走开了。别了，塔齐奥！阿申巴赫想。我看到你的时间太短了。他一反常态，撅起嘴唇做出一副道别的姿态，甚至轻轻发出声来，还补充说一句："上帝祝福你！"于是他起身就走，把小费分给侍者，与那位矮小、和气穿法国式上装的经理告别，像来时那样徒步离开饭店。他穿过横贯小岛的开着白色花卉的林阴道来到汽船码头，后面跟着拎手提包的服务员。他赶到码头，上了船，但乘船时感到闷闷不乐，思想负担很重，而且深为悔恨。

航路是他所熟悉的：开过咸水湖，路过圣马科，一直驶往大运河。阿申巴赫坐在船头的圆凳上，手臂倚着栏杆，一只手遮住眼睛。市郊公园在他的眼前掠过，不一会，仪态万方的广场又展现在前面，然后渐渐远去，接着是一排排宫殿式的屋宇，河道转向时，里亚尔多桥灿烂夺目的大理石桥拱映入眼帘。阿申巴赫出神地望着，胸口感到一阵绞痛。威尼斯的空气，以及海洋和沼泽隐隐散发出的腐臭气味，曾促使他迫不及待地离开这个城市，但现在他又感到依依不舍，深情而痛苦地吸着这里的空气。难道他过去不知道、也不曾体察到，他是多么怀恋着威尼斯的一切景物？今天早晨他只是稍感遗憾，怀疑自己这么做是否不智，而现在，他却是愁肠寸断，心痛欲裂，泪水一次又一次地润湿了他的眼睛。他责问自己，这一点他过去为什么竟然没有预见到。使他耿耿于怀、也是三番两次最使他受不了的，显然是因为他怕再也见不到威尼斯了，今后将和这个城市永别了。既然他两度感到这个城市有害于他的健康，两度逼他抱头鼠窜而去，那么今后他就应当认为这是一个万万住不得的地方，这里的环境他可适应不了，再上这儿游览自然毫无意义。是的，他觉得如果现在就走开，他一定为了自尊心不愿再来访问这个可爱的城市。他在这里感到体力不支已有两次了。他精神上向往这儿，但体力却够不到，因而在这位年长者的心里引起了异常激烈的思想斗争。他认为体力不济是十分丢脸的事，无论如何要置之度外，同时，他也不理解为什么昨天竟能处之泰然，思想上毫无波动。

这时汽船已快到火车站，他忧闷已极，彷徨无主，不知所措。对这位受痛苦煎熬的人来说，离开看来是办不到的，但回去也势所不能。就这样，他恍恍惚惚地走进车站。时间已很晚了，如果他要赶上火车，他一分钟也不能耽误。他一会儿想上车，一会儿又不想上。可是时间逼人，催他赶紧采取行动。他急急忙忙买了一张车票，在候车室一片混乱的喧嚣中去找一位饭店派在这里的服务员。这个人终于找到了，他告诉他大箱子已发出去了。真的已发出了吗？是啊，发到科莫去了。到科莫去了吗？于是急匆匆的你问一句，我答一句，问的人怒气冲冲，答的人尴里尴尬，终于才能明白这只箱子在至上饭店已经放错，行李房把它跟别人的行李一起送到方向完全不对头的地方去了。

阿申巴赫好容易才控制住自己不动声色。在当时的情况下，他的神色如何是不难想象的。他欣喜若狂，兴奋得难以令人置信，胸口几乎感到一阵痉挛。服务员急忙去查问那只箱子、看能否把它追回，但不出所料，回来时丝毫没有结果。于是阿申巴赫说，他旅行时非带这件行李不可，因此决定再回到海滨浴场的饭店里去等这件行李送到。公司里的汽艇还在车站外面等着吗？那人斩钉截铁地说，它还等在门口。他用意大利话向售票员花言巧语说了一通，把买好的票子退回，而且郑重其事地保证说，他一定要打电报去催，一定要想尽种种办法把箱子立刻追回。说也奇怪，我们这位旅客到火车站才二十分钟，就又乘船经大运河回海滨浴场了。

这是多么奇异的经历啊——它是那么不可思议，那么丢脸，又是那么富于戏剧性，简直就像一场梦！他本来怀着极其沉痛的心情要跟这些地方诀别，但在命运的播弄下，他此时居然又能看到它们！疾驰的小艇像一支箭那样向目的地飞去，船头的海浪激起一阵阵泡沫，它在平底船与汽船之间巧妙灵活地转着舵，变换着航向；船上坐着他唯一的旅客。他表面上有些生气，装作无可奈何的样子，其实却像一个逃学的孩子，在竭力掩饰内心的慌乱与激动。他的胸脯不时起伏着，为自己这一不平凡的遭遇而暗自失笑。他对自己说，任何幸运儿也不会有这样好的运气。到时候只要解释一番，让人家张着惊愕的眼看你几眼，就万事大吉了。于是灾祸避免了，严重的错误纠正了，而他本来想抛在背后的一切，又将展现在他的眼前，而且任何时候都可以属于他……难道汽艇飞快的速度欺骗了他，或者现在真的有太多的海风从海面上吹来？

海浪冲击着狭窄的运河两旁的混凝土堤岸，这条运河流过小岛一直通到至上饭店。一辆公共汽车等在那边接送归客,它越过波纹粼粼的水面一直把他送到海滨浴场饭店。这时,那位身穿拱形外套、留着小胡子的矮小经理跑下石阶来迎接他。

经理对这次意外的差错低声下气地表示抱歉,并且告诉他,他本人和饭店管理部门对这件事是多么难受,同时还赞扬阿申巴赫,说他决定留在这里等行李送回是多么英明。当然,他以前的房里已有客人,但马上可以另外开一间丝毫不差的房间。"Pas de chance, monsieur."①开电梯的瑞士人在带他上楼时微笑地对他说,就这样,我们这位溜回来的人又在房间里歇下来,这间房间的方位与摆设跟上次的那间几乎一模一样。

这是一个不平凡的上午,一切都是乱纷纷的。他感到头昏目眩,精疲力竭。他把手提包里的物件一一在房里安顿好后,就在敞开的窗子下面一把靠背椅里坐下来休息。海面上呈现一片浅绿色,空气越来越稀薄清新,海滩在一些小屋和船儿的点缀下,显得色彩缤纷,尽管天空还是灰沉沉的。阿申巴赫两手交合着放在衣兜上,眺望着外面的景色。他为重返旧地而高兴,但对自己的游移不定——有时甚至连自己的真正意图也摸不透——却老不痛快。就这样大约有一小时光景,他静坐养神,恍恍惚惚地不知想些什么。中午时,他看到塔齐奥从海滩那边跑来,穿过围栏,沿着木板路回到饭店,身穿一件有条纹的亚麻布上衣,胸口扎着一个红结。阿申巴赫在高处不待真正看清楚,就一下子认出他来。他暗自说:嘿,塔齐奥,你又在这儿了!但就在这一瞬间,他觉得这种随随便便的问候话实在不能出口,它不能代表内心的真实思想。他只觉得热血在沸腾,内心悲喜交集,他知道只是为了塔齐奥的缘故,才那么舍

---

① 法文:"运气不好,先生。"

不得离开这儿。

他居高临下地默默坐着,任何人都看不到他。 他省察自己的内心。 他眉飞色舞,笑逐颜开——笑得那么真切而富有生气,然后他仰起头来,提起了本来松垂在安乐椅扶手上的两只臂膊,手掌朝外,做了一个慢腾腾的回转动作,宛如要张臂拥抱似的。 这可以看作是一种欢迎的姿态,一种能平心静气承受一切的姿态。

这些日子里,脸颊热得火辣辣的天神总是光着身子,驾着四匹口喷烈焰的骏马在广漠的太空里驰骋,同时刮起一阵强劲的东风,他金黄色的长发迎风飘荡。 在波浪起伏的、宁静而浩瀚的海面上,闪耀着一片丝绸式的白光。 沙滩是灼热的。 在闪着银白色霞光的蔚蓝的苍穹下,一张张铁锈色的帆布遮篷在海滩的小屋面前伸展着,人们在这一片亲自布置好的阴凉的小田地里度过早上的时光。但晚间的风光也旖旎动人,园子里的花草树木散发出阵阵清香,天上星星群集,夜幕笼罩着海面,海水微微激起了浪潮,发出幽幽的低语声,令人心醉。 这样的夜晚,预示着明天准是个阳光灿烂、可以悠闲地消受的好日子,展现着一片绚烂多彩的、能有种种机会纵情游乐的美妙前景。

我们这位客人因正好运气不佳,滞留在这里,但他清楚地知道,等待领回失物绝不是他赖着不想再走的原因。 整整两天,他不得不忍受着随身用品短缺的种种不便,不得不穿着旅行装到大餐厅里吃饭。 送错的那只箱子终于又放在他的房间里了,他把箱子里的东西全部清理出来,在衣柜和抽屉里塞得满满的。 他决定暂时再住下去,多少时间也没有一定。 一想到今后能穿着丝衫在海滩上消闲,晚饭时又能穿着合适的夜礼服在餐桌旁露面,他不由感到一阵喜悦。

这种愉快而单调的生活已在他身上产生了魔力,这种恬静安闲而别有风味的生活方式很快使他着了迷。这儿有非常讲究的浴场，南面是一片海滩，海滩旁边就是风光秀丽的威尼斯城——这一切都是那么引人入胜，住在这里确实太美了！不过阿申巴赫是不爱这种享受的。过去，一遇到可以排愁解闷、寻欢作乐的场合——不管在哪儿，也不管在什么时候——他总满不在乎，不一会就怀着憎恶不安的心情让自己再在极度的疲劳中煎熬，投入他每天不可或缺的神圣而艰苦的工作中去，这在他年轻时尤其如此。唯有这个地方迷住了他的心，涣散了他的意志，使他感到快乐。有几次，当他早晨在小屋前的帐篷下出神地凝望着南方蔚蓝色的大海时，或者当他在和暖如春的夜间眼看着灿烂的灯光——熄灭而小夜曲悠扬的旋律渐渐沉寂下去时（这时他躺在平底船的软席上；他在马可广场上逛了好长一段时间，然后在星光闪烁的太空下让船儿把他从那边带回到海滨浴场），他总要回想起他的山乡别墅，这是他每年夏季辛勤创作的地方。那里的夏天阴云密布，云层黑压压地掠过花园的上空；晚间，可怕的暴风雨吹熄了屋子里的灯光，他喂养的乌鸦霍地跳到了枞树的树梢上。相形之下，现在他多么舒畅，仿佛置身于理想的乐土，也仿佛在一个逍遥自在、无忧无虑的国土里遨游；那里没有雪，没有冬天，也没有暴风雨和倾盆大雨，只有俄西阿那斯①送出一阵阵清凉的和风，每天自由自在、痛痛快快地过去，不用操心，不必为生活而挣扎，有的只是一片阳光和阳光灿烂的节日。

塔齐奥这个孩子，阿申巴赫见过多次，几乎经常看到。他们只是在一个狭小的天地里活动，每天生活千篇一律，因而白天里他总能不断地接近这个俊美的少年。他到处看到他，遇见他，在旅馆底层的客厅里，在往返于威尼斯城凉爽的航道上，在繁华的广场中，

---

① 希腊神话中河海之神。

以及其他许多凑巧的、进进出出的场合。不过使他有较多的机会能经常全神贯注地、愉快地欣赏这个优美的形象的,却是海滩早晨的时刻。不错,正因为他陷入了这种甜美的境界——环境促使他每天能反复享受到新的乐趣——才使他的生活感到充实而欢快,使他觉得留在这儿的可贵,同时使烈日炎炎的夏季能一天天开开心心地打发过去。

他起得很早,像平时那样急于想赶什么工作似的;当太阳刚刚升起、光线还很柔和而晨曦朦胧的海面上正泛起一片耀眼的白光时,他已经出现在海滩上。他比大多数人都来得早。他客客气气地向沙滩围栏的看守人问好,也和那个为他准备休息之地、搭棕色遮篷把屋里什物移放到露台上的那个赤脚白胡子老头打声招呼,然后坐下来休息。他在那边往往要待上三四小时,眼看太阳冉冉上升,渐渐发挥出它那灼人的威力。这时海水的蓝色也越来越深。在这段时间内,他总要呆呆望着塔齐奥出神。

他有时看到他从左面沿着海滩跑来,有时看到他从后面小屋中间出来,有时却突然又惊又喜地发现:由于自己迟来了一步,孩子早已在那边了;孩子穿着一件蓝白相间的浴衣——现在他在海滩边穿的只是这件衣服——像往常一样在阳光下玩着搭沙丘的游戏。这是一种闲散有趣、游荡不定的生活,不是玩耍就是休息——闲逛、涉水、挖沙、抓鱼、躺卧以及游泳。露台上的女人们守望着他,有时尖起嗓子喊着他的名字,声音在空中回荡:"塔齐乌!塔齐乌!"这时他就向她们跑来,一个劲儿挥动手臂,向她们报告他的所见所闻,并把找到和捉到的东西一一拿给她们看,像贝壳啊、马头鱼啊、水母啊,还有横行的螃蟹。他讲的话,阿申巴赫可一句也不懂,孩子说的可能是一些最普通的家常话,但在阿申巴赫听来却清脆悦耳、优美动人。由于孩子是异国人,发出的音调好比音乐,夏日的骄阳在他身上倾泻着无尽的光辉，不远的地方就是雄伟的海洋，在这种背景衬托之下，更使他显得神采奕奕。

不久，我们这位旁观者对苍天大海掩映下那位少年身影上的每一条线条、每一种姿态，都非常熟悉。少年身上种种可爱之处，他本来虽已一清二楚，但每天见到时总带给他新的欢愉；他深感眼福无穷，赞叹不已。有一次，孩子被叫去接待一位客人，客人在屋子里等着女主人；孩子从海水里一跃而起，湿淋淋的跑上岸来，摊开了手，摇着一头鬈发，他站着时，全身重量落在一条腿上，另一只脚踮着脚尖儿；他仓皇的神色很惹人爱，转动身子时姿态非常优美，羞涩娇媚，笑脸迎人，仿佛意识到自己崇高的职责似的。有时他伸直身子躺着，胸口围着一条浴巾，一只纤弱的手臂撑在沙地上，下巴托在手掌中。这时，一个名叫"亚斯胡"的孩子蹲在他身旁，向他献殷勤；我们这位佼佼的美少年对这个谦卑的仆从言笑顾盼，神采飞扬，动人之处简直无可比拟。再有一些时候，他不和家人在一起，挺直身子独自站在海滩边，位置离阿申巴赫非常近，两手交叉地抱着脖子，慢慢摆动着脚趾，出神地望着碧海，让拍岸的浪花沾湿了他的脚趾。他蜜色的头发柔顺地卷曲成一团团的，披在太阳穴和脖子上，太阳照在上脊椎的汗毛上，显出一片金黄色；他的躯干瘦嶙嶙的不长肉，隐隐地露出身上的肋骨，胸部却长得很匀称。他腋窝还没有长毛，光滑得像一座雕像那样，膝踝晶莹可爱，一条条蓝悠悠的静脉清晰可见，仿佛他的肌肤是用某种透明的物质做成似的。这个年轻而完美的形体，体现出多么高的教养和深邃精密的思想！艺术家怀着坚强的意志和一颗纯洁的心，在黑夜里埋头工作，终于使自己神圣的作品得以问世——对于艺术家来说，这个难道还不懂得，不熟悉吗？当艺术家费尽心血用语言千锤百炼地努力把他灵魂深处见到的精微形象刻画出来，并把这种形象当作是

"精神美"的化身奉献给人类时,难道不就是这样一种力量在推动着他吗?

精神美的化身! 他两眼望着蓝澄澄海水边站着的高傲身影,欣喜若狂地感到他这一眼已真正看到了美的本质——这一形象是神灵构思的产物,是寓于心灵之中唯一的纯洁的完美形象,这样完美的肖像和画像,在这里奉若神明,并受到崇拜。 这是有一点儿痴的,狂妄的,甚至是贪婪的: 这都是这位上了年纪的艺术家唤来的。他的心,绞痛着,浑身热血沸腾。 他记忆中浮起了从年轻时一直保持到现在的一些原始想法,但这些想法过去一直潜伏着,没有爆发出来。 书本里不是写着,太阳会把我们的注意力从理智方面转移到官能方面吗? 他们说,太阳熠熠发光,炫人眼目,它使理智和记忆力迷乱,它使人的灵魂一味追求快乐而忘乎所以,而且执着地眷恋着它所照射的最美的东西。 是的,它只有借助于某种形体,才有可能使人们的思考力上升到更高的境界。 说真的,爱神像数学家一样,为了将纯粹形式性的概念传授给不懂事的孩子,必须用图形来帮助理解;上帝也是一样,为了向我们清晰地显示出灵性,就利用人类年轻人的形体与肤色,涂以各种美丽的色彩,使人们永不忘怀,而在看到它以后,又会不禁使人们满怀伤感之情,并燃起了希望之火。

这就是我们那位醉心于艺术的作家当时的想法,也是他的感受。 他所迷恋的大海和灿烂的阳光,在他心里交织成一幅动人的图画: 他仿佛看到离雅典城墙不远的老梧桐树,那边是一个雅清的地方,绿树成荫,柳絮飘香;为了纪念山林女神①和阿刻罗俄斯②,塑

---

① 希腊神话中半人半神的少女,住在山林或水乡中。
② 希腊神话中的河神。

立着许多神像,供奉着不少祭品。 在枝叶茂密的大树脚下,清澈的小溪淙淙地流着,小溪里有的是光滑的卵石,蟋蟀在唧唧地鸣着调子。 但在草地上斜靠着两个人,这里炽热的阳光照射不到,草地斜成一定的角度,使人躺着时还可以仰起头来。 这两个人;一个是老头儿,一个是年轻人;一个丑,一个美;一个智慧过人,一个风度翩翩。 在这儿,苏格拉底就德行和情欲方面的问题启迪着菲德拉斯①,循循善诱,谈笑风生。 他和对方谈论着自己怎样在烈日的淫威下备受煎熬,而当时却看到一个体现永恒之美的形象;他谈起了邪恶的、不敬神的人们,他们见到了美的形象既无动于衷,也不会有虔敬的心理;也谈到品德高尚的人在看到天神般的容貌和完美无疵的肉体时,只会有一种诚惶诚恐的感觉——他在美丽的形象面前仰起头来、凝神地望着,但几乎不敢正视,只是怀着崇敬的心情,愿把它当作神像一样的崇拜,也不怕世人讪笑,把他看成是痴子。因为我的菲德拉斯啊,只有美才是既可爱,又看得见的。 注意!美是通过我们感官所能审察到、也是感官所能承受的唯一灵性形象。 否则,如果神性、理智、德行和真理等等都通过感官表现出来,我们又会变成什么样子呢,难道我们不会在爱情的烈焰面前活活烧死,像以前塞墨勒②在宙斯③面前那样? 由此看来,美是感受者通向灵性的一种途径,不过这只是一个途径,一种手段而已,我的小菲德拉斯……接着,他这个狡黠的求爱者谈到最微妙的事儿,求爱的人比被爱的人更加神圣,因为神在求爱的人那儿,不在被爱的人那儿。 这也许是迄今最富于情意、最令人发噱的一种想法,七

---

① 菲德拉斯,古希腊哲学家。
② 塞墨勒是希腊神话中卡德摩斯王的女儿,和宙斯生狄奥倪索斯,宙斯的姐姐和妻子赫拉嫉妒她,怂恿她向宙斯要求恢复原形,结果死于火中。
③ 希腊神话中最高的天神。

情六欲的一切狡诈诡谲之处以及它们最秘密的乐趣都是从这里产生的。

思想和整个情感、情感和整个思想能完全融为一体——这是作家至高无上的快乐。当时，我们这位孤寂的作家就处在这样一种精神状态中：他的思想闪烁着情感的火花，而情感却冷静而有节制。换句话说，当心灵服服帖帖地拜倒在"美"的面前时，大自然也欣喜若狂。他突然想写些什么。据说爱神喜欢闲散自在，而她也仅仅是为了悠闲的生活才被创造出来的，手这话不错。但在这样一个有关键意义的时刻，这位思家心切的作家十分激动而不能自已，很想立即投入创作活动，也不管创作的动机是什么。当时，知识界正围绕着文化及其趣味的某一重大而迫切的问题掀起一场争议，阿申巴赫在旅途中也获悉了这个消息。这个主题是他所熟悉的，他有这方面的生活经历。他为一股不可抗拒的力所驱使，渴望一下子把这个主题用优美的文字表达出来。他要写，而且当然要面对着塔齐奥写，写时要以这个少年的体态作为模特儿。他的文笔也应当顺着这少年躯体的线条，这个躯体对他来说是神圣的。他要把他的美抓进灵魂深处，像苍鹰把特洛伊①牧人一把攫到太空里去那样。现在，他坐在帆布遮篷下的一张粗桌子旁边，面对着他所崇拜的偶像，静听着塔齐奥音乐般的声音，用塔齐奥的美作为题材开始写他那篇小品文。这是千载难逢的宝贵时刻，他觉得他写的语句从来没有像现在那样温柔细腻，富于文采，也感到字里行间从来没有像现在那样情意绵绵，闪耀着爱神的光辉。他精耕细作地写了一页半散文，简洁高雅，热情奔放，许多读者不久定将赞叹不已，为之倾倒。世人只知道他这篇文章写得漂亮，而不知它的来源及产生作品的条件，

---

① 特洛伊，一译"特洛亚"，城名，希腊神话中常以该城的各种故事作为题材。

这样确实很好；因为一旦了解到艺术家灵感的源泉，他们往往会大惊小怪，从而使作品失去了诱人的感染力。 多么不平凡的时刻啊！他这一心力交瘁的创作活动也是多么不凡啊！ 他的灵性与另一个肉体交往，已结出多么难能可贵的果实！ 当阿申巴赫收藏好他的作品离开海边时，他精疲力竭，甚至感到整个身子垮了。 他似乎做了一件不可告人的坏事，受到良心的谴责。

　　第二天早晨，当他正要离开旅馆的当儿，他从台阶上望见塔齐奥已向海滩方向跑去。 塔齐奥只是一个人走着，此刻正走近栅栏门边。 这时阿申巴赫萌生了一个念头，一个单纯的想法，那就是利用这一机会跟他愉快地结识，和他交谈，欣赏他回答时的神态和目光，因为这个少年已不知不觉地左右着他的情绪，提高了他的思想境界。 这位美少年慢悠悠地走着，要追上他并不难，于是阿申巴赫加紧了脚步。 他在小屋后面的木板路赶上了他，正要把手搭到他的脑袋或肩膀上用法语吐出几句问候的话，忽然他感到心房怦怦地跳个不停——这也许是因为跑路太急，一时气喘吁吁他说不出话来；他迟疑了一下，竭力控制住自己，但突然又感到一阵恐惧，生怕自己钉在这位美少年后面的时间太长，会引起他的注意，又怕他会惊疑地回过头来。 他向前冲了一下，终于放弃了他的打算，垂头丧气地走过他的身边。

　　太迟了！ 他这时在想。 太迟了！ 但真的太迟了吗？ 要不是他刚才迟疑了一下，他本来满可以达到轻松愉快的彼岸，一切都可能顺顺当当，头脑也会清醒起来。 不过实际上，这个上了年纪的人就是不想清醒，他太爱想入非非了。 谁能揭开艺术家的心灵之谜呢？ 艺术家善于将严于律己与放荡不羁的这两种秉性融为一体，对于这种根深蒂固的秉性，又有谁能理解呢？ 因为无法使自己保持清醒，就是放荡不羁的表现。 阿申巴赫并不再想作自我批判。 他的情趣，他这把年纪的精神状态，自尊心，智慧的成熟程度以及单纯的心地，都使他不愿静下来对自己的动机一一剖析，也难以确定究竟是什么妨碍他执行原定的计划——是良心不安呢，还是懒懒散散，鼓不起勇气。他惶惶不安，怕有人——哪怕是海滩看守人——会看到他的一举一动以及最后目的未遂的下场，同时还深恐人家笑话。另外，他对自己滑稽的、一本正经的恐惧也不禁哑然失笑。"一脸狼狈相，"他想，"狼狈得像斗败了的公鸡那样，只能收起翅膀垂头丧气地退阵。这一定是神的意志，使我们一看到美色就心神涣散，把我们的傲气压下去，头也抬不起来……"他细细玩味着自己的思想，觉得还是太高傲了，不愿承认有这么一种恐惧情绪。

他自己定出的休息日子已经到期，但他毫不在意；他根本不想回家。他去信叫家人汇来一大笔钱。他唯一关心的是那家波兰人会不会离开，利用一个偶然的机会，他从饭店的理发师那里打听到达家人是在阿申巴赫到前不久才来的。太阳把他的脸和手晒得黑黝黝的，海边含盐的空气也使他的精力更加充沛。本来，他一向是惯于把睡眠、营养或大自然所赋予他的活力立即投入到创作活动中去的，可现在呢，日光、休息和海风每天在增强他的体质，而他却把这一切都漫无节制地花在冥想和情思上了。

他睡眠时间很短，时睡时醒；每天光阴都很宝贵，可是大同小异，夜间显得很短，内心甜滋滋的很不平静。他自然很早就睡，因为九点钟时，塔齐奥已从活动舞台上消失，对他来说一天已结束了。但在第二天晨曦初吐时，一阵心悸会把他惊醒，他回想起那天惊险的情景，再也没有心思躺在枕边，于是一跃而起，披着薄薄的衣服，迎着清晨袭人的寒气，在敞开着的窗口坐下，静待旭日东升。那天惊心动魄的经历，在他睡梦初醒的心灵里，还有一种神圣之感，使他一想到还心有余悸。此刻，天空、地面和海水还笼罩在黎明前一片阴沉沉、白蒙蒙的雾霭中,即将暗下去的一颗星星还在太空中若隐若现。 吹起一阵清风,从远处某些宅邸里随风飘来啾啾细语,厄俄斯①已离开她的情人起床,黎明时最初出现的一条条柔美的淡红色霞光已在天空和海面的尽头处升起,激起了人们的创作欲。 诱骗年轻人的女神悄悄地走近了,她夺走了克雷多斯和西发洛斯的心,而且还全然不顾奥林匹斯山众神的嫉妒,享受到漂亮的奥利安②的爱情。 天际开始展现一片玫瑰色,焕发出明灿灿的瑰丽得难以形容的华光,一朵朵初生的云彩被霞光染得亮亮的,飘浮在玫瑰色与淡蓝色的薄雾中,像一个个伫立在旁的丘比特爱神③。 海面上泛起一阵紫色的光,漫射的光辉似乎在滚滚的海浪上面翻腾;从地平线到天顶,似乎有无数金色的长矛忽上忽下,闪烁不定——这时,熹微的曙光已变成耀眼的光芒,一团烈焰似的火球显示出天神般的威力,悄悄地向上升腾,终于,太阳神驾着疾驰的骏马,在大地上冉冉升起。 阿申巴赫孤零零地坐着,眼巴巴地观望日出,太阳神照耀着他;他闭起眼睛,让阳光吻着他的眼睑。 昔日的感情和往日珍贵而痛苦的追忆,本来早随着他一生勤勤恳恳的工作而淡忘、泯灭,现在却变成了如此奇特的形象——涌上心头——他用茫然而异样的微笑认出了它们。 他沉思冥想,嘴唇慢吞吞地吟出一个名字;他老是微笑着,脸朝向海面,双手交迭地放在膝盖上,又坐在安乐椅里悠悠忽忽地睡着了。

这天一开头就热气腾腾,像节日一般,而整个来说也是不平凡的,充满了神话般的色彩。 黎明时吹拂在他鬓角与耳畔的那阵和煦的、怪有意思的清风,宛如云端飘洒下来的款款细语,它究竟是从

---

① 希腊神话中的曙光女神。
② 一译俄里翁,希腊神话中俊美而健壮的猎人,为曙光女神厄俄斯所爱,死后变为星座。
③ 意大利艺术中的丘比特画像,形象是裸体、有双翅、手持弓箭的俊美男孩。

哪里来的呢？ 一簇簇羽毛般的白云在天空飘浮着，像天神放牧的羊群。 吹来一阵强劲的风，波塞冬①的马儿就奔驰起来，弓起身子跳跃着，其中还有几匹毛发呈青紫色的小牛，它们低垂着牛角，一面跑着，一面吼叫着。 远处的海滩上，波浪像蹦跳的山羊一样，在峻峭的岩石间翻腾。 在这位神魂颠倒的作家周围，尽是潘神②世界里一些变了形的神奇动物，他的心沉浸在梦幻般的微妙遐想里。 有好多回，当夕阳沉落在威尼斯后面时，他坐在公园里的一条长凳上呆呆地瞧着塔齐奥，少年穿一身白衣服，系着一条彩色的腰带，在滚平了的沙砾地上开心心地玩着球。 在这样的时候，他认为自己看到的不是塔齐奥，而是许亚辛瑟斯③；但许亚辛瑟斯是非死不可的，因为有两个神同时爱着他。 不错，他体会到塞非拉斯④对他情敌所怀那种痛苦的嫉妒滋味，当时这位情敌忘记了神谕，忘记了弓箭和竖琴，终日和那位美少年一起玩乐。 他似乎看到另一个人怎样在咬牙切齿的嫉妒心驱策下，把一个铁饼掷在那个可爱的头颅上，当时他也吓得面如土色，把那个打伤了的身体搂在怀里，同时又看到一朵鲜花，由他甜蜜的血液灌溉着，抱恨终日……

　　有时，人们相识只是凭一对眼睛：他们每天、甚至每小时相遇，仔细地瞧过对方的脸，但由于某种习俗或某种古怪的想法，表面上不得不装作毫不相干的陌生人那样，头也不点，话也不说。 没有什么比人与人之间的这种关系更稀奇、更尴尬的了。 他们怀着过分紧张的好奇心，彼此感到很不自在；他们很不自然地控制着自己，故意装得素不相识，不敢交谈，甚至不敢勉强地看一眼，但又

---

① 希腊神话中的海神。
② 希腊神话中的畜牧神。
③ 希腊神话中的美少年。
④ 希腊神话中的西南风之神。

感到不满足，想歇斯底里地发泄一下。因为在人与人之间彼此还没有摸透、还不能对对方作出正确的判断时，他们总是互相爱慕、互相尊敬的，这种热烈的渴望，就是彼此还缺乏了解的明证。

阿申巴赫与这个年轻的塔齐奥之间，肯定已形成了某种关系和友谊，因为这位长者已欣然觉察到对方对他无微不至的关怀并不是完全无动于衷的。比如说，现在这位美少年早晨来到海滩时，已不再像过去那样取道小屋后面的木板路，而是顺着前面那条路沿沙滩缓缓地踱过来，经过阿申巴赫搭帐篷的地方——有时还不必要地挨过他的身边，几乎从他的桌子或椅子前面擦过——然后再回到自己的屋子里。这究竟是什么力量在驱使着他呢？难道有什么超然的魅力或魔力在吸引着这个天真无邪的少年吗？阿申巴赫每天等待着塔齐奥的出现，而有时当塔齐奥真的露面时，他却假装忙着干别的事儿，毫不在意地让这位美少年打身边掠过。但有时他也仰起头来，于是彼此就目光相接。这时两个人都是极其严肃的。长者装得道貌岸然，竭力不让自己的内心活动泄露出来，但塔齐奥的眼睛却流露出一种探索而沉思的神情。他踌躇不前，低头瞧着地面，然后又优雅地仰起头来；当他经过时，他显示出只有高度教养的人才不会回头张望的那种风度。

不过有一天晚上，情况有些异样。晚饭时，大餐厅里没有波兰姐弟和家庭女教师的影子，这使阿申巴赫十分焦灼。他为见不到他们而惴惴不安。晚饭后，他穿着夜礼服，戴着草帽，径自走到饭店门口的台阶上徘徊，忽然他在弧光灯的照耀下又看到修女般的姐姐们和女教师，在她们后面四步路的地方站着塔齐奥。显然，他们是从汽船码头来的，由于某种原因在城里吃过晚饭。水面上大概很凉快，塔齐奥穿的是有金色钮子的深蓝色水手茄克衫，头上戴着一顶相配的帽子。太阳和海风并没有使他的皮肤变色，他依然白净得像大理石那样，一如当初；不过今天他比过去苍白些，这可能是因为天气较凉，也可能是因为宛如月亮里射出的惨白的灯光照在他脸上的缘故。他两道匀称的剑眉紧紧锁着，黑瞳瞳的眼睛炯炯有光，他显得更可爱了，可爱得难以形容。这时阿申巴赫又像往常那样不无痛苦地感到：对于人类肉体之美，文字只能赞美，而不能把它恰如其分地再现出来。

这个可贵的形象在他眼前出现，是他意料不到的。它来得出其不意，因而阿申巴赫来不及使自己镇定下来，装出一副一本正经的姿态。当他的目光与失而复得的塔齐奥的目光相遇时，惊喜交集的表情不禁在他的脸上流露出来——正好在这一瞬间，塔齐奥微微一笑：他朝着阿申巴赫微笑，笑得那么富于表情，那么亲切，那么甜美，那么坦率真诚，嘴唇只是在微笑时慢慢张开。这像是纳喀索斯①的微笑，他在反光的水面上俯下身子，美丽的面容在水中倒映出来，他张开手臂，笑得那么深沉，那么迷人，那么韵味无穷。纳喀索斯稍稍撅起嘴，因为他想去吻自己水影中娇丽的嘴唇，这个企图结果落了空。他媚态横生，有几分心神不定，那副模样十分迷人，他自己似乎也被迷住了。

阿申巴赫接受了这个微笑，像收到什么了不起的礼物似的匆匆转身走了。他浑身打战，受不住台阶和前花园的灯光，只好溜之大吉，急匆匆地想到后花园的阴暗角落里躲一下。他莫名其妙地动起肝火来，心底里迸出柔情脉脉的责怪声："你真不该这样笑给我看！听着，对任何人都不该这样笑！"他一屁股坐在一条长凳上，惶惶然呼吸着草木花卉夜间散发出的阵阵清香。他靠在凳背上，双臂垂下，全身一阵阵地战栗。这时他悄声默念着人们热恋和渴想时

---

① 希腊神话中的美少年。因爱恋自己在水中的影子而憔悴致死，化为水仙花。

的陈词滥调——在这种场合下，这种调子是难以想象的，荒唐的，愚蠢可笑的，但同时也是神圣的，即使在这里也值得尊敬："我爱你！"

　　在古斯塔夫·冯·阿申巴赫住在海滨浴场的第四个星期里，他对周围世界作了一番观察。首先，他觉得尽管已是盛夏季节，但旅馆里的客人不是多了，而是少了，特别是德国人似乎已销声匿迹，因而无论在餐桌上或海滩上，最后只听到外国人的声音。有一天，他在理发师那儿——现在他经常去理发——听到一些话，使他怔了一下。理发师谈起一家德国人只在这儿呆上几天就动身回去，接着又唠唠叨叨地带着逢迎的口气说："您先生该留在这儿吧，您是不怕瘟病的。"阿申巴赫直愣愣地瞅着他。"瘟病吗？"他重复着对方的话。那位饶舌者顿时一言不发，忙着干活，装作没有听到。当阿申巴赫逼着要他说时，他说他实际上什么也不知道，然后设法用滔滔不绝的遁词把话题岔开了。

　　这时将近正午。午后，阿申巴赫在炎炎的烈日下乘船到威尼斯去，一路风平浪静。他尾随波兰姐弟早已成了瘾，他看到他们已跟着女教师一起登上通往汽船码头之路。他在圣马科没有见到他崇拜的偶像。但当他坐在广场阴凉处一张铁脚圆桌子旁喝茶时，忽然他闻到空气中有一股特别的气味。此刻，他感到这种气味弥漫在空气中似乎已有好几天了，而自己却丝毫没有觉察到。这是一种香喷喷的药水味儿，令人想起疾病、伤痛之类，或者清洁卫生方面存在着问题。他嗅了又嗅，经过一番思考之后，终于认出了这是什么。喝完茶后，他就离开教堂对面一侧的广场。在狭小的街巷里，这种气味更加浓重。街头巷尾都贴满了告示，当局对居民提出警告说，由于在此盛夏季节有某些肠道传染病流行，劝他们勿贪食牡蛎及其他贝壳动物，也不要用运河里的水。这一公告显然是掩饰性的。

一群群人站在桥上、广场上，一言不发，中间也夹杂一些外国人。他们东张西望，默默地思考着。

这时有一个店主正好倚在店屋的拱门边，两旁放着珊瑚、项链和人造紫晶之类的饰物，阿申巴赫就向他探询刚才闻到的怪气味究竟是怎么一回事。那人先用呆滞的目光打量着他，然后一下子变得活跃起来。"先生，这不过是一种预防性措施罢了！"他做了个手势说，"这是警察局的命令，我们不得不听。气候闷热，热风吹来对健康不利。总之一句话，您知道，这也许是一种过分的担心……"阿申巴赫谢了他，继续往前走。即使在回海滨浴场的汽船上，他依然闻到消毒药水的气味。

一回到饭店，他就马上在休息室的阅览桌旁坐下，埋头翻阅各种报纸。在外文报纸里他看不到什么消息。但德国报纸却刊登一些疫病的流言，并提出一些不确切的数字，不过意大利官方加以否认，事情的真伪值得怀疑。这样看，德国人和奥地利人离开这里的理由是显而易见的。其他国家的人们显然还一无所知，也没有任何猜疑，他们依旧泰然自若。"这事应当保守秘密！"阿申巴赫兴奋地想，一面把报纸扔回桌子上，"这事不该声张开去！"但同时，他觉得很开心——为周围人物面临的各种险境而暗自高兴。因为激情像罪恶一样，与既定秩序和千篇一律、平淡而舒适的生活是格格不入的；对于布尔乔亚社会结构的任何削弱以及世界上各种混乱和苦难，它必然都很欢迎，因它指望能模模糊糊地在其中捞到好处。因此，在威尼斯肮脏的小巷里所发生的、当局力图掩饰的那些事，阿申巴赫用一种阴郁的幸灾乐祸的心理对待它。威尼斯城这个见不得人的秘密，是和他内心深处的秘密交融在一起的，他要竭尽全力保存它；因为这个陷入情网的人所关心的，只是塔齐奥不要离开，同时还不无惊异地觉察到：要是塔齐奥走了，今后的日子该怎么过啊。

近几天，他已不再满足于按照常规及利用偶然的机缘来亲近这位少年了。他开始尾随着他，到处追逐着他。例如在星期天，波兰人一家从来不会在海滩上出现，他猜想准是到圣马科去做弥撒了，于是急急忙忙赶到那边。他从阳光眩目的广场上一直来到暗沉沉的教堂，看到他失去的心上人正伏在祷告台祈祷。于是他拣上一个隐蔽的地方，站在拼花地面上，和一些跪着喃喃祈祷的、画着十字的信徒们混杂在一起。教堂的结构是东方式的，富丽堂皇，使阿申巴赫有一种眼花缭乱之感。一个神父穿着厚厚的法衣缓缓走到神坛面前，做着什么手势，念念有词地诵起经来。香雾在神坛上摇曳不定的烛光里缭绕，祭坛上浓郁的香气似乎与另一种气味微微混在一起——那就是有病的城市散发出的气味。但阿申巴赫从香雾和火光中，看到这个俊俏的人物在前面回过头来探寻他，终于也见到了他。

人群从敞开着的门廊蜂拥而出，走到阳光灿烂、鸽子成群飞翔着的广场里。这时阿申巴赫如醉如痴，躲在前厅一角，偷偷潜伏着。他眼看着波兰人一家离开教堂，看到姐弟们彬彬有礼地向母亲告别，于是做母亲的就转身取道小市场回家。他也看清楚这位俊美的人儿和修女般的姊妹们跟着女教师一起穿过钟楼的大门走进服装用品商店；他让他们在自己前面保持几步路的距离，他在后面盯着。他蹑手蹑脚地跟在他们后面，在威尼斯各处兜圈子。他们站住时，他也不得不停下来，他们往回走时，他也不得不溜到小饮食店或庭院里让他们走过。有一次他竟见不到他们，于是狂热地、气急败坏地在桥头上和肮脏的死胡同里东寻西找，忽然他们在一条没法回避的羊肠小道上相遇，当下他吓得魂飞魄散。但说他为此而苦恼，也是不对的。他激动得什么似的，脚步好像听凭魔鬼的摆布，而魔鬼的癖好,就是践踏人类的理智和尊严。

塔齐奥和他的姐姐们在某个地方乘平底船。 当他们上船时,阿申巴赫正好躲在某个门廊或喷泉后面;一当他们的船离岸时,他也雇了一只船。 他悄悄地、急匆匆地对船夫说,要是能暗暗地跟在前面那只刚好在转角上拐弯的平底船后面并保持适当距离,就会付给他一大笔小账。 当那个船夫流气十足地表示很愿意促成其事,并且唠唠叨叨地保证一定会好好为他效劳时,他感到很腻烦。

就这样,他靠在黑油油的软垫上,身子随着滑行的小船向左右摇摆;他跟在另一只头部黑漆漆的小船后面,心头的激情随着船后的尾波荡漾。 有时他看不见小船了,于是感到一阵焦灼。 不过他的领航人看来倒是此中老手,他懂得施展技巧,一会儿迅速地横摇,一会儿抄近路,使这位望眼欲穿的乘客得以经常目随着这只小船。 空气像凝固住似的,其中夹杂着一股味儿,炽烈的阳光透过把天空染成灰蓝色的雾气照射下来。 河水拍击着木头和石块,汩汩作响;有时船夫会发出叫唤声,声音中既有警告的成分,也有问候的味儿,于是远处就响起了奇怪的和声回答他,声音在幽静的、曲曲折折的水道中回荡。 在高处小花园里的倾塌的墙头上,一朵朵白色和紫色的伞形花卉低垂着头,发出杏仁的香味。 阿拉伯式的花格窗在苍茫的暮色里若隐若现,教堂的大理石石阶浸在河水里,石阶上蹲着一个乞丐,苦相毕露,手里拿着一顶帽子,伸向前面,眼睛翻白,好像一个瞎子。 还有一个做古董生意的小商贩,在自己的窝棚面前阿谀奉迎地招徕过路客人,很想骗他们一下子。 这就是威尼斯,它像一个逢人讨好而猜疑多端的美女——这个城市有一半是神话,一半却是陷阱;在它污浊的空气里,曾一度盛开艺术之花,而音乐家也曾在这儿奏出令人销魂的和弦。 这时,我们这位爱冒险的作家似乎也置身其间,看到了当时百花争艳的艺术,听到了当时美妙动人的音乐。 同时他也想起疫病正笼罩着这座城市,但当局为赢利起见却故意默不作声。 他更加无拘无束地眼睁睁地瞅着他前面悠悠行进着的平底船。

就这样,这位头脑发昏的人不知道、也不想干任何别的事情,只是一味追求他热恋的偶像,对方不在时他就痴想着,而且像堕入情网的人们那样,光对着影子倾诉自己的衷曲。 他孑然一身,又是异国人,而且为新近的幸福所陶醉,因而有勇气去体验最最荒诞不经的生活而毫无顾忌。 于是发生了这么一个插曲:有一天他很晚从威尼斯回来,在饭店二层楼那个美少年的房间前蓦地站住了,前额靠在门枢上,久久伫立在那儿舍不得离开,如醉如痴,也顾不上在这样疯疯癫癫的神态下自己有被捕获的危险。

然而他有时也静下心来稍稍反省一下。 他走的究竟是什么样的路? 他惊愕地想。 这究竟算是什么路! 像每个有天赋的人那样,他对自己的家世是引以为荣的;一当他有什么成就,他就往往想起他的先辈,他立志要光宗耀祖,不辜负他们的殷切期望。 即使此时此地,他还是想到他们。 可是现在,他竟纠缠在这种不正当的生活经历中而不能自拔,让异乎寻常的激情主宰着自己。 一想到他们光明磊落的品格和端庄的风度,他不禁黯然苦笑了一下。 他们看见了会说什么呢? 真的,当他们看到他的全部生活——这种生活简直是堕落——和他们大相径庭时,又会怎么说呢? 对于这种被艺术束缚住手脚的生活,他本人年轻时也曾一度本着他的布尔乔亚先辈们的精神,发表过讽刺性的评论,但本质上,这种生活同先辈们过的又是多么相像! 这种生活简直像服役,他就是其中一个士兵,一个战士,像其他某些同行那样。 因为艺术是一场战斗,是一场心力交瘁的斗争;今天,人们对这场斗争往往没有多久就支持不住了。 这是一种不断征服困难、不畏任何险阻的生活,是一种备尝艰辛、坚韧不拔而有节制的生活，他使这种生活成为超然的、合乎时代要求的英雄主义的象征。 他委实可以称这种生活是凛然有丈夫气概的、英勇无比的生活。 他不知道主宰着他的爱神是否由于某种原因，对这种生活特别有好感。 爱神对最最勇敢的民族不是另眼相看吗？ 人们不是说正因为他们勇猛过人，他们的城市才繁荣起来吗？古时有许多战斗英雄听从了神的意志，甘心忍辱负重，而怀有其他目的的种种胆怯行为则受到谴责。 卑躬屈膝、山盟海誓、苦苦追求、低声下气——这些都不会使求爱者蒙受耻辱，反而会赢得赞美。

这个痴心人就这样聊以自慰，设法维持自己的尊严。 但同时他也经常注意着威尼斯城内见不得人的黑幕，很想穷根究底。 外界的冒险活动和他内心的奇异经历汇合在一起形成一股暗流，使他的激情滋长一种飘忽不定的狂妄希望。 他在城里各家咖啡馆仔细翻阅德国报纸，一心一意想确切获悉疫病的进展情况，因为在饭店客厅的阅览桌上已好几天没有看到这种报纸了。 报上一会儿承认，一会儿又否认。 病人和死亡者的数目，说法不一：二十个、四十个、一百个，甚至更多。 但隔天报上却把疫病发生的原因说成是国外传染过来的，得病的人寥寥无几，尽管还没有干脆否认，字里行间也作了一些警告，对外国当局这种危险的把戏提出抗议。 总之，他没有获得确凿可靠的消息。

不过这位孤独的旅客自以为有特殊的权利分享这一秘密。 他虽然离群独处，却常常向知情人提一些诱惑性的问题，后者对此事不得不保持缄默，不得不公然说谎——从这里，他找到了一种奇妙的乐趣。 一天早膳时，他在大餐厅里找那位个子矮小、步履轻盈、身穿法国式上衣的经理答辩。 当时经理先生已在就餐的人们中间问长问短，殷勤周旋。 他也在阿申巴赫的桌旁站下来寒暄。

"为什么这些日子来,人们一直在威尼斯城里消毒? 这到底是什么缘故?"客人用一种懒洋洋的、漫不经心的口气问。

"这不过是警察局的例行公事罢了。"这个机灵鬼回答,"天气非常闷热,可能会发生什么危害居民健康的事儿。当局这个措施只是为了及时顶防,算是尽了它的责任。"

"这倒要表扬警察局呢。"阿申巴赫顶着他回答。彼此再交谈几句天气方面的客套话后,经理就告辞了。

就在当天晚上晚餐以后,有一小队街头卖唱的艺人从威尼斯来到饭店的前花园演出。他们两男两女,站在一根吊弧光灯的铁柱下面,灯光把他们的脸照得白白的。他们面向大露台,露台上坐着这些避暑的来客,一面喝着咖啡和冷饮,一面欣赏他们表演的民间歌舞。饭店里的职工、招待员、开电梯的和办公的,都纷纷来到休息室的门廊边侧耳静听。俄国人一家一向热衷于享受,这时在花园里摆出了藤椅,位置离艺人们较近,他们围坐成一个半圆形,喜形于色。一个围着头巾的老奴站在主人后面。

在这些江湖艺人手里,曼陀林、吉他、手风琴和一只吱吱嘎嘎发出颤音的小提琴奏得非常入调。器乐结束后继之以声乐;这时一位年纪较轻的女人引吭高歌,她和一个甜润润的假嗓子男高音配合,对唱着一支缠绵动人的情歌。但真正有才能的,却无疑是一个奏吉他的人,他同时也是乐队领队。他是一个男中音丑角,不大唱出声来,不过富有模仿才能,演起滑稽来劲头十足,颇有一手。他常常离开其他演员,手捧吉他跌跌撞撞地冲到露台上,傻里傻气的逗人,人们报以一阵阵的欢笑声。在花坛里的那些俄国人,领略了这许多富有南国风光的技艺,更是乐不可支。他们拍掌喝彩,鼓励他表演得更加泼辣些。

阿申巴赫靠近栏杆坐着,不时用一杯放在他前面的石榴汁汽水润湿着他的嘴唇，汽水在杯子里泛着红宝石般的闪光。他的每根神经贪婪地吸入了咿咿哟哟、不很高明的琴声和庸俗肉麻的曲调，因为情欲会削弱一个人的审美力，会促使他以松快的心情坦然接受那些在头脑清醒时准会付之一笑或不屑一顾的事物。那个小丑东蹦西跳，使阿申巴赫扭歪的脸上浮现出一丝呆滞的苦笑。他没精打采地坐在那里，可内心却为某事而全神贯注——因为离他六步远的地方，塔齐奥正斜倚在石栏杆上。

他站在那里，穿着一件晚餐时偶尔穿过的束腰带的白色紧身衣；好像天生而命中注定似的，他永远是那么风度翩翩，他的左臂下部搁在栏杆上，两腿交叉，右手靠着臀部；他只是用淡淡的好奇眼光瞅着这些江湖艺人，好像仅是为了礼貌才看着表演，脸上有一种似笑非笑的表情。他好几次直起身子，用双臂优美的动作松开皮带，将白衬衫往下拉，让胸口舒坦一下。有时，他也会掉头向左面偷望着那位爱慕他的人坐的地方，眼光有时躲躲闪闪，有时一扫而过，似乎要让他感到意外；这时阿申巴赫就有一种洋洋自得之感，同时也有些神魂颠倒，惊惶失措。阿申巴赫不敢接触他的眼光，因为这个误入歧途的人心中有鬼，迫使自己不敢正视。在露台的隐蔽处，端坐着那些照管塔齐奥的女人。如今事情已发展到这步田地，竟使他害怕自己这样是不是太露骨了，会不会被她们怀疑。不错，以前在海滩上、在饭店的休息室里以及圣马科广场上，他曾好几次注意到她们把塔齐奥从他身边唤走，想叫孩子远远离开他，当时他就像挨了一下闷棍似的。他感到自己受到莫大侮辱，自尊心蒙受莫名其妙的伤害。他想反抗，但良心不允许他。

这时，这位奏吉他的开始自弹自唱地哼起一支独唱歌曲，这是目前在意大利全国风靡一时的流行小调，有好几段唱词。他唱的是整段歌词，唱得抑扬顿挫，委婉动人，伙计们则伴唱副歌。这人身材瘦削，面容憔悴，一顶破旧的毡帽在后颈上耷拉着，帽檐下面露出乱蓬蓬的红发。 他站在沙砾地上跟同伴们离得远远的，一副大模大样的姿态；他拨动着琴弦，向露台上送出一支诙谐而逗人的曲调，由于鼓足了力气，额上青筋毕露。 他不像是威尼斯人，倒有几分像那不勒斯的丑角，身上兼有男妓和伶人的味儿，下流粗鄙，大胆狂妄，但却颇有风趣。 他唱的歌词十分无聊，但通过他脸上的种种表情和身体各部分的摆动，挤眉弄眼，惺惺作态，舌尖在嘴角上滴溜溜的滚转，似乎吐出了某种含糊不清的意义，听起来隐隐有些刺耳。 他穿的是一套城市里流行的服装，从运动衫松开的领口里露出了瘦骨嶙嶙的脖子，脖子上赫然呈现一个大大的喉结。 他面色苍白，塌鼻子，从他没有胡子的脸上很难判断出他的年龄。 他脸上布满了皱纹，丑相毕露，这是沉湎于酒色的痕迹；在两道红茸茸的眉毛中间，直挺挺地刻着两条纹路，有一股盛气凌人、睥睨一切的神态。 然而真正能打动我们这位孤寂的旅客、从而深深引起他的注意力的，却是这位可疑的人物似乎也带来了某种可疑的气味。 每当唱起副歌来时，这位歌手就手舞足蹈地装着怪样在四周兜了一圈，有时一直走到阿申巴赫座位的旁边，这时从他的衣服和身上，就有一股强烈的石炭酸气味散发出来，一直飘向露台。

诙谐小曲唱完以后，他就开始收钱。 他先从俄国人那儿开始，他们给得很慷慨；然后他走上通向露台的踏步。 刚才他在台下演出时是那么大胆泼辣，眼下在露台上却显得温良谦恭。 他猫着腰、鞠躬如仪地在一张张桌子间晃来晃去，谄媚地笑着，露出一口坚实的牙齿，但他在眉毛间的两条皱纹依旧显得那么咄咄逼人。 人们怀着好奇——同时带几分憎恶——的眼光审视着这个收钱的怪人，用手指尖儿把钱币投入他的毡帽里，当心不让指头碰到帽子。 哪怕演出很受人欢迎，只要这个丑角在体面的观众身边挨得过分近，就会形成一个尴尬的局面。他觉察到这一点，于是低声下气地请求原谅。他带着一股药水味走到阿申巴赫身边，这股味儿周围任何人似乎都不在意。

"听着！"那个孤独者压低了声音几乎是机械地说，"威尼斯城究竟为什么在消毒呢？"

小丑粗声粗气地回答："这是警察局的主意嘛！先生，在这样大热天气，又有热风，不得不照章办事哪。热风闷得叫人透不过气来，它对健康是不利的……"他说话时的神气，似乎奇怪居然有人会提出这样的问题。他摊开了掌心，似乎表明热风多么逼人。

"那么威尼斯就没有瘟疫了吗？"阿申巴赫轻轻地问，声音好像从牙缝里迸出似的。

这时小丑那张肌肉发达的脸沉了下来，装出一副滑稽的无可奈何的怪样。"瘟疫吗？什么样的瘟疫呢？难道热风是瘟疫吗？莫非我们的警察局是一种瘟疫？您真爱开玩笑！瘟疫？为什么要有瘟疫！这是预防性措施，您总该明白啰！警察局是为了天气闷热才采取这种措施的！"他一面说，一面做着手势。

"好吧。"阿申巴赫轻声而简短地说，把一块大得异乎寻常的金币投在他的帽子里，然后向那个人眨了眨眼睛，示意叫他走开。他深深鞠了一躬，露齿笑着走了。但他还来不及走到台阶上时，两个饭店服务员就迎面向他扑去，贴着脸悄悄盘问他。他耸耸肩膀似乎在赌咒，在再三保证自己没有说过什么话。这究竟是怎么一回事，人们看得清清楚楚。他们终于放开他，于是他又回到花园里，跟同伙们稍稍商量一会后，在弧光灯下又唱起一支谢幕的告别曲。

这支歌曲，阿申巴赫记不起过去在哪儿听到过，曲调粗犷奔放，唱词里用的是难懂的方言。后面是一首笑声格格的副歌，同伙们使劲地拉开嗓门合唱着。这段副歌既没有唱词，也不用伴奏，只是一片笑声，笑声富有节奏和韵味，但十分自然。 特别是那位独唱歌手在这方面表演得很有才能，有声有色，颇为逼真。 现在他离开听众的距离又很远了，他又变得威风凛凛；他一阵阵传向露台的矫揉造作、厚颜无耻的笑声，似乎变成嘲讽的笑声。 每当他唱到一段歌词的最后一句时，他喉头似乎奇痒难当，不得不尽力把气屏住。他咽下一口气，他的声音颤抖着，他用手捂住了嘴，耸耸肩膀——正好在这个时候，他忽然大叫一声，爆发出一阵放荡不羁的大笑。他笑得那么生龙活虎，以致在座的观众都多少受到感染，露台上也沉浸在一片自发的欢腾之中。 这可使这位歌手更加兴高采烈。 他弯弯膝盖，拍拍大腿，摸摸腰部：他准备发作一番。 他不再笑了，而是大叫大喊，他用手指指着上面那些人，似乎再也没有比这些格格笑着的人们更为可笑的了；最后，花园里、游廊里的人全都大笑起来，连倚在门旁的侍者、电梯司机和仆役们也失声大笑。

阿申巴赫在椅子里再也呆不下去了。 他直挺挺地坐着，仿佛想避开或溜走。 但这一阵阵笑声、散发出的药水味和近在咫尺的美少年交织在一起，使他宛如置身于梦境而无法摆脱。 他神思恍惚，动弹不得。 在大家乱成一团的当儿，他壮起胆子向塔齐奥看了一眼。这时他注意到，这位美少年在回眸看他时眼光也是很严肃的，完全像他自己看别人时那样。 四周人们的欢乐情绪对他似乎并无影响，他超然不为所动。 在这个问题上，他居然能孩子般地顺从他，彼此心心相印，这使这位头发花白的长者心头一阵松快，同时深为感动。 他好容易控制住自己不用手遮住自己的脸。 塔齐奥有时要鼓起胸来深深呼吸一下，这在阿申巴赫看来似乎是胸口闷的表现，想借此透一口气。"他身体病恹恹的，可能活不长呢。"他又一次想。 这时他是客观公正的——有时，他的痴狂和激情会那么奇怪地烟消云散。 他满腔热情地关怀着他，同时却感到某种狂妄的满足。

这时威尼斯伶人演出结束,离开那里。 一片鼓掌声伴送他们,他们的领队一面告别,一面还不遗余力地表演各种滑稽动作,以示点缀。 他打躬作揖和吻手致意的姿态本来已引人发笑,现在更哄动了。 当戏班子里其他人都已出去时,他又装腔作势地跑回来,斜靠在一根电线杆上,再曲着身子匍匐走到大门边,装作依依惜别的样子。 到了那里,他忽地扔下了丑角的面具,一跃而起,昂然挺立,老着脸皮向听众们吐吐舌头,然后消失在夜色里。 浴场里的宾客四散,塔齐奥也早已不倚在栏杆上了。 但阿申巴赫还独自坐在那里,桌上放着一杯吃剩的石榴汁汽水,这使侍者们颇为诧异。 时光流逝,夜色渐浓。 许多年前,在他老家,有一只计时沙漏——现在,他仿佛又站在它的前面,眼睁睁地望着这个老朽而怪有意思的小玩意儿。 他似乎看见赭红色的沙子默默地、细细地一粒一粒从狭长的玻璃管川流不息地流过,这时在沙子渐渐减少的上部空腔里,就形成一个小而急的漩涡。

就在第二天下午,倔强的阿申巴赫在探索周围世界的奥秘方面又迈出了新的一步。 这次他的成功是满有把握的了。 他从圣马科广场走到开设在那里的英国旅行社里,在柜台上换了些钱后,俨然以一个猜疑多端的外国人的姿态,向办事员提出他这个非同小可的问题。 办事员是一个穿花呢服的英国人,年纪还轻,头发在中间分开,有些斗鸡眼,模样儿老实而稳健可靠,和南欧人那种机灵浮夸的风度迥然不同,他开头时说:"害怕是没有根据的,先生。 只是例行公事罢了,没有了不起的意义。 为了预防大热天和热风给健康带来有害的影响,人们是经常采取这种措施的……"他向上翻起蓝眼睛,正好同那个外国人困倦而有点儿忧郁的眼光相接触,外国人的眼睛正盯着他的嘴唇,带有几分轻蔑的神情。 于是英国人的脸顿时红了。 他压低了嗓门稍稍有些激动地继续说:"不过这是官方的解释，他们认为坚持这种做法才是上策。 我要跟您说一说，里面还有一些隐情呢。"于是他老老实实、无拘无束地道出了真相。

　　近几年来，印度霍乱已有向四方蔓延的严重倾向。 疫病的发源地是恒河三角洲炙热的沼泽，病菌在杂物丛生而荒无人烟的原始森林和荒岛的一片恶臭环境中繁殖，在那儿密密茸茸的竹林里，只有老虎蹲伏着。 瘟疫在整个印度次大陆流行，后来异常猖獗，向东传到中国，向西延至阿富汗和波斯；它沿着商队①所经的大路传播，威胁着阿斯特拉罕②，甚至莫斯科也谈虎色变。 但正当欧洲惊恐万状，深怕这个鬼怪会从那边涉足到欧洲大陆上时，它经过海面从叙利亚的商船偷偷地来了，在地中海几个港口同时出现，它在土伦③和马拉加④伸出头来，在巴勒莫和那不勒斯⑤好几次公开露面，而在卡拉市里亚和阿普利亚⑥却生根似的不肯离开。 到现在，意大利半岛北部总算还没有波及。 但今年五月中旬，威尼斯在同一天内竟发现两具尸体，一具是船夫的，骨瘦如柴，全身发黑；另一具则是蔬菜水果店老板娘的，在他们身上都发现可怕的霍乱病菌。 当局对这两个病例都秘而不宣。 可是过了一星期后，生病的人就有十个、二十个、三十个，而且在城里各个地段都有发现。 奥地利某省有一个人到威尼斯来玩上几天，回家后就带着这种确凿无疑的症候死去了，因此这种疾病侵袭水上城市⑦，是德文报纸首先报道的⑧。 对此，威尼斯当局发表一篇声明作为答复，说城市居民的健康状况极

---

① 指往返于沙漠地带的旅行商队，多在中东一带活动。
② 地名，在中亚。
③ 法国地名。
④ 西班牙地名。
⑤ 均为意大利地名。
⑥ 均为意大利地名。
⑦ 指威尼斯。
⑧ 奥地利人说德语。

其良好,现在正采取必要的措施加以防范。 但食物方面——例如蔬菜、肉类或牛奶——可能已受到污染,因为哪怕你否认也好,隐瞒也好,死神还是吞噬着小巷角落里的一些生命,何况今年夏天又热得特别早,运河河水也有些发热,对传播疫病特别有利。 是的,疫病的来势看来在变本加厉,病菌繁殖力也越来越快,越来越顽固。很少有人恢复。 得病的人有百分之八十死去,死得很可怕,因为疫病传播得极其猖狂,同时所患的往往是最凶险的一种,人们叫它为"干式霍乱"。 得这种病时,患者无法将他血管中大量分泌的水分排出。 不上几小时,病人枯萎下去,全身抽搐,发出声嘶力竭的呻吟声,血液像粘滞滞的沥青一样,窒息而死。 如果疾病发作时,有人在稍感不适之后就昏迷过去——像有时发生的那样——而且不再苏醒或几乎醒不过来,那他就是幸运的了。 六月初,市民医院的隔离病房里已没有空铺,两所孤儿院也已人满为患,而圣迈克岛——那儿是墓园所在地——和"新土"之间的交通也熙熙攘攘,拥挤不堪。 可是威尼斯当局所着重考虑的,是害怕泄漏真情后会使各种利益受到损害,也顾虑到不久前公园里开幕的图画展览会会因此有所影响,同时,如果城市臭名四扬,人们慌作一团,旅馆、商店、各式各样为外国人服务的企业就会受到威胁,从而造成巨大损失,至于应当如何老实公开真情,遵守国际协定,那就不放在心上了。 市民们这种心理,对当局的沉默与否认政策也是有力的支持。 威尼斯卫生部门的长官是一个正直的人,他愤而辞职,暗地里由一个能随机应变的人接替。 人们知道了这件事;上层的腐败,死神在城里到处游荡的那种令人惶惶不安的情绪,使下层社会出现某些道德败坏现象。 躲在阴暗角落里反对社会的一帮子人于是壮起胆来:酗酒、干猥亵下流的勾当、犯罪的次数也增多了。 晚上,人们反常地可以看到许多醉鬼,一些无赖在夜间闹得街上鸡犬不宁,盗窃案甚至凶杀案反复发生,因为有两起案子表明:有两个人名义上是瘟疫的牺牲者,实际上却是被亲人毒死的。职业性的犯罪在程度上和规模上都是空前的,只有在意大利南方的某些国家和东方国家中,过去才常有这种情况出现。

英国人从以上的事实得出这样的结论,他斩钉截铁地说:"您最好今天就动身,不要再挨到明天了。封锁的日子看来不会超出几天的。"

"谢谢您。"阿申巴赫说着,就离开旅行社。

广场虽没有太阳,但酷热难当。蒙在鼓里的外国人坐在咖啡馆门前或站在白鸽成群的教堂前面,眼看着这些鸟儿鼓着翅膀一只只飞过来,竞相啄食他们手心中放着的玉米。孤独的阿申巴赫在气魄宏伟的广场的石板路上踱来踱去,内心异常激动。他因终于摸清事实的真相而意气洋洋,但同时嘴里却有一种苦涩的味儿,心里也怀着莫名其妙的恐惧。他考虑到一种既体面、又能免受良心责备的解决方式。今晚晚餐以后,他可以走到那位珠光宝气的贵妇人身边,用想好了的话一字一句地对她说:"夫人,请您允许陌生人向您提出一个忠告,别人为了自身的利益是不肯向您启齿的。您马上带着塔齐奥和令媛们一起离开吧,威尼斯正闹着疫病呢。"然后他可以用手拍拍塔齐奥(这是善于嘲弄人的上帝的工具)的脑袋表示告别,转身逃离这个沼泽般的城市。不过他也知道,他还是远远不敢毅然采取这一步骤。这会使他走回头路,回复到原来的地位;但失去了理智的人是最不愿意控制自己的。他回想起那座铭刻着碑文的、在夕阳下闪耀着微光的白色建筑物,他曾在那里用心灵之眼苦苦探索这些文字的神秘含义;然后又想起在那里遨游的那个人物,是他激起了年事渐高的阿申巴赫青春时代的那种想去远方和国外漫游的渴望。他也想到回家,想到如何使自己的头脑理智些,清醒些,再勤勤恳恳轰轰烈烈地干一番工作,但这些思想在他心里引起了极为强烈的反感,使他感到一阵恶心,脸上也显出一副怪相。"这事不该声张!"他狠狠地轻声对自己说,"我不该说!"他洞悉了威尼斯的秘密,在它所犯下的罪行中也有自己的份儿——一想到这些,他就醉醺醺的,仿佛少量的酒已把他醉成了大脑疲惫症。他头脑中浮现出威尼斯城疫病横行后的一片荒凉景象,他心中也燃起了一种不可捉摸的、超越自己理智的荒诞而甜蜜的希望。他在一瞬间萌生的眷恋故国之情,怎能与他的这些希望相比呢? 艺术和道德观念与一片混乱之下所得的好处相比,又算得什么呢? 他保持缄默,而且仍旧留在这儿。

那天晚上,他做了一个可怕的梦——如果我们可以把梦看作是肉体上与精神上的一种经历;它虽然在沉睡时发生,自成一体,但对感官来说十分真切,但看不到自己亲身参与各种事件。梦的舞台似乎就是心灵本身,各种事件从外面闯入,猛烈地冲破了他心灵深处的防线,经过后又离开他,使他生活中的优雅文明之处受到践踏与破坏。

开始时他只觉得一阵恐惧,恐惧与欲望交织在一起,同时对未来怀着心惊胆战的好奇心。夜色深沉,他警觉地谛听着。他听到有一种骚动声和混杂的喧闹声自远而近。接着是一阵咯吱咯吱和轰隆轰隆的响声。天空的闷雷声滚滚而过,同时还听到一阵阵尖叫声和嚎哭声,"呜——呜"地发出袅袅的余音。但压倒一切的,却是一种凄婉而缠绵的笛声,悠扬的笛声放荡地阵阵奏出,令人有一种回肠荡气之感。他隐隐约约地听出一句话,称呼着即将降临的什么人物:"异国的神啊!"一道霞光照亮了周围的雾气,他看出了这是跟他乡间别墅所在地周围一样的一块高地。在破雾而出的霞光中,从森林茂密的高原上,在一枝枝巨大的树干之间和长满青苔的岩石中间，一群人畜摇摇晃晃、跌跌冲冲像旋风般地走来，这是一群声势汹汹的乌合之众，他们漫山遍野而来，手执通明的火炬，在一片喧腾中围成一圈，蹁跹乱舞。女人在腰带上悬着长长的毛皮，走起路来一颠一簸，哼哼唧唧，往后仰着脑袋，摇着铃鼓，她们挥动着火星四射的火炬和出鞘的短剑，有的把一条条翻扬着舌头的蛇围在腰里，有的把双手搁在胸脯上大叫大喊。额上长角、腰部围着兽皮、浑身上下毛茸茸的男人，俯着头，举起胳膊和大腿，拼命打着锣鼓，发出震耳欲聋的响声。一群光油油的孩子，手提着缀有花环的小棒，赶着山羊，身子紧抱住羊角，在一片欢跃的喧闹中让它们一跳一蹦地拖着走。这些人兴奋若狂，高声喊叫，但叫声里却有一种柔和的清音，拖着"呜——呜"的袅袅尾声。这声音是那么甜润，又是那么粗犷，他可从来没有听到过。它像牡鹿的鸣叫声那样在空中回荡，接着，狂欢的人群中就有许多声音跟着应和，他们在喊声下相互推挤奔逐，跳着舞，两手两脚扭摆着，他们永远不让这种声音止息。但渗透着和支配着各种声音的，却依然是这深沉而悠扬的笛声。他怀着厌恶的心情目睹这番景象，同时还得不顾羞耻地呆呆等待着他们的酒宴和盛大的献祭。对于此时此地的他，这种笛声也不是很有诱惑力吗？他惊恐万状，对自己信奉的上帝怀着一片至诚的心，要竭力卫护它，而对异端则深恶痛绝——它对人类的自制力和尊严是水火不相容的。但喧闹声和咆哮声震撼着山岳，使它们发出一阵阵的回响。这声音越来越大，越来越近，几乎达到令人着魔的疯狂程度。尘雾使他透不过气来——山羊腥臭的气味，人们喘着气的一股味儿，还有一潭死水散发出的浊气，再加上他所熟悉的一种气味：那就是创伤和流行病的气味。他的心随着击鼓声而颤动，他头脑感到一阵昏眩。他怒气冲冲，昏乱不知所措，恨不得去参加他们祭神的环舞。他们所供奉的神像巨大而十分可憎，用木材雕成。 在揭下神像的面罩高高供起时,他们狂放地呐喊着。他们口角淌着白沫,用粗野的姿态和淫猥的手势相互逗引,时而大笑,时而呻吟,后来又用带刺的棒相互戳入对方的皮肉,舔着肢体里的血。 可是现在,做梦的人也参加了他们的队伍,变成其中的一分子;他也信奉起野蛮神来了。 不错,扑在牲畜身上扯皮噬肉、狼吞虎咽的,正是他自己! 此刻,在践踏过的一片青苔地上,男男女女狂乱的杂交——这也算是一种献神仪式——开始了。 体验到这种放荡淫乱的生活,他只觉得自己的灵魂在堕落。

这个不幸的人从梦中醒来时,精神倦怠,神思恍惚,像落在魔鬼的掌握中而无力挣脱似的。 他不再避人耳目,也不管自己是否受人怀疑。 但人们还是纷纷逃离,海滩上许多浴房都空了出来,餐厅里也剩下许多空位,城里几乎看不到一个外国人。 事实的真相看来已经泄露。 尽管有关方面相互配合做出种种努力,恐慌情绪再也无法控制。 不过这位珠光宝气的妇人和她的家人仍旧留着,这也许是因为谣言尚未传到她的耳边,也许是因为她太高傲无畏,不屑理会。 塔齐奥还住在这儿。 有时在着魔的阿申巴赫看来,逃离或死亡会带走周围每一个活生生的人,到头来岛上只剩下他自己和这个美少年。 在海边的每一个早晨,他总要用沉滞的、漫不经心的目光凝视着他所追求的人,傍晚,他总是不知腼腆地在死神出没的大街小巷里尾随着他。 这样,他把荒诞不经的事看作大有可为,而一切礼仪习俗也就抛之脑后了。

像任何求爱的人一样,他一心想博取对方的欢心,惟恐不能达到目的。 他努力在衣服穿着的细微末节上变换花样,好让自己焕发出青春。 他戴宝石,洒香水,每天好几次在梳洗打扮方面大用功夫,然后盛装艳服、怀着兴奋而紧张的心情坐到桌旁就餐。 在把他迷住的这个翩翩美少年面前,他为自己的衰老而厌恨;看到自己花白的头发和尖削的面容，他不免自惭形秽。这就促使他千方百计打扮自己，使自己恢复青春。他常去饭店的理发室。

他披着理发围巾，靠在椅上，让喋喋不休的理发师修剪着，梳理着。他用惆怅的眼光端详着自己镜子里的面容。

"头发花白了。"他歪着嘴说。

"只有一点儿，"理发师搭着腔，"这是懒得打扮的缘故，所谓不修边幅就是。有地位的人难免是这样的。不过这副模样到底一点儿不值得赞扬，特别是这些人对世俗的偏见是满不在乎的。某些人对化妆艺术有成见，如果有人在牙齿方面也装饰一番，他们就摇头表示不满。按理说，牙齿上也应当用一番功夫。归根到底，一个人老还是不老，要看他的精神与心理状态如何。头发花白准会给人们造成一个假象，而染发以后就会好一些，哪怕人们瞧不起染发。像您那种情况，先生，您是完全有权利使您的头发恢复本色的。您一定能允许我为您恢复本来面目吧？"

"用什么方法呢？"阿申巴赫问。

于是这位健谈的理发师用两种水洗起主顾的头发来，一种颜色深些，一种淡些——霎时间，他的发色变得像年轻时一样乌黑。他把他的头发用烫钳卷成一道道的波纹，然后退后一步，仔细审察经过他精心整修的头发。

"现在只要再做一件事，"理发师说，"那就是把您脸上的皮肤稍稍修饰一番。"

像每个劳碌不停、永不知足的人那样，他兴致勃勃地一会儿忙这个，一会儿又忙那个。阿申巴赫舒舒服服地靠在椅上，对理发师所干的事无法拒绝，相反地，他兴奋地抱着满腔希望。从镜子里，他眼看着自己的眉毛弯得更加均匀分明，他的眼梢变得长些了，在眼睑下稍稍画了一下后，他的眼睛更加炯炯有神。他再看看下面：

原来皮肤是棕色的、粗糙的,现在可变嫩了,泛上一片鲜艳的洋红色。 他的嘴唇,在一分钟前还没有血色,现在可丰满了,像草莓的颜色那样,在涂上雪花膏和肤色恢复青春以后,面颊上、嘴角边及眼圈旁的皱纹一一消失。 当他看到镜子里映出一个年轻的身影时,心头不禁怦怦乱跳。 最后,化妆师认为一切都很称心如意,于是他谦卑而有礼貌地感谢他的主顾,这种谦恭态度是干这行工作的人所特有的。 "这只是能为您效劳的起码事儿。"他在为阿申巴赫作最后一次整容时说,"现在,您先生可以随心所欲地谈情说爱了。" 阿申巴赫像高高兴兴做了一场梦,恍恍惚惚、战战兢兢地走了。 他系的是红领带,戴的是一顶绕着彩色丝带的宽边草帽。

这时刮起了一阵凉里透热的狂风,稀稀落落地下起雨来。 但空气依然闷而潮湿,洋溢着腐臭的气味。 阿申巴赫涂着脂粉的脸热得发烫,耳际只听到一片淅淅瑟瑟、哗啦哗啦的响声,仿佛凶恶的风神正在大地纵横驰骋。 海洋的鸟身女妖正在追踪那些注定要毁灭的人,啄去并污染了他们的事物,剩下的只是一些残屑。 溽暑使他食欲不振,他只是一味设想着他吃的东西可能带有传染病的毒素。

一天下午,阿申巴赫追踪着美少年一直到闹着疫病的曲折迷离的市中心。 迷宫般的街巷、水道、小桥和空地彼此很相似,他不知自己究竟在什么地方,也辨不出东南西北的方位。 他一心关注着的,只是他苦苦追求的偶像不要从视线中消失才好。 为稳妥小心起见,他一会儿蹲在墙脚,一会儿躲在行人背后作掩护。 由于他的身心长时期处于紧张与激动不安的状态,他的力气差不多耗尽了,可是自己却一直没有感觉到。 塔齐奥跟在家人后面,他通常让女教师和修女般的姐姐们在小巷前面走;由于走在最后只是他单独一个人,有时他回过头来用奇特而朦胧的眼光看看追恋他的人是否确实跟在后面。 他看到了他,但只是心照不宣。 他心领神会,欣喜若狂。 陷入热恋中的阿申巴赫在这一对眼睛勾引下，在一股盲目的热情冲动下，一种非分的希冀潜入他的心头——终于他发现自己的视线搞混了，弄糊涂了。 这时波兰人一家已跨过一座拱形小桥，拱顶遮住了他的视线，当他走到桥上时，他已见不到他们。 他从三个方向寻找，一路往前，还有两路是朝又小又脏的码头两边方向，结果一场空。 他精疲力竭，最后不得不放弃找寻的打算。

他头脑里热烘烘的，身上粘滞滞的冒着汗，脖子瑟瑟地抖着，感到口渴难忍。 他看看四周有没有什么清凉的饮料可以解渴。 在一家小的蔬菜店里，他买了一些又熟又软的草莓，一面吃一面走。迎着他的是一片人迹罕至的小小空地，景色十分动人。 他认识这块地方，几星期前他曾来过这儿，作过逃离威尼斯的打算，可惜结果没有实现。 他在空地中间一个小池的石阶上颓然坐下，脑袋靠在石阶的边缘上。 这里很静，在铺砌石块的路面上，杂草丛生，周围堆满了垃圾。 空地周围有好几座败落而不整齐的高房子，其中一幢是宫殿式的，拱形的窗子上没有玻璃，小小的阳台雕琢着狮子。 另一幢屋子的底层是一家药房。 一阵阵的热风，不时送来了石炭酸的气味。

现在坐在那里的，就是他，这位在文学界享有崇高威望的大师。 正是他才写了《不幸的人》那样的作品；正是他以晶莹明澈的文体，摈弃了那种吉卜赛式浮夸的风格和晦涩暧昧的描写；正是他，使世人对陷入深渊中的苦难人们寄予同情，而对堕落的灵魂加以谴责。 是他跨越了知识的壁垒，攀登到智慧的高峰；是他傲然无视于世人的冷嘲热讽，终于博得了群众的信赖。 他的声誉已由官方公认，他的名字已加上了贵族的头衔，他的文章已作为孩子们的范本。 如今他却坐在那边出神。 他紧闭着眼皮，只是偶尔斜着眼睛往下偷偷地扫视几下，眼光里显出讥讽和困惑的神色。 他本来是松垂的、化妆后嘴角稍稍翘起的嘴唇,喃喃地发出一些断断续续的声音,好像一个睡梦未醒的人从头脑里幻想出一番什么古怪的逻辑似的。

"菲德拉斯,你要注意,美,也只有美,才是神圣的,同时也是见得到的。 因此,我的小菲德拉斯啊,美是通过感觉的途径,通过艺术家的途径使人获得灵性的。 可是亲爱的,你现在是否相信有一个凭感觉而获得灵性的人居然能获得智慧,同时干出一番宏伟的事业来呢,或者你倒认为(这留待你去抉择吧),这是一条纵然甜蜜但却是冒险之路,或者确实是一条错误与罪恶之路,必然会把人们引入歧途? 因为你得知道,如果没有爱神作为我们的伴侣和先导,我们诗人是无法通过美的道路的。 尽管我们可以成为按照自己的方式活动的英雄,成为有纪律的战士,但我们却像女人一样,因我们以激情为乐,爱情始终是我们的欲念——这是我们的乐趣,也是我们的羞辱。 现在你难道还不能看出,我们诗人既没有智慧,也没有身价吗? 我们不得不在错误的路上走,不得不放纵些,不得不在情感的领域里冒各色各样的风险。 我们的文章写得道貌岸然,神气活现,其实都是虚妄与胡扯。 我们的名誉和地位都不过是一幕闹剧,大众对我们的信仰也极其可笑,因此,用艺术来教育人民和年轻人是危险的事,应当禁止。 既然艺术家一生下来就无可救药地注定要掉入这个深渊,那末他又有什么资格为人师表呢? 我们不愿落入这个深渊,而希望获得荣誉;但无论我们转向哪里,它还是吸引着我们。 所以我们还是把害人的知识抛弃吧,因为菲德拉斯,知识是谈不上什么尊严的,它只是叫人通晓、理解、原谅,它没有立场,也没有形式。 它对人们所陷入的深渊寄予同情——但它本身就是深渊。 因此我们毅然决然地扬弃它,今后我们就一心致力于美吧。 美意味着淳朴、伟大、严谨、超脱及秀丽的外形。 但菲德拉斯啊，秀丽的外形和超脱会使人沉醉，并唤起人的情欲，同时还可能使高贵的人陷入可怕的情感狂澜里，这样，他就抛弃了自己固有的美的严谨，把它看成是不光彩的了。它们也同样会把人引向深渊。我得说，它们会把作为诗人的我们引到那边去，因为我们要使自己奋发向上可是件难事，而纵欲无度却是容易的。现在我要走了，菲德拉斯，你留在这儿吧。只有当你不再见到我时，你才可以离开。"

以后几天，古斯塔夫·冯·阿申巴赫每天早晨离开浴场饭店的时间比平时迟些，因为他感到不舒服。他不得不同一阵阵的头晕——其实只有一半才是身体上的原因——作斗争，同时越来越显得惊惶不安，有一种走投无路、灰心绝望之感。但这是由于外界环境还是自己的生活引起的，他可不清楚。在休息室里，他看到一大堆整装待发的行李，他问门房动身的是谁，对方回答时就说出波兰贵族的姓名。这也是他暗中料到的。他听到这个消息后，憔悴的面容并不改色，只是略略仰起了头，像是随口打听一下而丝毫不想知道底细似的。接着他又问了一句："什么时候走呢？"

"午饭后。"门房回答他。

他点了点头，走向海边。

海边已没有什么人了。在海岸与第一片沙滩之间辽阔的浅水上，微波荡漾。一度曾是闹盈盈、热腾腾的这块海滨胜地，现在却显得满目凄凉，无人问津。沙滩也不再打点得那么清洁了。一副照相机三脚架在海边撑着，看来已被人遗弃，照相机上的一块黑布，在凉风中扑扑地飘动着。

这时，塔齐奥跟三四个依旧待在一起游戏的伙伴在他小屋前右边活动起来。阿申巴赫的卧椅放在海水与海滩上一排小屋之间的地方，再一次坐下来看着他，膝上盖着一条毯子。这回，女人似乎都在忙着整理行李，他们游戏时没人看管，因此玩得很放肆。那个身体结实、名叫"亚斯胡"的小伙子，穿着一件围腰带的紧身衣，黑黑的头发上亮光光地搽过油；他忽然觉得有一把沙子掷到他的脸上，连眼睛也睁不开，一怒之下，就逼着塔齐奥跟他搏斗，结果，身体较弱的美少年很快倒了下去。但在这个临别的时刻，地位低下的亚斯胡不像以前那么屈就了，一下子变得冷酷无情，想为自己长时间来低声下气的处境报复一下。这位胜利者不但紧紧揪住败阵的塔齐奥不放，而且骑在他的背上不住地把他的脸往沙土上按，以至塔齐奥连气也喘不过来，差点儿窒息。塔齐奥断断续续地作些努力，想挣脱这块大石头，但不一会又停止了，过后又挣扎起来，不过这只是一阵抽搐而已。惊恐万状的阿申巴赫正要跳起来去救他，那个身长力大的家伙终于把他放了。塔齐奥脸色惨白，半弯起身来，撑着一条臂膀坐着，他的头发乱蓬蓬的，眼睛闪着阴郁的光芒。这样一动不动地过了几分钟后，他终于直起身子，慢慢地走开。家人在叫他，开始时喊声轻快温和，后来调门上就转为焦灼和恳求。但他置之不理。这时，那个黑脸的男孩子似乎很快对自己的越轨行为感到悔恨，赶上他想跟他和解，但他耸耸肩膀支开了他。塔齐奥从斜角方向走下水去。他赤着脚，穿着一件有红色胸结的亚麻布条纹衫。

他在水边待上一会，低垂着头，用一只足趾尖在湿漉漉的沙滩上画些什么画儿，然后走到浅水里，浅水处最深的地方还不能沾湿他的膝盖，他涉过浅水懒洋洋地向前跨步，最后走到沙滩上。他在那里暂停片刻，脸蛋儿朝向浩瀚的大海，接着在海水退潮时露出的一片狭长的沙滩上向左面慢慢地走着。他在那边徘徊；那儿，有一大片水和陆地远远隔开，孤高的情绪使他离群独立。他像一个与尘世隔绝的游魂，一缕缕的头发迎风飘舞，前面展现一片茫茫的大海和烟雾迷蒙的空间。 他又一次停下来眺望。 忽然,不知是想起了什么事还是心血来潮,他扭动上身,一只手搁在臀部,全身作一个美妙的转动姿势,回过头来把目光投向海岸。 阿申巴赫坐在那边看着他,正像他过去在休息室门槛边第一次遇到他灰暗朦胧的目光时那样。 他的头靠在椅背上,头部随着那个在海阔天空里漫步的孩子慢慢摆动。 接着他仰起了头,似乎回答塔齐奥的凝视;然后低垂到胸部,眼睛朝下望,脸上显出一种软弱无力的、沉思的、昏昏欲睡的表情。 在他看来,主宰他精神世界的那个苍白而可爱的游魂似乎在对他微笑,对他眨眼;这时,那个孩子的手似乎已不再托住臀部,而是往前方伸出,插翅在充满了希望的神秘莫测的太空中翱翔。 他呢,他也像往常那样,跟着他神游。

过了几分钟后,人们才急急忙忙去救援那个一动不动斜躺在椅子上的人。 他们把他送到房间里。 就在当天,上流社会震惊地获悉了他去世的消息。

钱鸿嘉 译

后　　记

　　本书有些篇目选用现存译文，有些译者一时无法找到，故未商谈著作权事宜，甚为抱歉。望译者见此书后与我们联系，以便及时奉上样书与薄酬。

《伍尔夫读书随笔》(精) ［英］弗吉尼亚·伍尔夫著
刘文荣译
定价：25元

怎样读小说？怎样读诗歌？读书有何价值？书里有两种女人？有没有女性莎士比亚？女性写作生来有局限？托尔斯泰的小说好在哪里？《简·爱》和《呼啸山庄》有何缺陷？……如果你对这些问题感兴趣，那就听听弗吉尼亚·伍尔夫——"20世纪最佳女作家"——如何说。

《毛姆读书随笔》(精) ［英］W. S. 毛姆著
刘文荣译
定价：29元

读书是求知，还是消遣？小说家该不该讲故事？畅销书一定是好书，还是一定是坏书？狄更斯为何会写出《大卫·科波菲尔》这样感人的书？巴尔扎克是怎样一个人？这和他写《高老头》有关系吗？为什么说托尔斯泰的《战争与和平》是最伟大的小说？读哲学书、宗教书有意义吗？能让我们懂得生活吗？……如果你对这些问题感兴趣，那就听听大作家毛姆怎么说——或许，你会深受启发。

《当代英国小说史》(精) 刘文荣著
定价：98元

本书以纪传体形式论述与探讨自1945年至2005年英国小说创作的演变与成就，是目前国内最为完备的一部当代英国小说史。全书分上、中、下三编，分段论述20世纪50年代至60年代、20世纪70年代至80年代和20世纪90年代以后的英国小说创作，共介绍不同流派、不同风格的当代英国小说家100多位，并设有专章详尽探讨其中25位具有世界影响的当代英国小说家的创作及其风格特点，资料翔实，观点中肯，行文流畅，既有学术性，又有可读性；既可供高校生研读，又可供文学教师和文学研究者参与。

《欧美经典恐怖小说精选》　　　刘文荣选编
定价：29 元

本书所选 12 篇恐怖小说，均出自名家之手，而且大致是以年代先后排列的，如果一篇一篇读下去，你会发现，出自名家之手的恐怖小说从来就不是为恐怖而恐怖的——恐怖之余，它们总能让读者领悟到什么，或世态之炎凉，或人心之难测，或命运之多舛……

《欧美经典情爱小说精选》　　　刘文荣选编
定价：35 元

本书精选了欧美 19 世纪和 20 世纪出自经典作家之手的经典中篇情爱小说 6 篇，即法国巴尔扎克的《假面具下的爱情》、意大利亚米契斯的《卡尔美拉》、德国施笃姆的《茵梦湖》、俄国屠格涅夫的《春潮》、奥地利茨威格的《一个女人一生中的二十四小时》和美国西格尔的《爱情故事》。这些作品单篇均为脍炙人口的名作，但从未结集出版过，因而不仅具有很高的阅读价值，还具有相当的收藏价值。

《欧美经典侦探小说精选》　　　刘文荣选编
定价：35 元

本书所选欧美侦探小说，均出自名家之手，如美国艾德加·爱伦·坡的《玛丽·罗杰疑案》、英国亚瑟·柯南道尔的《血字的研究》、法国莫里斯·勒布朗的《亚森·罗宾历险记》等。读之不仅趣味无穷，而且能开启心智，使你更加聪慧睿智：你不仅能直面罪恶，更相信天网恢恢——究恶之人总比罪恶之人技高一筹。

《欧美经典战争小说精选》 刘文荣选编
定价：28元

战争小说通过对战争的描写，表现人生与人性。本书所收战争小说均出自欧美经典作家之手，如俄国托尔斯泰的《八月的塞瓦斯托波尔》、法国左拉的《磨坊之役》、莫泊桑的《菲菲小姐》、英国毛姆的《不屈的女人》和美国海明威的《桥边的老人》等，均为脍炙人口的中短篇战争小说名作。读之，能使你对战争中的个人命运感到恐惧与怜悯，从而净化你的心灵，使你变得更加恬静而淡定，更加珍惜生活、热爱生命。

《欧美经典博弈小说精选》 刘文荣选编
定价：29元

博弈小说，不仅仅是打牌、下棋，而是"赌徒人生观"和"棋手人生观"的集中体现。何为"赌徒人生观"？何为"棋手人生观"？若想领略一番，请读一读《黑桃皇后》《赌徒》《象棋的故事》《打不败的人》这些出自欧美经典作家之手的博弈小说。

《欧美经典历险小说精选》 刘文荣选编
定价：29元

欧美近代小说的第一部——《鲁滨孙漂流记》，就是一部历险小说，可见欧美小说从一开始起就和"历险"结下了不解之缘，而形形色色的"历险"，往往是人生的折射，甚至是人生的隐喻——因为从某种意义上说，人的一生，就是一个人的一次"历险"。本书所收历险小说均出自欧美经典作家之手，如德国沙米索的《彼得·史勒密尔的奇异故事》、英国吉卜林的《国王迷》和美国作家杰克·伦敦的《热爱生命》等，均为脍炙人口的名作。

《欧美经典动物小说精选》   刘文荣选编
定价：29 元

欧美小说家常以动物作为小说题材，或通过拟人化手法，或通过人与动物的关系，表现人性，或表现大自然的启示。本书所收动物小说均出自欧美经典作家之手，如美国作家杰克·伦敦的《野性的呼唤》、马克·吐温的《狗的自述》、福克纳的《熊》、俄国作家托尔斯泰的《一匹马的故事》和法国作家福楼拜的《一颗纯朴的心》等，均为脍炙人口的名作。

《欧美经典讽喻小说精选》   刘文荣选编
定价：35 元

讽喻小说是欧美文学的瑰宝，这类小说对世道人心的嘲讽入木三分，塑造的人物具有普遍而永恒的典型意义，或剖析人性，或警示世人，读之令人难忘。本书所收讽喻小说均出自欧美经典作家之手，如俄国作家果戈理的《外套》、法国作家左拉的《陪衬人》、莫泊桑的《羊脂球》、英国作家奥威尔的《动物农庄》、劳伦斯的《美妇人》和美国作家马克·吐温的《百万英镑》、欧·亨利的《警察与赞美诗》等，均为脍炙人口的名作。

《欧美经典荒诞小说精选》   刘文荣选编
定价：33 元

荒诞小说在欧美古已有之，但在 20 世纪最为繁荣，可说是欧美现代文学中的一道亮丽的风景线。这类小说表面上装疯卖傻，貌似荒诞，实质寓意深邃，发人深省。

《经典作家谈书与读书》 　　　　刘文荣主编
定价:25元

　　本书为文选,共选入中外18位经典作家的22篇谈书与读书的文章,论述精辟,风格多样,读之既获教益,又是美文欣赏。所选作家中,外国作家12位,均是历代大师,如:培根、蒙田、叔本华、爱默生等;中国作家6位,皆为近现代名家,如:梁启超、胡适、鲁迅等。

《破案趣题100》 　　　　魏潜编著
定价:19元

　　本书提供100个案例供你破解。案例分为9类,分别测试你的观察力、知识力、想象力、注意力、分析力、鉴别力、解读力、判断力和推理力。每一个案例附插图。案例破解的难度不大,但也不是一目了然的,因而在提高你的思考能力的同时,还会给你带来乐趣。

《新编中外幽默笑话集萃》 　　　　陈昱选编
定价:18元

　　病人:拔掉这颗牙齿要用多少钱?
　　牙科医生:90美元。
　　病人:才几分钟就要90美元?
　　牙科医生:如果你愿意,我可以慢慢来。